日军『慰安妇』研究

苏智良 著

团结出版社

图书在版编目（ＣＩＰ）数据

日军"慰安妇"研究 / 苏智良著. -- 北京 ：团结
出版社，2015.6（2021.7 重印）
　　ISBN 978-7-5126-3621-7

　　Ⅰ．①日… Ⅱ．①苏… Ⅲ．①军国主义－性犯罪－研
究－日本 Ⅳ．①K313.46

中国版本图书馆 CIP 数据核字（2015）第 111049 号

出　版：团结出版社
　　　　（北京市东城区东皇城根南街 84 号　邮编：100006）
电　话：（010）65228880　65244790　（出版社）
　　　　（010）65238766　85113874　65133603（发行部）
　　　　（010）65133603（邮购）
网　址：http://www.tjpress.com
E-mail：zb65244790@vip.163.com
　　　　tjcbsfxb@163.com（发行部邮购）
经　销：全国新华书店
印　装：三河市东方印刷有限公司

开　本：170mm×240mm　　16 开
印　张：24
字　数：340 千字
版　次：2015 年 6 月　　第 1 版
印　次：2021 年 7 月　　第 2 次印刷

书　号：978-7-5126-3621-7
定　价：68.00 元

目 录
CONTENTS

自 序

　　1992 年 3 月，一个樱花烂漫的周末，笔者坐在东京六本木的一家咖啡馆里。六本木的沿街毗邻着风格迥异、流光溢彩的各种咖啡馆，这些高档咖啡馆以引领东京的文化消费潮流而闻名。这是一家意大利风格的 SHOP，四周那精美绝伦的罗马古典时代的浮雕，使人仿佛置身于罗马神话时代。同坐的是刚刚在六本木五丁目国际文化会馆出席了学术会议的各国学者。我们一边品尝着苦涩的咖啡，一边议论着当时的热门话题——"慰安妇"。

　　自日本国会女议员伊东秀子于 1992 年 2 月在日本国会提出战时日本"慰安妇"问题之后，"慰安妇"这个充满凄苦与暴虐的名词，使整个世界为之震惊。一位日本教授在得知我是来自上海的学者后，问道："据说战时世界上第一家慰安所就设在上海？"

　　"是吗？"我有些惊愕。

　　"据说日军的慰安制度是在上海发源的？"

　　"是吗？"我更惊愕了。

　　"应该把这个当代历史的难题搞清楚啊！"那个日本学者自言自语道。

　　从此，这声音一直在我的耳边回响。"慰安妇"制度实行于何时，它是否真是在上海开始的？有多少中国妇女被强逼为"慰安妇"？……

于是我开始收集资料，关注这一问题的进展。在神保町的书店里寻觅，在惠比寿的日本防卫厅防卫研究所里寻觅，在我所在的东京大学里寻觅。

1993 年 6 月，我回到上海后，便着手进行实地调查，前后持续了四年。盛夏的上海，我常常骑着自行车，从我工作的西南角的上海师范大学出发，在被晒得变成稠状的柏油马路上行进两个多小时，到东北角的军工路、杨树浦和江湾等地，……终于，我找到了曾在慰安所工作达 14 年之久的老人，找到了慰安所的目击者、受难者，……于是，日军慰安所的历史秘密在我的眼前逐渐揭开了。

在调查与研究中，可谓甘苦备尝，感慨良多。本书的完成得益于我众多的调查对象，如陆明昌老人，他曾在"大一沙龙"这个日本慰安所内服

杨家宅慰安所的历史见证人——史留留老人、笔者与日本铭心会代表团的合影（铭心会提供，1997 年）。

务 14 年，他也许是世界上在慰安所里工作时间最久的人。当 1997 年笔者再访陆明昌老人时，他不幸得了瘫痪。又如沈福根老人，这位 86 岁的长者曾带我走遍了日军战时第一个慰安所所在地的东沈家宅。1995 年笔者再访东沈家宅时，老人已经瘫痪，令我深深感到遗憾的是，1997 年，当笔者完成本课题的研究时，他已经长眠在这块土地上了。比沈福根老人小一岁的史留留老人，也给我提供了不少史料，1995 年，我陪同日本铭心会访华团的朋友参观东沈家宅时，老人曾给日本朋友讲述这个日军经营的战时世界上第一个慰安所的种种往事。史留留老人现在也在与疾病作斗争，我衷心地祝愿陆明昌和史留留老人能早日康复。同样，勇敢地以老病之身东渡日本，作为中国"慰安妇"幸存者第一个出庭作证的山西太原的万爱花老人，也曾接受过我的电话采访。但是，我的调查有时也被拒绝与否认，留下无限的遗憾。

世界上，也许再没有比去挖掘自己民族女性受辱的历史更为残酷的事了。多年来，每当笔者研究日军实施随军"慰安妇"的罪恶的历史时，没有一件新的发现和取证能使笔者感到兴奋与激动，每前进一步，离完成研究越近，心中便增加一分郁闷、一分痛楚、一分苦涩。

众所周知，中国是第二次世界大战中遭受日本帝国主义长期占领和蹂躏得最严重的国家。日本帝国主义设置的慰安所，绝大多数在中国大陆。在战争期间，我国有难以数计的年轻妇女被日军强拉作为"慰安妇"而糟蹋侮辱，从此断送了她们一生的幸福。但是，直至目前，在国际上流行的一些研究著作及日本政府公布的资料中，甚至即使是联合国人权委员会关于日军"慰安妇"的调查报告中，论说最多的往往是朝鲜半岛、中国台湾以及菲律宾的"慰安妇"情况，而对中国大陆妇女的被害情况，却往往不置一词。

面对这人类历史上千古未有的浩劫，面对这文明史上极大的耻辱，面对这中国"慰安妇"数十万女同胞的笔笔血债，作为一个史学工作者，有责任将日军之暴行予以彻底的揭露，有责任为已死的和曾经受辱的女同胞

中国第一个作为日军"慰安妇"受害者出来作证的万爱花老人，受害时年仅 13 岁，这是她在讲述受害的遭遇。（苏智良 1997 年摄）

们申冤昭雪，有责任与世界各国有正义感的人们共同努力，对战争、对军国主义这个恶魔给人类带来的历史孽债进行全面而有力的清算。我们常说"前事不忘，后事之师"，史学工作者的责任是必须首先搞清楚"前事"究竟是怎样的，这也是史学工作者的一种道义上的责任。只有正视历史事实，把侵华日军的"慰安妇"——日军性奴隶制度的野蛮残暴的污秽丑史告诉全世界各国的人民，才可能汲取这沉痛的教训，制止有可能重新发动的战争，制止历史悲剧的重演。

日本对亚洲发动的侵略战争已过去近 80 年了，反法西斯战争胜利也已有 70 年了，亚洲各国民众对于这一段历史的评价早有定论。可是，日本政界却仍然未能和亚洲各国取得共识。以"慰安妇"问题为例，日本右翼分子极力掩盖这一罪恶事实，继而对其横加污蔑，致使数十万名"慰安妇"沉冤至今。因此，在今后的一个较为长期的时间里，"慰安妇"问题已成为日本是否有足够的诚意和努力来认识战争的侵略性质和面向未来的试金石。日本究竟如何检讨与总结这一段历史，仍将是亚洲民众关心之焦点。令人愤慨的是，日本政界的一些人至今仍对罪恶的"慰安妇"制度予以否认，经常大放厥词，这样的事例举不胜举。如 1997 年 2 月 5 日，日本自民党宣传部部长、前文部大臣岛村宜伸在谈到随军"慰安妇"问题时竟说："似乎有许多人认为是军队出发时说一声'跟我们来吧'，就把一些妇女领去做'慰安妇'的。"然后他又进一步发挥道："那种事一般是人贩子干的，他们不管中国人还是韩国人，凡是女人就网罗去。也有人是自己选择那条道路的。"[①]在他看来，"慰安妇"中的相当部分人是自愿的。而日本右翼组织偏向教科书纠正会在给日本新闻社的公开质问信中更是信口雌黄："支那事变以后，军方招募过'慰安妇'确是事实，但招募对象是艺、娼妓。方法始终是招募，绝不是命令，也不是强拉。招募也不是军方直接办的，而是通过艺娼妓业者的中介来进行的。"[②]

　　事实果真是如此吗？那就请读一读本书吧！

---

① 《参考消息》，1997 年 2 月 7 日。
② 《日本侵华战争遗留问题研究动态》，1997 年第 1 期。

楔子

『慰安妇』问题震惊世界

> "慰安妇"制度是战时日本政府强迫各国妇女充当日军的性奴隶，并有计划地为日军配备性奴隶的制度。"慰安妇"与日军的关系，是数千年人类文明史上找不到第二例的男性对女性集体奴役的现象，这一现象充分反映了日本军国主义的野蛮、残忍和暴虐。"慰安妇"制度是日本军国主义违反人道主义、违反两性伦理、违反战争常规的制度化了的政府犯罪行为。"慰安妇"的历史也是世界妇女史上最为惨痛的记录之一。
>
> ——作者

　　七十多年前，德、意、日法西斯政权发动了第二次世界大战，数以千万计的无辜平民百姓倒在它们的屠刀之下，无数人类文明古迹遭到破坏，财产的损失更是无法统计，人类经历了一场空前的浩劫。

　　在这一场空前的浩劫中，有两种罪行最令人发指，这就是德国法西斯的屠杀犹太人和日本法西斯实施的"慰安妇"制度。前者在各国舆论和史学家的揭露下，已妇孺皆知；而后者却因为日本政府讳莫如深、蓄意歪曲而至今被可耻地掩盖着，从而在全世界范围内引起了深切的关注。

一、金学顺的血泪控诉

1992年，笔者正担任东京大学社会科学研究所的客座研究员，同时兼任坐落在霞关的东亚学院的中国语教师。霞关是闻名遐迩的日本政治中心。是年2月，就在霞关日本最高法院门前，走来了一列韩国示威者的队伍，走在最前面的是几名白发苍苍的老太太，为首的就是最早发出"慰安妇"抗议吼声的韩国老人金学顺。

起因据说是发生在美国的一件事情。1990年初春，洛杉矶的KDED电视台播出一档"战争时的世界"的节目，期间，一位在美国发了财的日本人竟然忘乎所以地宣称，在太平洋战争初期日本之所以会胜利，是因为有韩国"慰安妇"照顾着日本的士兵。此言一出，大大地伤害了韩国人民的民族感情，尤其是那些幸存的"慰安妇"们，她们隐忍多年的伤口于是迸裂，愤怒的情绪如火山般爆发。5月18日，韩国妇女团体联合发表声明：必须彻底揭露战时日本法西斯强征"慰安妇"的滔天罪行。6月6日，面对韩国各界的同声谴责，日本政府发言人却宣称，"从军慰安妇"是"民间业主带去各地的"，没有任何官方文件足以证明此事与政府和军队有关。这一敷衍态度激起了韩国女性更大的抗议。11月6日，以韩国梨花大学教授尹贞玉为首的"韩国挺身队问题对策协会"正式成立，她们表示要发动民众与之长期斗争。1991年8月14日，67岁的金学顺第一个勇敢地站出来作证："我就是一名被日军强制卖春的'慰安妇'。"她流淌着鲜血的亲身控诉，给日本政府以当头一棒。接着金学顺老人又与那些同受苦难的老姐妹们奔赴东京，状告日本政府，要求其承认战争罪行，并予以每人2000万日元的赔偿，从而成为世界上第一个向东京法院就日本强征"慰安妇"罪行作证的受害妇女。

1923年，金学顺出生在中国吉林省，1939年那年她16岁，一天，当她和养父正在北京的一家餐厅吃饭时，被日军强行抓走，用卡车载往哈尔滨北部的日军基地铁壁镇，开始沦为"慰安妇"，直到1946年她才回到祖国。在那苦难的岁月里，金学顺每天与其他4位朝鲜妇女一起，被强制"慰安"基地内的日本军人，一天少则接待10多个日本兵，多时达30多人。她愤怒地控诉："我们只不过被当作'性动物'！日本士兵在我们身上发泄兽欲，直到我们累得失去意识方休。"金学顺曾对着日本记者愤怒地说："对日本诸君只有一个请求，并不再有第二个。我是一个女人，可时至今日却没有一天是像个女人一样生活

曾被强征为原从军"慰安妇"的韩国金学顺老人。（引自伊藤孝司：《白飘带噙在嘴》）。

的。我不知道怎样形容50年来埋在我心中的仇恨。仅仅因为日本人的原因，我才如此地度过了一生，我不知该如何来解除这仇恨。我想对日本政府说的只有一句话，那就是：战争已经结束了！"由于她的不畏强暴、勇敢斗争的精神，金学顺该年被推选为韩国的"年度女性"。金学顺的控诉，拉开了朝鲜民族情感的闸门，此后"慰安妇"问题成为韩国全国最为瞩目的议题。1991年12月6日，金学顺等3名原朝鲜籍"慰安妇"与原韩国的"日军军人"、军属和遗族等共32人组成控诉团，到日本向东京地方法庭控告日本政府，要求予以每人2000万日元的赔偿，于是演出了本章开始的一幕。1992年4月13日，原告团追加6名原"慰安妇"作原告。起诉书明确提出：

第一，日本国家和军队极大地侵害了原告的人格、人性、民族荣誉和民族自尊心，把妇女作为物件使用，是典型的反人道罪，应当赔偿被害者的损失；

第二，日军把女性作为性欲发泄的工具，使受害者遭受了肉体和精神上的极大痛苦，为使受害者从那种奴隶状态恢复到正常人状态，日本负有

依据《波茨坦公告》及和平条约给予应有的赔偿义务；

第三，日本国家和军队积极而有计划地参与了对原告的强制运行、强迫行使和强制管理，而且在战况恶化时对"慰安妇"大肆监禁和杀戮，这是放弃其应负的对"慰安妇"确保安全的义务，基于信义原则应当给予赔偿；

第四，日本对日本军人、军事附属人员及其亲属给予了赔偿，却不把受到非人待遇的原告们作为赔偿对象，这是违反公理即正义和公平原理的，从公理的角度出发，也应当给予赔偿。

在韩国民众日益高涨的反日情绪压力下，当时的总统卢泰愚下令对战时韩国女子被迫充当"慰安妇"一事展开全面调查，并表示坚决支持民间人士向日本政府追讨赔偿。韩国的一些民众团体还致函联合国人权委员会，要求其协助韩国"慰安妇"向日本索赔。汉城的36个团体联合起来，在每周三的中午，轮流穿上印有"慰安妇"图案的服装，在日本使馆前抗议。

其实，第一位被传媒所知的韩国"慰安妇"不是金学顺，而是裴凤歧。1972年，美军正准备将冲绳岛归还给日本时，在一个前日军军事基地的甘蔗园里发现了她。由于裴没有日本国籍，因此，美军对她的来历进行了调查，结果发现她的原籍在朝鲜咸镜南道的兴南，她是1944年11月被日军拐骗到冲绳的渡嘉敷岛上的韩籍"慰安妇"之一。据其本人所述，在冲绳战役最激烈的时刻，她被迫穿上像浴衣似的粉红色、绿色的和服，为日军官兵进行"慰安"，最多的一天曾被迫接客100人。此外，还要替日本军人干各种各样的杂役，如做饭、洗衣服、当护理、运弹药等。日军惨败后，她流落街头，过着流浪卖淫、饥寒交迫的生活。裴的身世公开后，日本女作家川田文子曾花了整整5年的时间，到冲绳与自闭成性的裴凤歧交上朋友，并于1987年将她的悲凉一生写成一本书即《赤瓦之家》（东京筑摩书房，1994年）。身心长期遭受摧残的裴凤歧于1991年11月在冲绳首府那霸死去，直到3天后，其尸体才被发现。后来日方与韩国交涉，找到她的一位韩国远亲，开出租车的金哲洙。当金前往日本领取骨灰时，日本方面竟向金索取 120 万韩币（约合人民币 16000 元）的骨灰保管费。金哲洙不禁悲愤交加："生前你们如此糟蹋裴凤歧，死后还敢来要钱！"韩国报纸为此以大标题为裴凤歧喊冤：天上飘的灵魂！太惨了，我的灵魂！

裴的故事在韩国妇女界激起了阵阵涟漪，韩国梨花大学教授尹贞玉于1980 年曾到冲绳访问过裴凤歧，裴的辛酸遭遇坚定了她后来进行"慰安妇"调查的决心。

二、伊东秀子作证日本国会

"慰安妇"问题首先由韩国妇女提出，她们根据韩国国内大量曾被迫充当日军"慰安妇"的老人的控诉证言，要求追究日军这一卑鄙无耻的罪行，追究日本国家的责任，要求日本政府向这些年老无靠的妇女谢罪，并予以个人必要的赔偿。

对于韩国受害妇女的要求，日本政府一直采取否认和不予理睬的态度，1990 年 6 月，日本社会党议员冈本昭次在参议院预算委员会会上批评日本政府的这种态度，要求对"慰安妇"问题进行调查。而日本劳动省职业安定局局长在答辩时却说："那些'慰安妇'是由民间的卖淫业者带来与军队一同行动的。政府已经作了调查，很难得出什么结果。"

1991 年 4 月，日本国内的民间调查者在日本国立国会图书馆收藏的资料中，发现了一部被认为可能是当年朝鲜"慰安妇"的花名册。此事在日本引起了不小的轰动。对此，日本劳动省的官员在国会答辩时再度狡辩说："根据对当事人的调查，当时不管是劳动省勤劳局，还是国民勤劳动员署，都完全没有参与朝鲜'慰安妇'的问题。"

事实果真如此吗？

1992 年初，日本社会党众议院众议员伊东秀子，通过内阁外政审议室，在日本防卫厅防卫研究所图书馆找到日本当局在战时的 3 份秘密文件，证实日军曾在中国台湾招募"慰安妇"。接着她又经不懈努力，共找到47件关于日本政府和军队在战时征集"慰安妇"的档案资料，其中有《关于军慰安所从业妇的募集》、《关于军人、对居民行为的注意事项通知》和《关于大东亚战争中有关将校的性病处置》等军部文件。2月6日，伊东秀子在东京向新闻界披露了她的调查。次日，日本最大的报纸之一《每日新闻》即对此进行了专题报道，接着，伊东秀子办公室也指出：太平洋战争时日军征召的"慰安妇"甚多，并不只是朝鲜、台湾地区和中国大陆而已，还有东南亚等地。此举在世界各国引起了强烈的反响。

伊东秀子指出："据侵华日军驻南京部队的第15师团战后情报披露：在中国沦陷首都南京共有'慰安妇'1240人，其中78.9%的'慰安妇'系就地征募，余下数字为韩国和日本本土的'慰安妇'。"这些过去从未公开过的历史档案向全世界表明，在第二次世界大战中，日军曾大规模地掳掠中国、朝鲜等国女子充当随军"慰安妇"，充当日军泄欲的工具。

伊东秀子的质问，引起了亚洲各国人民的强烈反应，它如同一场小地震却催动了死火山的苏醒。韩国"慰安妇"要求日本认罪的坚定决心，传播到整个亚洲。于是，彻底清算日本战争罪行旧账的呼声，像火山一样爆发了。

三、亚洲的愤怒

1992年6月时，日本首相宫泽喜一赴韩与卢泰愚会晤，商议双边贸易和朝鲜半岛的和平计划，才下飞机，首先面对的便是"慰安妇"的棘手问题。愤怒的韩国人到处抗议，焚烧日本国旗和天皇的模拟人形。此外，一位原"慰安妇"幸存者指名道姓地要跟宫泽对话，她愤怒地说："假如我是你的女儿，或是你的妻子，你有何感想？"

在中国，1992年初，中国驻日本大使杨振亚明确指出："让妇女充当'慰安妇'是当年日本军国主义者在亚洲犯下的可耻罪行之一，有报道说，

韩国幸存者举行抗议活动。(伊藤孝司:《白飘带噙在嘴》,
第38页)。

在中国妇女中也有受害者。我希望进一步查明事实真相,我们在注视这个
问题。"①3月23日,中华人民共和国外交部部长钱其琛就中国民间受害
者的赔偿问题指出:"关于日本侵华战争所造成的复杂问题,日本方面理
所当然应该给予适当的处理。"4月1日,值访日前夕国家主席江泽民在
钓鱼台芳菲园回答日本记者关于索赔问题的提问时,再次重申了中方的立
场和原则,他明确指出:"(中国)放弃国家要求日本给予战争损失赔偿。

---

① 《参考消息》,1992年2月25日。

但是，对民间要求赔偿不加限制。"还说："对于那一场战争遗留的问题，应该本着实事求是的严肃的原则，通过协商妥善处理。"7月4日，日本驻华大使馆向中国方面通报了有关"慰安妇"问题的初步调查结果，显然，日本政府参与了"慰安妇"的征召与管理。中国外交部立即表明了立场："（关于'慰安妇'的问题）无论今后日本采取什么措施，希望日本对中国与韩国一视同仁。"该月7日，中国的4名在战时被迫充当"慰安妇"的老太太和另外3名"慰安妇"的遗族一道，打破47年的沉默，通过一个民间组织，向日本驻中国大使馆递交了一份请愿书，要求日本政府对此道歉并赔偿5万—12万美元。这是中国人首次就"慰安妇"问题提出战争赔偿的要求。不久，山西省绛县的一位70岁的老太太也站出来说，她曾是被迫充当"慰安妇"的受害者之一，如果需要她出庭作证，她愿意到日本去。湖北武汉的退休工人陈忠义也控诉说，1938年11月10日，他的胞姐陈秀金于外出买米途中，在招商局门口被日军抓去，不知去向。1941年的一天，父亲带他到湖南岳州（今岳阳）办事，火车在一个叫赵李桥的小站加水时，他看到车站不远处有一排日本式木屋，门口有一群打扮妖艳的女子。他突然看见秀金姐也站在那里。秀金姐也看见了他们，边哭边向他们跑来。这时日本兵用刺刀将所有的女人都赶进了木屋，火车也离站而去。此后，他和父亲多次到通县、崇阳县、平江县、岳州等地寻找，可是哪里也没有她的影子。后来，据一位被日军抓去做苦工的人说，他的姐姐后来患重病，被日军折磨死了。陈忠义要求日本政府赔偿各项损失合人民币1000万元。

当中国大陆"慰安妇"加入亚洲妇女对日要求赔偿行列的同时，台湾地区的媒体也刊登广告，希望"慰安妇"受害者到台北市妇女救援基金会登记。接着，台北有3名"慰安妇"采用半公开的方式，隔着布帘，在台北妇女救援基金会主持下，向世人控诉被掳为"慰安妇"的不幸遭遇，揭发日军的罪行，这是台湾地区"慰安妇"第一次发出怒吼。

1993年2月3日，菲律宾外长罗慕洛在东京访问时，第一次代表菲律

1992 年 12 月 9 日，日本战后补偿国际听证会在东京举行，荷兰的日军性奴隶制度受害者拉芙女士正在控诉。

宾正式向日本政府提出，日本必须采取措施，解决日军强迫菲律宾妇女充当"慰安妇"的责任和赔偿问题。3 月 13 日，菲律宾总统阿基诺呼吁提供菲律宾"慰安妇"的情况。马来西亚则发表了本地当事人关于日军强迫妇女充当"慰安妇"的证言。5 月 14 日，在日朝邦交正常化的谈判中，朝鲜方面首次介绍了现住朝鲜的一位 74 岁的原"慰安妇"的证言。

与此同时，欧美的"慰安妇"也开始行动，荷兰的曾被日军强迫为"慰安妇"的妇女也公开了自己的经历。

"慰安妇"问题日益演变为国际化的运动，连一向对此持消极态度的日本自民党，也不得不在 1993 年 7 月派出了一个特别调查团赴韩国，并在 8 月 3 日其内阁垮台的前一天，日本政府内阁官房长官兼自民党主席河野洋平发表正式声明，首次公开承认日军在第二次世界大战期间，的确曾以高压及欺骗手段，强征亚洲妇女充当"慰安妇"这一事实。是为"河野谈话"。

四、何谓"慰安妇"

　　"慰安妇"是日本语中特有的名词，据权威的日语辞典《广辞苑》解释："慰安妇"是随军到战地部队，慰问过官兵的女人。"[①] 但是，"慰问"的内容是什么？"随军"是自愿还是被迫的？显然，该辞典的释义模糊了"慰安妇"一词的真正的含义，它无法反映"慰安妇"所强迫受到的、残酷无比的性虐待。

　　"慰安妇"是指按日本政府或军队之命令，为日本军人提供性服务、充当性奴隶的妇女；是日本军队专属的性奴隶。"慰安妇"又称"随军慰安妇"或"从军慰安妇"，从字面上看，它与随军记者、随军护士等一样，是随军到战地去服务的成员，从字面上并不能反映"慰安妇"与军队的密切关系。实际上，"慰安妇"制度是"二战"时日军特有的、是深入到日军内部的一种制度。因此，比起"随军慰安妇"或"从军慰安妇"来，"日军慰安妇"一词要来得更贴切。

　　"慰安妇"常被日本一些人说成或被别国翻译成"军妓"。这里，笔者有必要指出，严格而言，"慰安妇"与军妓是有区别的，这一区别甚至是不容混淆的。在世界军队史上，有不少国家先后实行过军妓制度。在第一次世界大战和第二次世界大战中，不少参战国为了稳定军心、鼓舞士气，也实行过军妓制度。应征入伍的女性，大多是被贫穷和生活所迫而做了无奈的选择，或者是妓女同意应征到军队内去。日本也实行过这种制度，一些日本妇女应征成为军妓。但是，这与日军在亚洲国家强征的"慰安妇"是两回事。

　　日本帝国主义强迫中国大陆、台湾地区及朝鲜东南亚各地和少数澳大

　　[①]《广辞苑》，岩波书店 1978 年第 2 版，第 62 页。1983 年第 3 版更改为"……慰安战地官兵的女性"，仍然回避了"慰安"这一实质性问题。

利亚、欧美等国家和地区的妇女充当"慰安妇"，与自愿成为军妓显然有本质上的不同。前者是在日军的刺刀下被强行逼迫的结果，是日军有组织、有计划强征或骗征的，而后者则主要是出于一种经济利益考虑的自愿行为。发生在亚洲国家与日本之间的"慰安妇"问题显然是属于前者。甚至，即使是被征发到前线去的日本妇女中，相当部分也是带有强迫性质；或者是最初自愿，但到前线受到非人待遇后想摆脱而无法摆脱。因此，"慰安妇"是特殊意义上的军妓。

对那些原来被日军强掳而充当"慰安妇"的妇女来说，她们不是自愿来为日军提供性服务的"慰安妇"，而是每日遭到几十次强奸的日军的性奴隶。所以，"慰安妇"最恰当的解释就是日军的性奴隶，但是，以性奴隶来指"慰安妇"显得过于宽泛，因此，笔者认为，在中文中直接使用"慰安妇"一词，是一种较好的方法。

日军将"慰安妇"集中起来供官兵泄欲的场所称"慰安所"。慰安所有各种称呼，如：皇军慰安所（如南京）、慰安寓（如海南崖县的中岛慰安寓）、娱乐所（如上海）、慰安队（河南）、慰安营（山西）、慰安妇团（湖北）、慰安团（上海）、芙蓉队（河南）、行乐所（如上海横浜桥行乐所）、慰安丽（海南岛）、行乐宫、快乐房、军中乐园（如海南黄流机场慰安所）等，在中国北方，还有设在窑洞里的被称为"慰安窑"的特殊慰安所。在东南亚和韩国等地还有"爱国食堂""官抚班""特别看护室"等名称。慰安所是日军为了推行战争的需要而设立的，因此，它自出现后就带有浓烈的军事性质。它始于日军发动侵略战争，而终于这一战争的结束，它是日本帝国主义侵略战争犯罪的一个组成部分。

日本陆军自1938年初在上海东沈家宅建立了第一个军队的随军慰安所——杨家宅慰安所以后，随着战火的蔓延，他们到处开设慰安所，一直到1945年战败，几乎没有间断过。从地域上看，从中国最北端的黑龙江流域，到云南、海南岛，以及香港、澳门，遍及所有的日军占领区。此外，根据日本、美国和东南亚各国的档案，日军开设过慰安所的地区还有荷属印尼、菲律宾、马来亚、新加坡、英属波卢内尔、荷属印度、缅甸、泰国、新几内亚，以及日本的冲绳诸岛、小笠原诸岛、千岛群岛（俄属）、桦太（俄领）和北海道等地。遍及日军所到的战场、驻屯地、根据地及其港口。自日军发动九一八事变到投降的 14 年间，至少有 40 万名无辜的妇女被日军强逼而沦为"慰安妇"，她们的国籍不仅有中国、韩国、菲律宾、马来西亚、印度尼西亚、柬埔寨、泰国和缅甸等亚洲国家，还有荷兰、法国、英国、俄罗斯等欧洲国家，以及美国等美洲国家，因此，"慰安妇"制度也是日本军国主义对亚洲和世界人民欠下的罪孽深重的血债。

五、文明世界的耻辱

"慰安妇"制度是日本军国主义在侵略中国和亚洲国家期间，出于将战争持续下去的目的，而强迫各国妇女充当日军士兵的性奴隶并有计划地为日军配备性奴隶的制度。这一暴行，极大地侵害了被强迫女性们的人格、人性、民族自尊心和民族荣誉感，使她们蒙受了无比巨大的肉体和心灵上的痛楚。"慰安妇"与日军的关系，是数千年人类文明史上找不到第二例的男性对女性的集体奴役现象，这一现象充分反映了日本军国主义的野蛮、残忍和暴虐。"慰安妇"制度是日本军国主义违反人道主义、违反人类两性伦理、违反战争常规的制度化了的政府犯罪行为。日军强征中国、朝鲜、东南亚各国妇女以及美、英、澳、俄等国家的数十万妇女为"慰安妇"，这也是世界妇女史上最为惨痛的记录之一。"慰安妇"制度与战时德国军队疯狂屠杀犹太人行动，是法西斯主义践踏文明世界的两大罪状，而尤以"慰安妇"制度给人类心灵带来的耻辱最为深重。

实际上，在"二战"结束时，日军强制实行"慰安妇"的问题已多少引起了远东军事法庭的注意。中国证人曾作证说指出："日本兵在上海、南京的暴行和强奸行为后来少了，其原因就是开办了日本兵去玩的地方，即慰安所，让女人们在那儿卖淫。"①

1948 年 11 月 4 日，东京远东军事法庭判决书第八章指出：

> 自中日战争起至 1945 年 8 月日本投降止，已证明日本陆军海军曾任意实行拷打、杀害、强奸及其他无人道的野蛮性的残酷行为。……
>
> 在占领桂林时期中，日军犯下了强奸和抢劫之类的一切种类的暴行，他们以设立工厂为口实招募女工，如此被招募的妇女，被强迫为日军作娼妓。……
>
> 归国士兵谈他们的暴行，其中队长非正式地对强奸给以下列的训示："为了避免引起太多的问题，或者是给予金钱，或者是事后将其杀掉。"如果将参加过战争的军人一一加以调查，大概全是杀人强盗、强奸的犯人。在某某地方抓到了一家四口，把女儿当作娼妓似的玩弄了一番。因为父母一定要讨回女儿，所以把他们杀掉了，留下来的女儿一直到出发前还不断被侮弄，到出发时又杀了她。大约半年的战斗中所想得起来的就是强奸、抢劫一类的事情。②

同样，在 1947 年南京军事法庭审判日本战犯时，也将日军强迫中国妇女作"慰安妇"列为战争罪行并加以认定和处罚。如在审判南京大屠杀主犯谷寿夫时，对谷寿夫为师团长的第 6 师团强奸妇女并强迫中国妇女充当日军"慰安妇"的罪恶事实进行了认定和控诉，监察官陈光虞在军事法庭上公诉说：

> 查被告纵容属下，在南京中华门内外之沙洲圩强奸周丁氏及陈二姑娘等三人，于赛虹桥强奸刘宝琴等四人，于九儿巷、黄泥塘各处，

---

① 【日】千田夏光：《從軍慰安婦》续集，雙葉社 1973 年版。
② 张效林译：《远东国际军事法庭判决书》，五十年代出版社 1953 年版，第 450、461 页。

强奸或轮奸伍大毛等十余人，又于行军途中及在南京雨花台等处，向陈王氏等强索姑娘作肉体之慰劳。以上事实，亦各有被害人或目睹之证人陈士兴、刘李氏、伍李氏、朱修谷、贾学书等分别具结或到庭证明历历（见侦查卷及附件乙），复经地检处及临参会派员查明无讹。实属罪证确凿，无可饰辩。虽该被告仍一再辩称，设立慰安所系向当地长官商量，并征求"慰安"妇女之同意，始行设立云云。

（然查）我国妇女及社会风尚，向无以肉体作慰劳之习惯，即本国行军，亦不能使其同意牺牲色相，况为敌军。且就其在南京强索妇女不遂杀人观之，尤足证所谓征其同意为虚饰。

该被告来华作战，……肆意抢劫及破坏财产，对于平民作有计划之屠杀和强奸，强迫妇女入慰安所，以及强奸之后加以杀害……等暴行，应构成战争罪及违反人道罪。①

但是，当时的判决，只是将强制"慰安妇"作为日军对妇女个体进行侵犯的战争过程中的一般强奸罪行进行认识和定罪的，由于日军大量销毁"慰安妇"档案，"慰安妇"问题在"军事秘密"的名目下被深深地掩盖了起来；加之审判时间仓促和调查的不充分，并未充当认识到"慰安妇"已在日军中形成一种制度执行，没有进一步调查有数十万良家女子在长达数年的时间里，被强迫于非人的环境中固定地充当日军的性工具的这一令人震惊的事实，因此也不可能对战时由日本操纵的这种丧尽天良的政府行为提出专门的审判和应有的判决。

应该指出的是，战时的日本军队之所以几乎成了兽类集团，归根到底，也是日本政府的野蛮政策和行为导向所造成的，近10年来，日本国内有良知的人士也在致力于对这段历史的清算。1992年12月9日，由关于日本战后赔偿国际听证会组委会和日报律师联合会共同主办首次"'慰安妇'

---

① 《侵华日军南京大屠杀档案》，江苏古籍出版社1987年版，第592、593页。

国际听证会"，将日军的"慰安妇"问题置于国际视听之前。会议分为两个部分，第一部分由被强迫充当"慰安妇"的各国妇女以亲身经历，揭露并控诉日本侵略军蹂躏各国妇女的种种罪行；第二部分是由当年被日军抓去当劳工、受尽折磨和虐待的幸存者控诉日本帝国主义的残暴罪行。参加会议的原"慰安妇"来自中国大陆和台湾地区、韩国、朝鲜、菲律宾、荷兰等地。中国山西太原的万爱花老人（时年 65 岁）在工作人员的搀扶下走上讲坛，控诉自身被日军掠为"慰安妇"的惨痛经历，她因过分悲痛而当场昏倒在听证礼堂。

在各国舆论的谴责下，一些战争的亲历者也开始反省。当年专门为日军强征"慰安妇"的日本人吉田清二站出来公开承认，他曾到韩国农村为日军征集过 1000 名以上的"慰安妇"，这些妇女全部是少女或少妇，他清楚地记得当一些少妇被强行带走时，"小孩子大多哭个不停，拉着母亲不放"。吉田清二指出："强征'慰安妇'，是 20 世纪最大的战争罪行，连纳粹都没有把犹太人拿来发泄性欲。"大宫市的浮田光一（1997 年 72 岁）曾在侵华日军的宪兵队中服役，他承认曾杀过很多中国人，并曾多次光顾

勇敢站出来控诉日军暴行的原"慰安妇"袁竹林老人，1998 年她来到多伦多，向世界讲述她的受害事实。（苏智良 1998 年摄影）

慰安所。他说，他从自己的亲身经历中知道，这些妇女是被迫卖淫的，而不是像有些人所说的是自愿充当"慰安妇"的。他流着眼泪说："在战争时期，我 20 多岁，而且独身一人，我还不明事理。但当我自己也有了两个女儿的时候，我才开始认识到自己干了些什么。"他呼吁说，日本应当为给这些妇女造成的伤害做出赔偿。[1]

---

① 《纽约时报》，1997 年 1 月 22 日。

第1章 『慰安妇』制度探源

在以往的战争中并无所谓的慰安妇，我很可耻地承认，我就是慰安妇的创始者。……昭和七年（1932年）上海事变时，发生了两三起官兵强奸驻地妇女的事件，作为派遣军副参谋长的我，在经过调查后，只有仿效海军早已实行的征召妓女慰军的做法，向长崎县知事申请征召来华进行性服务的慰安妇团。

——侵华日军总司令冈村宁次

明治维新以后，日本资本主义得到迅速的发展，尤其是在中日甲午战争、日俄战争之后，日本开始走上军国主义的道路，其侵略的矛头首先指向了中国。罪恶的"慰安妇"制度，就是从这一时期酝酿、发轫的。

一、海外驻军面临的新问题

1917 年的十月革命，俄国人民在列宁的领导下，推翻沙皇的统治，建立了第一个社会主义国家。西方列强无法容忍一个意识形态完全不同的苏维埃俄国，从一开始就计划把它扼杀在摇篮之中。

1918 年，新生的苏俄军队迅速向全国各地推进，进入了西伯利亚地区。为阻止苏俄军队的东进，西方列强决定实行武装干涉。是年 3 月，英、法军队在摩尔曼斯克登陆，他们扶植沙皇的将军，建立"北俄政府"。早有霸占西伯利亚和远东地区野心的日本，也乘机准备出兵向北满、西伯利亚扩张，夺取西伯利亚铁路，并扩大日本在满洲的权益。早在是年 1 月，日本海军的石见号和朝日号军舰就已侵入海参崴港。[①] 5 月，日本寺田内阁与段祺瑞政府签订《中日陆军共同防敌协定》，于是，日本军队借此开进了吉林、黑龙江，并借口 3 名日本商人在海参崴被杀而强行登陆。7 月，日本又与美国一同发表出兵声明，发动西伯利亚干涉战争。12 日，日本第 12 师团的 12000 名官兵由海参崴进入西伯利亚。接着，第 7 师团于 8 月侵入中国东北，此后又增派第 3、19、11 师团，到 10 月底，日本进入西伯利亚的军队已达 7.2 万人。[②] 就在 1919 年夏秋，日本全力推进其独占中东铁路和苏俄远东地区计划的时候，苏俄红军在东方战线发动反击。1920 年，苏俄军队击败了列强的第三次武装干涉，于是，美军不得不宣告从西伯利亚撤军，但日军却继续赖在西伯利亚和中国东北，直到是年 10 月，才被迫撤军。

根据保存在陆上自卫队卫生学校的日军档案，3 年期间，先后共有 11 个师团（第 3、5、7、11、12、13、16、19 师团等）的日军入侵东北，[③] 驻

---

① 【日】细谷千博：《ロシア革命と日本》，原书房 1972 年版，第 61 页。
② 【日】币原和平财团编：《币原喜重郎》，大日本协会印刷株式会社 1955 年版，第 282 页。
③ 【日】井上清著，姜晚成译：《日本军国主义》，第 2 册，商务印书馆 1985 年版，第 230 页。

扎时间最长的也不满 1 年半。这样频繁轮换的目的：一是为了掩盖日本出兵的实际兵力，二是为了防止军队士气低落。[①] 在侵略苏俄的过程中，日本的娼业主们得到特许，带妓女随军行动。但是，在征兵制度下的日本兵的薪水较低。以二等兵为例，当时的薪水标准是每月 3.81 元，而志愿兵制度下的美国士兵，薪水大约是日本兵的 10 倍。所以，日本的娼妓自然以薪水较高的美军为服务对象，因此，情绪低落的日军士兵便把他们的抵触情绪发泄在当地的苏俄妇女身上，奸淫事件屡出不穷，并导致了日本军队内性病流行。据日本有关研究者的估计，患性病的官兵人数远高于战死的人数，当时约有 10%—20% 的日军患有性病，总数相当于 1 个师团，约 12000 人。[②] 为什么会发生如此严重的问题？这就不能不提到日军与妓院的密切关系。

军队是男性的集合体，长时期的单性生活，必然会发生性压抑问题，特别是当军队肩负某一使命远离家庭，远离本土的时候。日本自明治维新以后，在对外政策上，逐渐走上了侵略扩张的道路，军队外派逐年递增。毋庸置言，日本是一个在性问题上持宽容态度的社会，男性在家庭以外到酒楼堂馆之处寻欢作乐，是被社会默许的。因此，军队的管理者自然对士兵的性要求采取重视的态度。而一旦将军队的士气与扩张的政策结合起来，它就发生了恶性的变化。

日军与妓院的关系，在明治时代的日本殖民地、占领地表现得已很明显了。20 世纪初，日军驻扎地的香港曾一度计划迁移妓院，这时，驻港日本陆海军就以妓院迁移后与日军军营太远，士兵赶不上归营时间为理由，予以强烈反对、最后妓院竟未能迁成，1896 年 11 月出版的日本《军医学会杂志》曾载有《台湾守备队卫生报告》一文，对同年台北市允许妓院开

---

　　① 【日】千田夏光：《從軍慰安婦》，雙葉社 1973 年版，第 30 页；高木健一：《從軍慰安婦と戰後補償》，第 74 页；本节参考了日本学者藤永壮的论文《上海の日本軍慰安所と朝鮮人》（载《国际都市上海》，大阪产业大学 1995 年版），特此说明并致以谢意。
　　② 【日】矢野玲子著，大海译：《慰安妇问题研究》，辽宁古籍出版社 1992 年版，第 32 页。

业以及台湾女性卖淫状况提出建议说，由于青壮年抑压情欲，而导致精神忧郁症。若与不卫生之当地土著性交，有可能导致梅毒蔓延，缩减兵力。所以文章建议许可公娼，并严格检验梅毒。1913 年，日本《军医团杂志》第 49 号所载的《济南府及青岛之卫生观察报告》中，提出作为繁荣殖民地的政策，一方面奖励设置妓院，一方面又必须严加管理。报告说当地公认的妓院，日本人、中国人、犹太人经营的各两处，一周一次为妓女检查身体，由警察监督，军医实施。也就是说由军医来对妓女进行身体检查。从中可见，日本军队与公娼制有着密切的关系，当日本社会朝着废除公娼制的方向努力时，日本军队却在不断导入娼妓制度。这不能不说是日本军队后来设立"慰安妇"制度的先兆。

由于昔日日本的军队已惯于在性行为上的放纵，而随军的娼妓由于经济利益的驱动，并没有以本国的军队为自己的主要服务对象。于是，便出现了日本军方始料不及的因性病而导致战力锐减的现象。顾及今后出兵离开本土的更大可能，日军高层便考虑在未来战争中如何解决官兵的性问题，并防止因性病而战斗力减弱的对策问题。1927 年日本首次制定《花柳病防治法》，《海军军医会会报》、陆军《军医团杂志》也对此提出了对策。他们的结论日趋一致：必须建立由军队控制的性服务制度，来解决日益庞大且外派增多的军队性欲问题。[①]

20 世纪 20 年代以后，日本先后发动皇姑屯事件、万宝山事件和中村事件，蓄意在东北制造混乱。为实现鲸吞中国东北的阴谋，关东军又策划了九一八事变。事变前，中日在东北的军事力量是：日军 1 个师团、6 个独立守备队、1 个旅顺重炮大队以及关东宪兵队等，共 2 万多人。中国方面张学良的东北边防军也有近 40 万人：但不久东北军为协助蒋介石参加中原大战而大量入关，这样驻扎辽宁的东北军只剩下 6 万人了，从而给日军侵略东北以可乘之机。1931 年 9 月 18 日，日本关东军发动柳条

---

① 《軍醫团雜誌》，第 190 号、第 288 号；《海軍軍醫會會报》，第 30 号等。

湖事变，其第 2 师团向东北进攻，12 月，又增派第 20 师团、第 19 师团的 1 个混成旅团、第 8 旅团等参战。仅 4 个多月，在日军的疯狂侵略和中国政府的不抵抗政策的影响下，东北 100 万平方公里土地遭到日军铁蹄的践踏。

1932 年 1 月 28 日，日军为策应东北，转移建立伪满洲国的视线，又在上海发动事变。驻屯上海的日本海军陆战队向中国军队发起挑衅，驻守上海的第 19 路军忍无可忍，进行顽强抵抗，"一·二八"事变爆发。日军急遣陆军第 9 师团和混成第 24 旅团赶赴上海增援。由于中国方面的坚决抗击，使日军的攻击迟迟没有奏效，2 月初，日军军部再派第 11、14 师团，并将以上陆军部队编成上海派遣军。

与此相应，在上海，出现了第一批日本海军的"慰安妇"。

二、上海的日本驻军与日本公娼

日军的第一家慰安所之所以出现在上海，既与上海驻扎着大批的日本海军陆战队有密切的关系，也与上海是日本在海外最早最大的妓业集中地有关。而"慰安妇"制度，就是从驻沪的日本海军开始的，这里就有必要先回顾一下日本在沪的娼妓业的发展以及 20 世纪 30 年代日本驻沪海军的性措施。

甲午战争后，日本军队与日本侨民一起大量涌入上海。自清末起，上海成了日本第三舰队的常驻地，日本海军陆战队的司令部就设在虹口（地址为东江湾路 1 号，今中国人民解放军海军招待所），虹口也是日本在海外最大的侨民居住地。此地除日本人开设的一般店铺之外，也出现了日本人自营的妓院。日本人在上海的卖淫史可以追溯到明治初期。在 1868 至 1882 年，在沪日侨由数十人增加到近 600 人，其中女性约占三分之二，

民国时期，上海吴淞路因周边聚集日本侨民，而成了一条日本风格的商业街。

为了谋生，日本妇女中的60%—70%是以西洋人为顾客的卖淫女郎。[①]最早的日本妓馆是1877年在北苏州路上开设的东洋茶馆，老板是来自长崎的青木权次郎。[②]繁荣时期的东洋茶馆内有数十名日本女子，由于营业兴盛又发展到了熙华德路（今长治路），而且东洋茶馆的繁荣还刺激了日本国内娼妓业向海外的扩展。于是以上海为中心，逐渐往汉口、香港等地渗透。当然，其中最繁华的仍是上海，正如日本学者森崎和江在《娼妓》一书中所指出的，1882年，在沪日妓已达800人。[③]此时，日本政府感到日

---

① 【日】池田桃川：《上海百話》，上海日本堂1921年版，第1—2页。
② 【日】金一勉：《游女・からゆきさん・慰安婦の係譜》，雄山阁1997年版，第170页。
③ 【日】森崎和江：《からゆきさん》，朝日新聞社1976年版，第82页。

原日本海军陆战队司令部设在上海虹口的东江湾路1号。（这是日军在上海的指挥中枢）。

妓在沪的活动有损于国家的形象，因此，是年日本驻沪总领事品川忠道曾要求日本各地的地方政府取缔娼妓来华，接着进一步将在沪的娼妓遣送回国，据记载，仅1884—1885年，就有五六百名娼妓被遣返，余下的200来人则潜伏了下来。且后来，因取缔不力，日妓又有所增加。1897年，日总领事小田切在向外务省呈交的《关于娼妓的状况报告》中不得不承认了这一点。进入20世纪后，日本对海外日妓的政策，由取缔向管理方向转变。1905年日总领事馆公布《艺妓营业取缔规则》，全文八条，而第一条就是其营业须从领事馆领取执照。这样就逐渐形成了日本型的公娼制度。

　　1907年7月，日本人经营的"贷座敷"在上海开张，这种"贷座敷"或叫"女郎屋"或"游女屋"，是娼妓借店中的房间进行营业的场所；名义上是供应酒食、娼妓借贷场所而自由卖淫。实际上，楼主因掌握着娼妓的卖身契而强逼后者卖淫。历史上，日侨上海居留民团也公开向"贷座敷"的娼妓征收捐税，而且数字不小。如1908年，娼妓的税款为4750美元，占居留民团总收入的 22.3%。[①]据 1928 年上海日本人职业统计，是年在沪有职业的日本人为 13458 人，其中娼妓有 628 人，占 5% 左右。[②]

日本人开设的妓院与后来出现的日军的慰安所，在满足男性性欲这一点上是一样的，可以说慰安所是妓院的一种延伸，但两者又不相同。慰安所用于军事目的，是战争的产物，其形式是在国家或军队的直接管理下，有着较为严格的管理制度，"慰安妇"也多数是被胁迫或欺骗来的，而最初的慰安所就是由日本妓院改变而来的。

在 20 世纪 30 年代初，日本海军就在虹口选择了一批日本妓院作为其海军的指定慰安所。这些慰安所不挂慰安所的牌子，也没有慰安所的名称，它除了接待日本海军军人外，也同时接待日本侨民。根据日本外务省的一则档案，日本海军慰安所最早建立于 1932 年初。[③]1932 年在上海开业的日海军慰安所共达 17 家。这些慰安所以日本海军官兵为客人，是年底在这 17 家慰安所中，有艺妓 279 人、"慰安妇" 163 人（见表 1-1）。

由表 1-1 可见，海军慰安所的存在，是一个明确的事实，而且，当时还将它作为"风俗营业"的一个特别门类加以统计。

表 1-1　上海日侨的风俗营业一览（1932 年 12 月）

业种	开业	停业	1931.12 底存在数	1932.12 底存在数
料理屋、置屋	3	——	28	31
饮食店	72	9	102	165
咖啡店汁粉屋	13	5	27	35
海军慰安所	17	3	3	17
俱乐部	2	2	5	5

① 【日】《上海居留民团汇报》，第 8 号。
② 冯精志编著：《青楼：罪恶之花》，中国戏剧出版社 1994 年版，第 298 页。
③ 【日】吉见义明编：《从军慰安妇资料集》，大月书店 1992 年版，第 183 页。

业种	开业	停业	1931.12底存在数	1932.12底存在数
跳舞场	1	—	2	3
艺妓	134	47	188	275
跳舞女	170	164	239	245
酌妇	166	31	28	163

资料来源：【日】《昭和七年十二月末调　邦人の诸营业》，载《外务省警察史·上海1》，不二出版社1996年版。藤永壮：《上海の日本军慰安所と朝鲜人》，载《国际都市上海》，大阪产业大学1995年版。

另外，进行统计调查的《警察史》还记载，到1933年底，上海海军的慰安所有14家；到1934年底，仍有14家。到1936年底则有所减少，为10家，其中海军专用的为7家，其余3家同时也接待普通日本人。在这些慰安所里，有日本"慰安妇"102人，朝鲜人29人。直到1936年底，上海的日本海军慰安所仍还有9家（见表1-2）。

表1-2　1936年日本海军上海慰安所一览

名称	经营者	出生地	所在地
一心亭	坂井岩吉	奈良	北四川路横浜桥美楣里27号
东优园	马场半三	佐贺	北四川路克明里4号
大胜馆	林田晃	长崎	北四川路克明里8号
筑紫	田代辰次郎		北四川路横浜桥美楣里36号
浮舟	古贺浅吉	长崎	北四川路横浜桥美楣里27号
曙	村上富雄	长崎	北四川路横浜桥美楣里26号
都亭	间狩源治	滋贺	北四川路横浜桥美楣里29号
上海俱乐部	间狩源治	滋贺	北四川路横浜桥美楣里10号
胜利亭	冈喜三郎	京都	北四川路横浜桥美楣里20号

资料来源：《支那在留邦人人名录·上海》，第28版，上海金凤社1936年版。

另外还有 4 家是军方指定的作为海军官兵可以进出接受"慰安"的日本"贷座敷"。也就是"三好馆""永乐馆""小松亭"和"大一沙龙"。

三好馆为长崎来的日侨光吉时所设，创立于 1920 年前，地点在吴淞路松柏里 36 号。1936 年由其夫人光吉君子为经营者。

永乐馆的创办人是永井正次郎，在 1920 年时已开业，地址在狄思威路（今溧阳路）公共租界外。

小松亭的经营者小守良藏出身于大阪，早年到上海经商，后设立日本料理店"小松亭"，养女子卖淫。

这样，被准许接待日本海军的慰安所实际共有 14 家。这些海军慰安所的管理是有区别的。在 10 家慰安所中，有 3 家在接待海军的同时，也接待一般日本人，它们无任何检查制度；而专门接待日本海军的那 7 家慰安所已实施严格的检查制度，由日本驻沪总领事馆会同海军陆战队对所中的女性进行检查，每周 2 次。

有必要指出的是，这一时期的"慰安妇"，无论是日本人还是朝鲜人，她们基本上原来都是娼妓。

根据 1920 年至 1923 年的调查，日本的"贷座敷"为躲避租界当局实施的废娼运动，而设在虹口的越界筑路区域，其名称有"大一"（宝山路）、"小松亭"（虬江路太富里 5 号）、"永乐馆"（狄思威路）、"三好馆"（吴淞路松柏里）等 4 家。娼妓人数稍有变化，1928 年为 32 人，1930 年为 19 人。[1] 根据日驻沪总领领事馆警察的同一资料统计，1930 年在上海的艺妓及其他接客的日本妇女计 1290 人，其中甲种艺妓 173 人，乙种艺妓（娼妓）19 人，旅馆、料理店、贷席、饮食店 419 人，舞女 164 人，"洋妾"159人，私娼 346 人。[2]

中国方面，1927 年 4 月南京政府成立后即开展废娼运动，上海特别市

---

① 【日】《昭和五年在上海总领事馆警察事务状况》，引自《外务省警察史·上海 1》，第 21093、21096 以及 21104 页。

② 【日】《外务省警察史·上海 1》，第 21097 页。

日军在上海丰田纱厂设立了慰安所，这是里面的中国"慰安妇"。（《荻岛静夫日记》，第63页）

政府也于 1929 年 6 月公告废除公妓，并于 1930 年 3 月 20 日向日本总领事馆提出，将日本人经营的设在华界的"大一"、"三好馆"和"小松亭"，或转为正业或移入租界。① 于是，日方被迫于次年 11 月 25 日，将"贷座敷"内营业的乙种艺妓改称"酌妇"而换得"贷座敷"的继续存在。当时这 3 处的酌妇分别为 7 名、11 名、15 名，共 33 名。

在"一·二八"上海事变爆发后，这 4 家"贷座敷"，便被日本海军指定为慰安所。其中"三好馆"仍在吴淞路松柏里 36 号，"永乐馆"依旧，

① 【日】吉見義明编：《從軍慰安婦資料集》，第 184 页。

"小松亭"则改称为"小松沙龙"，其位置在虹江支路31弄5号（太富里），而"大一"也改称为"大一沙龙"，并转移到东宝兴路125弄1号。

综上所述，当时日本海军的慰安所最初是利用现存的在虹口的妓女作为军妓，这只要军方与"贷座敷"的老板达成协议即可，这些妓女大多在接待军人的同时也接待普通的日本人，且有一定的人身自由，她们至多只能说是军妓，还不是后来的完全意义上的"慰安妇"。这是日军"慰安妇"制度发展的第一阶段。

首次以不同于上述方式征召并组织"慰安妇"团到战地为日军作专门服务的，是人所皆知的日本侵华罪魁冈村宁次。

三、冈村宁次与"慰安妇"团

冈村宁次早年毕业于日本陆军大学，1917年作为黎元洪大总统军事顾问团成员而到中国活动。1923年，担任日本参谋本部驻上海的谍报武官，作为日本军部对华谋略的谍报核心人员，他参与拟定了以"据江浙而制天下"为准则的对华作战的具体方案。之后参与历次侵华事件。1932年"一·二八"事变爆发，2月25日，上海派遣军司令官白川义则大将准备出发，白川在军部为他送别的宴会上，破例请求冈村宁次出任军副参谋长。于是，冈村宁次于3月6日到达上海。

当时，在沪日军达到3万人，由于日军十分野蛮，已发生了多起强奸战地妇女的事件，引起中国和各国舆论的严厉谴责。冈村宁次为了防止日军发生大规模的强奸事件而影响军纪及战斗力，同时也为了搪塞外界舆论对日军兽行的指责，在白川义则的首肯之下，决定设立一些专供日军使用的军妓所。具体操办者是上海派遣军高级参谋冈部直三郎，冈部在3月14日的日记中记载："这时，传来士兵们千方百计搜索女人、道德败坏的各种传闻，为了解决士兵的性问题，就着手积极建立这种设施。"①于是，冈部与永见俊德中佐论证了军妓问题后向冈村宁次递交了实施报告。冈村宁次立即电请长崎县知事，迅速征召妓女，组织"慰安妇"团，到上海虹口日军占领区建立慰安所。

1932年7月15日，冈村宁次调任关东军副参谋长，就是在冈村宁次在沪的4个月间，日军在吴淞、宝山，庙行和真如等地建立了第一批慰安所。

此后，冈村宁次因侵华有功而屡获提升，最后于1944年11月升任日本中国派遣军总司令。战争结束后的1949年2月，冈村宁次在返回日本的轮船上接受记者采访时，曾透露说：

> 我是无耻至极的慰安妇制度的缺席的始作俑者，昭和七年（1932年）上海事变时，发生了两三起官兵强奸驻地妇女的事件，作为派遣军副参谋长的我，在经过调查后，我只有仿效海军早已实行的征召妓女慰军的做法，向长崎县知事申请征召来华进行性服务的慰安妇团。事实证明，从本土征募而来的慰安妇团到达时起，便不再发生强奸的事情。②

冈村宁次特别组织的"慰安妇"团，比海军就地利用现有妓女作军妓要进了一步，它是日军"慰安妇"制度形成中的一种新发展。它是由日军上层和日本地方政府共同策划完成的，因为"慰安妇"的征集得到了长崎县知事和警察的协助，而这两个系统是由日本内务省管辖的，也就是说没有内务省的支持，这个"慰安妇"团是不可能到上海来的。这个特别组织的"慰安妇"团来到前线的唯一目的，就是为日军提供性服务，这个"慰安妇"团的成员显然已是一种军队"慰安妇"，冈村宁次创造的这一形式

---

① 【日】冈部直三郎：《冈部直三郎大将の日记》，1932年3月14日。
② 【日】稲葉正夫编：《冈村宁次大将资料》上卷（战场回想篇），原书房1970年版，第302页。

不能不说是一种创举——是法西斯战争机器侮辱与践踏人性的一种创举，当然，这比起后来日军大规模地推广"慰安妇"的行为而言，还只是一个开端。

日本陆军在上海的慰安所在大批军人撤退后也关闭了。然而，作为陆军慰安所样板的海军慰安所却依然故我地开放，其中仅东宝兴路一带就有3家，最典型的就是"大一沙龙"。

四、"大一沙龙"

东宝兴路160号，原为183号，当地人称作"林家花园"，原是一林姓广东商人的豪宅，"一·二八"事变前夕已被日本人占据，由日侨改建为妓馆，玻璃灯箱上大书"沪月"两字。它是日本式的"贷座敷"，实际成了日本海军军官的专用慰安所。它存在的时间相当长，至少到1940年还在经营着。

林家花园对面的东宝兴路135号，为一幢西式2层砖木结构建筑，当年的门牌为138弄3号，也曾被来自广岛的日侨北村芳平占据，开设了"末广"海军慰安所。而这一带最有影响的是东宝兴路125弄1号的"大一沙龙"。

清末的虹口，是广东籍人士的集居之地。东宝兴路125弄的主人也是广东人，而且这里还是潮汕帮商人的会议场所。"一·二八"事变后，广东人逃难而去，日侨白川趁机占据，在日军的支持下，日侨将"大一沙龙"转移至此地。

如前所述，"大一沙龙"可以说是个较早建立的日本式"贷座敷"，在1920年的《人名录》上已有记载，原由日侨白川经营，设在宝山路上，属于华界闸北地区。后来中国政府禁娼，白川将其经营权交给了近藤美津子夫妇。"一·二八"事变爆发后，"大一沙龙"遂移至东宝兴路125弄1号。"大一沙龙"名为沙龙，实际是个妓馆，妓女都是从日本贫困山区招来的年轻女子。

日军最早的慰安所之一："大一沙龙"旧址——东宝兴路 125 弄 1 号（苏智良 2002 年摄）。

后来日军要求"大一沙龙"向海军官兵开放。近藤夫妇便在此处续开"大一沙龙"，招募日本妇女，为海军提供性服务。最初，此处的日本"慰安妇"只有六七人，由于这里地处北四川路旁，为日本海军陆战队集中之地，所以生意十分兴隆。近藤夫妇便又从日本国内招来 20 名少女，并吞并了后面的 3 幢中国人的住房，还购置了用来接送客人的汽车，形成一个规模很大的慰安所。

1994 年，笔者找到时年 81 岁的陆明昌老人，据这位家住东宝兴路108 号的老人介绍，他原籍江苏南通，"一·二八"事变前后，从家乡到上海谋生，经人介绍进入"大一沙龙"做杂务工。这时的"大一沙龙"是个日本妓院，客人除了日本海军以外，还有日侨。进大门后是个日本式亭院，登上台阶里面是个大酒吧，平时接待客人，可以喝酒，也可跳舞，两厢房、2 楼以及后面的 2 幢建筑均是日本"慰安妇"的房间。楼房的东侧有个花园，中间是个喷水池，四周的空地就是舞场，每天这里都是莺歌燕舞，尤其是

曾在"大一沙龙"日军慰安所工作14年的陆明昌老人，1999年病逝（苏智良1995年摄）。

晚上7点起最为热闹。"八一三"事变爆发后，这里成为日本海军专用的慰安所。"慰安妇"们穿着和服，都是来自日本贫困山区的女子，后来还有朝鲜女子。日本医生每周都要来，在4号房间为慰安女检查身体，营业情况极好。因此，后来老板近藤就一个人带着钱财跑回东京享受去了，"大一沙龙"便由老板娘一个人支撑。约在1944年，老板娘也死了，此后则由其儿子小近藤经营，直到战争结束。

陆明昌在"大一沙龙"除了烧饭外，还要收拾酒吧、搬运啤酒。因为每天与日本人打交道，所以直到晚年仍能讲一些日语。他在这个慰安所整整干了14年，可以说是世界上在日军慰安所内工作时间最长的人了，每月的工资却只有6块银元，还时常遭到日本人的打骂，回忆这痛苦的往事，晚年的陆明昌老人仍满腔怒火。

家住"大一沙龙"附近的林铃娣（71岁），家中原是箍木桶的桶匠。她对"大一沙龙"还有清晰的记忆："'大一沙龙'我们叫它'大一记'，老板娘经常来我家订购小木盆，这种小木盆是给慰安女与客人洗澡时放置毛巾和肥皂用的。一次订做总有 10 只，每只价钱是 1 日元。那时我只有十来岁，这些木盆每次都是我送过去的。对面两幢房子（东宝兴路 120、122、124 号）原来是车库，是专供客人们停车用的。"

五、朝鲜人在上海的风俗营业

日本海军在上海的慰安场所除了前面所述的 14 个慰安所和"贷座敷"以外，还利用朝鲜人开设的风俗场所作为海军的性服务基地。

朝鲜人来上海生活的较早记录是 1908 年，根据是年江海关的登记，有 20 名朝鲜人到沪。1910 年，朝鲜沦为日本殖民地后，日本在外使馆对朝鲜人活动极为注意。据日本驻沪总领馆的统计，1910 年初有 89 名朝鲜人到沪。年底则减少至 49 名。1915 年 8 月，在沪朝鲜人共计 90 人，其中女性仅 7 人，按职业区分，最多的是杂业，业者达 43 人，超过总人数的一半；第二大职业是电车监督，业者有 23 人。此后有所增加，1917 年在沪朝鲜人有 279 名，其中男性 239 名，女性 40 名。随着朝鲜民族革命运动的兴起，在沪朝鲜人也迅速增加。1918 年有 300 人，1919 年已达到 1000 多人。4 月 10 日，大韩民国临时政府在法租界成立，1921 年 5 月，高丽共产党创立。此后在沪朝鲜人虽有所减少，但也有 700 人左右。他们多居住在法租界，男女比例约为 2∶1。到 20 世纪 30 年代后又有变化，1932 年，在沪朝鲜人总数再度达到 1000 人，而且，女性有所增加。[1] 其原因是 1932 年虹口公园爆炸案发生后，日本严厉控制与打击在沪朝鲜人的政治活动，从而导致从事政治活动的朝鲜人减少；但是另一方面，由于日本在朝鲜实行残暴的殖民统治，农村日趋衰败，使得越来越多的朝鲜人背

---

① 【日】藤永壮：《上海の日本軍慰安所と朝鮮人》，载《国際都市上海》，大阪产业大学 1995 年版。

战时日本人名录中的"大一沙龙"广告。

井离乡，因此，作为远东最繁华城市的上海，日益成为朝鲜人的集聚之地。朝鲜女子多集中在虹口一带，被迫以出卖肉体接待日本人为生。其经营的形式名为酒吧，实是卖淫场所。1936年，朝鲜人经营的这类酒吧就有6家（见表1-3）。

表 1-3　上海朝鲜人的风俗营业一览（1936 年）

商号	经营者	所在地	来沪日期
伦敦酒吧	姜汉朝	虬江路 97 号	
心酒吧	韩汶礼	虬江支路宝德里 8 号	
贝贝酒吧	赵秉铉	南浔路 121 号	
少女酒吧	朴钟善	海宁路 322 号	
伊甸园酒吧	吴贤海	虬江支路 362 弄 5 号	
亚细亚酒吧	朴日硕	汉壁礼路 35 弄 31 号	1937.9.7

资料来源：《支那在留邦人人名录·上海》，第 28 版，上海金凤社 1936 年版。赵炳淳（白川秀男）：《在支半岛人人名录》，第 3 版，上海白川洋行 1942 年版。

这些经营者与日人关系相当密切，他们在日本居留民团的领导下活动。因此，其营业也被列入向日本海军开放"慰安"的慰安所的行列：

次年这类酒吧增加到了 9 家（见表 1-4）。

表 1-4　上海朝鲜人的风俗营业、慰安所（1937 年）

商号	经营者	资本额	本籍	现在住处
贝贝酒吧	赵秉铉	2000 元	平安北道义州部	南浔路 121 号
伯格斯酒吧	朴正淳	2000 元	平安北道义州郡	南浔路 135 号
亚细亚酒吧	朴日硕	2000 元	平安北道义州郡	汉壁礼路 35 弄 31 号
乐酒吧	金字济	1500 元	京畿道仁州府	汉壁礼路 37 号
少女酒吧	朴钟善	1500 元	平安南道平壤府	静安寺路安乐坊 17 号
心酒吧	崔次礼	2000 元	庆尚南道昌原郡	虬江支路宝德里 8 号
伦敦酒吧	崔鸿绮	2000 元	京畿道京城府	海能路 81 弄 48 号
伊甸园酒吧	吴铉淑	2000 元	平安南道平壤府	虬江支路宝德里 8 号
阿里郎酒吧	白利淳	2000 元	平安南道大同郡	北四川路丰盛里 25 号

资料来源：在上海日本总领事馆警察部编：《昭和十二年管内状况ノ内　特高警察二阔ス口事项》，在上海日本总领事馆警察部发行，发行年份不明。

这些朝鲜籍出卖肉体者，实际也是日本殖民政策的牺牲品。因为，正是日本殖民者占领了朝鲜，并残酷剥削压迫朝鲜人民，致使城乡经济破产，民众背井离乡，为谋生而被迫出卖肉体。有位日本老兵后来回忆，1932年3月，他曾在上海进出过慰安所。慰安所设在前线中国人的民居内，里面约有5—10个朝鲜"慰安妇"，年龄约20多岁；当时日军士兵每月所得只有8日元，进去一次要1日元，如果在那里住上一夜，还得付2日元。每到星期日，士兵们便带着预防性病的药列队去慰安所，先是购买入场券，然后等待着轮到自己。①

六、关东军中的慰安所

日军占领东北以后，日本兵对当地妇女的强奸行为相当普遍，结果日军中的性病开始蔓延，战士减员，关东军即允许日本人经营高级宾馆供军官使用，指定妓院给士兵使用。②

九一八事变以后，远离故土、在战争中疲于奔命的关东军士兵对女性如饥似渴，玩女人成为公开的秘密，军方首脑对此只能默认。于是，在长春、奉天、牡丹江、大连、旅顺等城市的关东军驻地出现了一批为军队提供性服务的"方便屋"。这种"方便屋"由因日本国内经济萧条而涌入"新满洲"的日侨们开设，它们除了提供饮食和商品以外，最重要的就是拥有大量随军妓女。金一勉在《军队慰安妇的实态》中指出："被日军占领后的东北，充满了枪声、谋略、鸦片、麻药和卖春妇。"③

那么，这些卖淫业主和人贩子，去哪里获得人肉商品——妓女呢？他们把目光放在了朝鲜。一时，人贩子们腰缠着钱包，来往于朝鲜与满洲之

---

① 【日】《性と侵略——"軍隊慰安所"84か所元日本兵らの証言》，東京株式会社社会評論社1993年版，第127页。
② 时事出版社编：《悲愤·血泪：南京大屠杀亲历记》，时事出版社1988年版，第194页。
③ 转引自时事出版社编：《悲愤·血泪：南京大屠杀亲历记》，第196页。

间，以招募女工的名义拐走了许多姑娘。为军队服务的妓院生意十分兴隆，以致以日本、朝鲜为主的亚洲各地的卖春业者在此纷纷云集，到1932年3月，"满洲国"建立时，关东军部队的驻地周围几乎都有了妓院，这些妓院实际上已担当起了"军队慰安所"的作用。

当关东军向东北腹地发动"讨伐"作战时，守备队也配合出动，这时，"慰安妇"们也总是紧随守备队而转移。此时，军队与妓院经营者之间多缔结有一定的协议。比如在向张学良的东北军发动"热河作战"之后，关东军骑兵第25联队进驻赤峰。到达赤峰的日军士兵们十分留恋原洮南驻地的慰安所，所以负责募集守备队"慰安妇"的长山中尉，亲自去150公里外的锦县领来20名"慰安妇"。当她们到达的前夜，守备队长对全体士兵训话道："这些女人满身尘埃地来到这广袤无垠的原野之一隅，是为了我们赤峰城里的驻军。不用说，这些女人不单单是为了游戏、为了卖身而来，这你们都清楚。她们是为了抚慰散布在南满大地上的大和儿子们而来的！明天，我们都应该到城门外面去，满怀热诚地三呼万岁，去迎接她们吧！"①

1933年2月22日，日军占领了北票，随即派出一名大佐介入地方的治安管理，人称"靖安大佐"。他与旗长沁布多尔济密谋后，在大柳树北街兴办了一个"靖安公司"，作为活动据点。然后又利用协和会，警察署出面，组织北票花界会，以高文清为会长。在这个日本大佐的策划下，建立了共有300多间房间的"靖安妓院"叫"新德里"。这个"新德里"面积达18000平方米，范围在窑街、小木桥、铁路家属胡同和朝北大马路之间，里面有双顺堂、凤翔堂、宝乐堂等20多家妓院。日本大佐还强迫妓女们定期到炭矿去"慰安"，口中还要反复说："请您接纳，支援圣战早日完遂。"当然，这与后来完全为日军服务的慰安所还不一样。

1933年3月，日军侵略热河时，曾征用日本和朝鲜的妇女充当"慰安

---

① 【日】伊藤桂一：《戦争とおんな》，载《週刊参考》，1971年10月4日。

黑龙江孙吴曾家堡的这幢屋子，战时是日式酒店，里面曾有不少"慰安妇"(苏智良2008年摄)。

妇"。根据日军混成第14旅团司令部的《卫生业务旬报》记载，军方严禁士兵进入中国妓院，为解决性问题，一面运来15528个避孕套，一面指令朝鲜的老鸨带来38名朝鲜妓女，充当"慰安妇"。[①] 在另一批"慰安妇"中，有三分之二是朝鲜人，她们乘马车到达洮南，被迫遭受日军的蹂躏。[②] 在孙吴这个日军对苏战略基地，有不少属于守备队的慰安所，这些慰安所的建筑是木结构，薄铁皮屋顶，天棚相贯通，每个房间约4个榻榻米大小，是用木板隔开。一般的士兵只有周日可以来嬉游，费用是部队确定的，每次1日元。日本《朝日新闻》1992年12月6日刊载的文章指出：在中国的东北，1933年开设了事实上由日军管理的慰安所，而且以朝鲜人"慰安妇"居多。

---

① 【日】混成第14旅团司令部：《卫生业务旬报》，转引自吉见义明、林博史编：《共同研究 日本軍慰安婦》，第72页。
② 【日】金一勉：《天皇の軍隊と朝鮮人慰安婦》，第37页。

同时，日军也掳掠当地妇女充当"慰安妇"。据延安时事研究会1939年编的《日寇在东北的暴行》记载："散在东北各城镇的寇军，几年来竟习以为常的命令四乡村长供给少女，以满足其兽欲。有时寇军及日本浪人，更自己出马，去寻找妇女。例如有一次，兴京县的某村长，受寇军的命令，供应少女20名，该村长不忍全村少女被蹂躏，乃透出消息使年轻妇女逃避，另找20名老妇塞责，以致引起寇军的愤怒，竟把村长枪决。"①

　　许多日侨妓业经营者在大连、旅顺、奉天（沈阳）、新京（长春）、牡丹江、哈尔滨等城市设立大量的"料亭"（饭店），据说料亭自古以来就是军官们潜在的慰安所。料亭内有许多的"慰安妇"，供军官们发泄性欲。②

　　由此可见，九一八事变后，关东军已开始在东北零星地设置慰安所了。但它与20世纪30年代初设在上海的日本妓院一样，尚处在"慰安妇"制度的早期阶段，即"慰安妇"们基本属于娼妓，日军对其的各类管理还未形成完善的制度。大量的掳掠妇女充当日军"慰安妇"，并在日军中有计划、按比例地配备"慰安妇"，则始于1937年开始的日本全面侵华战争。

---

　　① 关梦觉：《日寇在东北的烧杀淫掠》，载《反攻》第2卷第4期，1938年6月6日。
　　② 【日】金一勉：《游女・からゆきさん・慰安婦の係譜》，雄山阁1997年版，第280页。

第 2 章

『慰安妇』制度的正式确立

> 1938 年 1 月 2 日深夜，我接到急令，速去其美路
> 沙泾小学检查 104 个妇女，这些妇女到前线来干什么？
> 是慰问官兵吗？如果是，那为什么要进行妇科检查呢？
> 后来我才明白，是为了建立从军慰安所。
>
> ——日本军医麻省彻男

1937 年"七七"事变爆发，日本大举向华北进攻，此后，中日战争战火
又燃烧到了上海、华中，并逐渐推向全国。在日军企图征服中国的过程中，为
防治性病的蔓延、鼓舞官兵的士气等，日军通过各种形式，逐步建立了"慰安妇"
制度。

一、日军军纪大崩坏

卢沟桥事变后，日军向华北猛烈进攻，中国政府见和平无望，于8月初将陆军主力派往淞沪，同时，日本也增派海军陆战队到达上海。13日，双方在同心路一带发生激战，时中国军队已做好决战准备。次日，陆军精锐第87师、第88师在张治中的率领下，向虹口之日本海军陆战队发动猛烈进攻，6000人的日军节节败退，最后坚守北四川路（今四川北路）的陆战队司令部。这时，日本政府迅速组建以陆军为主力的上海派遣军，由松井石根大将为司令长官。23日晨，上海派遣军在吴淞口登陆。此后，中国军队仍源源不断增援而来，双方在罗店、宝山、江湾等地展开空前激烈的大厮杀，均伤亡惨重。

此后淞沪战场处于胶着状态。日本上海派遣军伤亡之惨重，创日俄战争以来的新纪录。于是，日本再派由第6、16、114师团组成第10军准备在杭州湾登陆，第18师团在白卯口登陆，以求迅速击败中国军队。11月5日，日第10军在金山卫一带登陆成功，并直插松江，抄袭中国军队后路。这样，中国军队被迫退出上海，到11月12日，日军占领上海。

其时，上海地区的日军已有30余万人，且战场纪律极为败坏。日第114师团的一等兵田所耕造在战后的证言说："妇女是最严重的被害者，不论老少都被强奸了。"[①]当时的日军毫无军纪约束，尤其是在性的问题上，已失去了理性控制，这种情况正如原日军大尉宫本所言：在中国强奸妇女，如同在两次战斗的间隙抓紧大小便似的，容易且正常。

因此，不仅在上海，而且在由上海到南京的沿途，日军大发兽性，在城乡村镇，在大街小巷，日军所到之处，均留下了在光天化日之下追逐妇女，实施强奸、轮奸的残暴记录。有些部队还掳掠中国妇女同行，日军军官"天

---

① 【日】森山康平：《南京大虐殺と三光作戦》，第32页。

天晚上同女人睡觉"。①1937 年 11 月 21 日，日军开入苏州，这个被称作"人间天堂"的古城，成了日军兽性大发泄的场所。奸污妇女达 1320 多人。更有甚者，日军竟把 230 名女性驱赶到一个大宅院，然后供其将校级军官集体奸淫。12 月 19 日，日军攻占扬州，当天就强奸了 350 多名妇女。第三天，日军指挥部宣布"自由活动"。于是，又有 1000 名左右的妇女惨遭奸污。

著名中国老报人冯英子的妻子和弟媳也曾遭到日军的强暴。冯英子时任上海《大公报》的战地记者，他的家乡在昆山大西门外，昆山正处在日军由上海向南京进击的要道上。日军在占领上海后，即西奔南京。沿途中国居民纷纷逃难。当冯家逃至吴县黄棣时，被日军追及，所有财物全被掠夺，冯妻毕月荫、弟媳王杏林惨遭日军轮奸，时间是 1937 年 11 月 30 日。

二、南京大屠杀与"慰安妇"制度的实施

日军全面推行"慰安妇"制度的契机，是南京大屠杀。

1937 年 12 月初，当日军准备进入南京时，华中方面军第 10 司令柳川平助号召说："山川草木都是敌人。"上海派遣军也发出了"一概都杀"的命令。②于是，一场惨绝人寰的大屠杀开始了。根据 1994 年才解密的战争档案，1938 年 1 月 17 日，日本外务大臣广田弘毅在致日本驻美大使的电报中说："日本在南京及其他地方所犯的暴行……不少于三十万的中国平民遭杀戮，很多是极其残暴血腥的屠杀。"③战后，远东国际军事法庭判决书也指出："对都市或村庄居民实行屠杀，……这就是日方所谓的'膺惩'行为。这些行为在中日战争中一直未停过，其中最坏的例证，就是

---

① 【日】洞富雄：《南京大虐杀》，现代史出版社 1982 年版，第 95 页。
② 转引自洞富雄：《南京大虐杀》，第 222、224 页。
③ 转引自高兴祖教授论文：《"南京大屠杀"事件研究现状和今后的课题》（未刊稿）。

日军在占领南京时实施了数万起强暴妇女的案件，这是在金陵大学医院接受治疗的 18 岁少女（美国国家档案馆藏，《南京大屠杀全史》，第 334 页）。

1937 年 12 月对南京居民的大屠杀。"[1]

　　震惊寰宇的南京大屠杀，实际上是一场大规模的奸杀。之所以会发生大规模的强奸事件，日军士兵田所耕三说："我们自从登陆以来，还没碰过女人的身体，所以大事轮奸。当时'奸虐致死'成了我们很喜欢说的话。"[2]德国的情报指出：日军士兵得到一项承诺，"每人到南京都可以得到一位花姑娘。"[3]于是发生了大量的强奸案。《拉贝日记》中有不少日军强奸的记录："有 540 名难民，现在被收容在拥挤的广东路 85-88 号的房屋里。从本月 13 日至 17 日，我们这里已经多次受到三五成群的日本兵的搜家、抢劫……每天晚上妇女们都被带走，他们被装上卡车，不到次日天亮不让回家。至今已有 30 多名华人妇女少女遭到强奸。无论白天还是晚上，房

---

① 张效林译：《远东国际军事法庭判决书》，五十年代出版社 1953 年版。
② 中央档案馆等编：《南京大屠杀》，吉林人民出版社 1995 年版，第 997 页。
③ 中央档案馆等编：《南京大屠杀》，第 154 页。

间里都回响着妇女、儿童的哭叫声。"①亲历者冈本健三这样说："强奸事件也不是谣传，而是实有其事。占领南京后不久，情况更糟得很。自杭州湾登陆后，军队里就没有女人了。士兵们都是青年……上级说，如果干了那种事就应当场把女人杀死。不许用刺刀戳，也不许开枪射击，应该把她们打死。……干坏事的，不仅仅是士兵，有时军官先干在前头。"②美国医生赫维·W·克里斯琴（Hervey W.Christian）在日记中记载了一个日军事实上强逼中国妇女为"慰安妇"的真实故事：1938年1月3日的早晨，有一名中国妇女逃到了他的住所，"她有一个可怕的故事和一个悲哀的'婚约'。她是日本兵抓到他们（日军）医药所的五个妇女之一。她白天洗衣服，晚上则要被日本兵奸污。她们当中有两人每晚要被十五至二十个日本兵奸污，以满足他们的欲望。还有一个最漂亮的，每个晚上要满足四十个日本兵。来我们这里的这个妇女是被取消资格的，她被三个日本兵赶进一间小屋，在那里，他们企图砍掉她的头。但她很幸运，刀砍在她脖子的绳索上；她装死，后被别人送进医院。威尔逊传教士给她医治，认为她有可能活下来……"③日军在南京的城乡内外，几乎"每日24小时，无一小时无妇女被日军拖出，"④从8岁到70岁，从学生到尼姑，无一例外地实施强奸，然后杀掉。在这种野蛮的氛围中，日军的士兵发生了普遍的性变态。有些官兵甚至终日不扣军裤上的钮扣，将生殖器暴露在外，奸杀一个后又去追逐另一个。⑤

　　远东军事法庭收到的有关日军强奸的调查报告和控诉呈文数以万计。如控诉呈文第1123号指出：1937年12月16日夜及17日，南京最少有1000名妇女被日军强行奸污。其中一妇女遭日军轮奸达37次之多。控诉呈文第2331号指出：1937年12月30日，日军在青云巷6号抓走青年妇

---

① 【德】《拉贝日记》，1937年12月19日。
② 【日】洞富雄：《南京大虐杀》，第94页。
③ 明玉：《侵华日军制造南京大屠杀的铁证》，载《历史档案》，1986年第3期。
④ 上海《大公报》，1946年7月30日。
⑤ 蒋光穀：《陷京三月记》，载《南京文献》第26号，1939年2月。

女6人，将她们带至城西某日军医院。妇女们白天洗衣服，晚上通宵被轮奸，年龄较大的被轮奸到10至20次，较年轻的且又长得好看一些的被轮奸40次之多。

据金陵大学教授罗伯特·威尔逊的调查，在南京被占领的一个月内，就有2万中国妇女被强奸。中国南京敌人罪行调查委员会则指出，整个屠杀期间，共有8万妇女遭到强奸。时担任南京国际委员会主席拉贝在当时写下的一段话可以说是对日军南京暴行的小结，他指出："日本军当局对其所属部队发出的命令，似乎明显不起作用。部队在占领南京后数周时间内，在市区进行掠夺，强奸了约两万名妇女，用残酷的手段杀害了数千名无辜市民……被枪杀后的尸体尚躺在市区马路上，不许掩埋（其原因不明）"。①

这些丑闻使日军的残暴性暴露无遗，从而遭到全世界人民的谴责，甚至连日本的盟友法西斯德国也感到十分震惊。德国驻华大使馆在致柏林的电报中指出："犯罪的不是这个日本人或那个日本人，而是整个的日本皇军……它是一架正在开动的野兽机器。"②

日军大规模的奸淫烧杀，致使性病迅速流行。在进入南京城一个多月后，第6师团的随军军医便发现性病已在该师团中蔓延开来。日华中方面军司令松井石根当即命令组织医官到北路兵团和南路兵团分别抽样调查，调查的结果令日军上层震惊：在南路兵团的第18、第114师团及国崎支队，北路兵团的第3、第9、第11、第13师团及重藤支队里，均发现性病有如星星之火正逐步燎原。

由于如此混乱的性交，淋病、梅毒等多种性病迅速在日军中蔓延，其战斗力也受到削弱；同时，日军的兽行也遭到国际社会的强烈谴责。这样，性的问题几乎成了能否继续其侵略战争的首要问题。有鉴于此，日军高层

---

① 转引自洞富雄：《南京大虐杀》，第135页。
② 张效林译：《远东国际军事法庭判决书》，五十年代出版社1953年版。

考虑，需迅速全面推行"慰安妇"制度。

淞沪战争之后，日本华中方面军即开始考虑战争的长期化问题，作为司令官的松井石根，他最担心的不是屠杀和强奸，而是军中秩序和性病蔓延的事实，担心重演日军昔日出兵西伯利亚时性病蔓延的悲剧。为了解决日军官兵的性问题，预防因性病而丧失战斗力，松井遂决定模仿冈村宁次在"一·二八"事变中征召"慰安妇"团的做法，制定从日本本土征召"慰安妇"并建立军队直辖"慰安妇"的计划。不仅如此，他还决定在部队驻地周围由"方便屋"老板出面创办民间的慰安所，并为此拨出了巨款，有个"方便屋"的小伙计也因此得到 3 万元的开办费。①

1937 年 12 月 11 日，参加南京进攻战的日本上海派遣军参谋长饭沼守在日记中写有《从方面军来的关于慰安设施的实施意见》，19 日则记载拜托上海派遣军参谋部第二科的长勇中佐迅速拟就建立女郎屋（即慰安所）的计划。由此表明，设置慰安所的命令是从华中方面军下达的。还有一则史料是上海派遣军参谋副长上村利道的日记，上村在 12 月 28 日写道："军队的非法违纪事件越来越多，参谋部第二科召集各队将校会议，参谋长强调军纪，并审议了第二科提出的关于设立南京慰安所的提案。"②

从以上历史事实可以得出这样的结论：南京大屠杀的残暴结果，使得日军高层认为有必要在军中推行"慰安妇"制度。远东国际军事审判法庭开庭时有人证实："为减少这种野蛮（的强奸）行为，日本作了不再发生类似问题的努力，首先就是设立供日本兵游乐的场所，即慰安所。"③这一结论同样在 1996 年联合国人权委员会关于"慰安妇"的报告中也得到了确认。该报告指出：1937 年的南京事件的结果，使得日本人决定改善军规，恢复慰安所的设置，并要求北九州地区的妓业者输运妓女，但是由于妓女对"慰安妇"的征集并不踊跃，因此军方与妓业者就以招募待遇较高

① 【日】金一勉：《天皇の軍隊と朝鮮人慰安婦》，三一书房 1991 年版，第 43 页。
② 【日】南京戦史编集委员会：《南京戦史资料集》，东京偕行社 1989 年版，第 280 页。
③ 【日】《遠速》第 35 号，载洞富雄编：《日中戦争史资料》，第 8 册，第 35 页。

的军队炊事员、洗衣妇的名义诱骗少女们。这些少女们到中国后，便在上海至南京之间的慰安所里充当军队"慰安妇"。

实际上，日军部队已经"自发"地在建立慰安所了。上海战役中在金山卫登陆的日第10军，在攻击浙江的途中，就在浙江湖州建立了一个慰安所。根据该军参谋山崎正男的记录，我们可以窥见日军掳掠中国妇女的残暴场景。1937年12月8日，日军在湖州当地强拉妇女充当"慰安妇"，"先遣的寺田中佐指导宪兵在湖州设置娱乐机关。最初虽只有4人，而今日已达7人。但是，她们因有害怕心理而'服务'不良。因此，宪兵透露将保证生命安全，并付给报酬，希望征集100名中国妇女。……（慰安所）门口挂上了标记，士兵们不知从何处听到传闻而云集于此，……先遣的寺田中佐亲身进行了尝试，今日到达的大坂少佐、仙头大尉听后忍耐不住，与宪兵队长一起很早就奔赴（慰安所）去，约一个半小时而回。宪兵队长尤其对慰安妇的'服务'赞不绝口，一副完全满足的模样。并劝说我也一起去，总之我回绝了。"[1]同样，在南京，日军也开始掳掠中国妇女充当"慰安妇"。第114师团的一等兵田所耕造回忆到："女人是最大的受害者。不管是老的还是年轻的全都遭殃。从南京下关开了木炭车到乡下，将女人分配给士兵们，每15到20名士兵分配一个女人，……在仓库周围选个有阳光的好地方，用树叶之类铺好。士兵们手拿'入场券'——盖了中队长印章的纸条，只穿兜裆布，赤身裸体等着轮到自己，……不强奸的士兵几乎没有。"[2]这种掳掠当地妇女的记载可说是连篇累牍，举不胜举。仅在江宁县的石门，被日寇掳掠的有确切名字可查的当地妇女就有32人，其中最老的是辛下村的常王氏，已是60岁的高龄，而最小的周崇村的王初石之女儿和辛下村的王英兴之女儿，两人都还只有9岁！[3]还有史料表明，在日军进入南

---

① 转引自王俊彦编著：《警惕日本——昨天的侵略与今日的扩张》，内蒙古人民出版社1996年版，第907页。

② 【日】《南京战史资料集》，东京偕行社1989年版，第30页。

③ 中央档案馆等编：《南京大屠杀》，第160页；关于日军掳掠妇女的资料，还可见第111、113、170、254、376、1031等页。

京时，有些部队已经携带日本"慰安妇"随行了。士兵冈本健三回忆到："日本的"慰安妇"在日本军占领南京的同时也来到了。有的慰安妇心慌意乱，比部队到达得早。在南京时，我们的部队进城那天，商店已经营业了。九州一带的女人很多。待军队逐渐安顿下来以后，似乎大阪的、东京的女子也来了。"①

三、松井石根的命令

淞沪战争结束之后，司令官松井石根于 1937 年 12 月，命令方面军参谋长塚田攻建立慰安所。于是，他们立即分别致电日本关西各县知事，要求其尽快募集"慰安妇"，运往上海。②

命令下达后，"慰安妇"的征集工作在日本关西地区进行。华中方面军负责补给任务的第 11 兵站司令部在长崎、福冈等地政府的支持下，派出军官以及石桥德太郎等军聘人员在当地设立了"慰安妇"募集处。石桥德太郎原是上海英商洋行的雇员，"八一三"事变的次日被上海的中国军队捕获，8 月 15 日被日军救出，此后由日军第 11 兵站聘用。12 月 23 日，石桥德太郎等军聘人员十二三人被集中起来，奉命带巨款回日本内地征集女人。

日本军方在关西各地的募集处宣布，征集年龄在 35 岁以下，目前没有性病的女子去前线"慰安"士兵。军方将立即支付每个妇女 1000 日元定金，然后等"慰安妇"到达前线后，只需工作 3 个月便可还清，还清后"慰安妇"即属自由之身。这笔预支的钱是大藏省直接拨给派遣军的"临时军费"，而这"临时军费"又来自日本的"临时国债"。在军国主义的宣传下，当时有一些日本妇女（尤其是妓女）为了所谓的国家利益，同时也因其经济

---

① 【日】洞富雄：《南京大虐杀》，第 94 页。
② 【日】千田夏光：《从军慰安妇》，第 31 页。

上的诱惑而自愿报名加入"慰安妇"的行列。[1]

这一天，福冈县大浜镇118号"朝富士楼"里的卖笑女郎笹栗富士（艺名庆子），路过"慰安妇"募集处，顿时为1000日元的预付金所吸引。要知道在当时这可是一笔巨款啊！募集处的军官给她算了笔账：如果每日接待5个士兵，三四个月就可以自由回家了。她立即回到博多区的家中，与父母商量后报名加入了"慰安妇"的行列。她岂能料到，为了这1000日元，她竟付出了7年的青春和一生的幸福。

也是在这一天，17岁的朝鲜少女金碧莲也来到"慰安妇"募集处。她的全家是1932年被迫从朝鲜移民到福冈来的，父亲以烧炭为业，家中还有弟妹，贫困到无法温饱的地步。听军官说，"慰安妇"就是到中国为日军士兵烧饭和洗衣，不由心动，这1000日元，将给这个贫穷的家庭带来多少欢乐？于是，金碧莲也报了名。然而，当她饱经风霜的父亲接过1000日元时，预感会有不祥与磨难，不禁老泪纵横。[2]

12月30日，被征集来的104名妇女被第11兵站司令部紧急赶运至长崎。

从上面引证的材料来看，日本上海派遣军征集"慰安妇"肯定得到了日本军部的同意，因为征集"慰安妇"涉及前线与后方的一系列问题，没有最高当局的同意，是无法实际操作的。而且，在华中方面军建立"慰安妇"制度后不久，华北方面军也推行起"慰安妇"制度来了。而具有讽刺意义的是，尽管松井石根完善了"慰安妇"制度，但在日军占领并统治南京和其他中国城市时，强奸案等并没有减少。

这时，一艘名叫"海运丸"的运输船已停泊在长崎的港口。这是一艘被陆军征用的民间的运输船，兵站立即把上海前线急需的物资装运上船，其中包括170头战马、800发加农炮弹、2200发榴弹炮弹、大量的汽车燃料，以及104名"慰安妇"。"慰安妇"和炮弹、战马等一样，都成了军需品。

---

① 【日】千田夏光：《従軍慰安婦·慶子》，280页。
② 【日】千田夏光：《従軍慰安婦·慶子》，光文社1985年版，第89-91页。

在"海运丸"上前往上海的日本"慰安妇"庆子。(引自千田夏光:《従軍慰安婦·慶子》)

1937年12月31日,晚上10点零5分,"海运丸"长鸣一声驶出了港口。

庆子后来回忆说,我们这些女人与战马一样被安排在底舱,整个底仓弥漫着马尿、马粪的馊味,令人作呕。同船的还有很多穿白色朝鲜服装的妇女们不停地哭着,宪兵则使劲地踢着她们的屁股。最糟糕的是船上军人不准妇女使用厕所,认为那样会给他们带来噩运。因此,她们要如厕时,需登上 50 多格扶梯，爬到甲板的伸向船舷的木板上去方便。①

　　1938 年 1 月 2 日晚上 8 时，"海运丸"到达上海吴淞镇附近的码头上。随着"下船，准备下船，不许拖拖拉拉"的叫喊声，包括庆子在内的女人们开始下船，虽然天色黑暗，但仍可清晰地看到前来接应的士兵，每人臂膀上均有个白底红字，上书"第 11 兵站司令部"的袖章，负责人是伊藤中尉。戴着"军属"臂章的石桥德太郎命令女子们分班集中，庆子所在的班有 18 个人。集中后立即登上了土黄色的卡车，一辆卡车竟挤着 40 多个妇女。卡车在凹凸不平的道路上行驶，经过两个多小时，目的地到了，这里四周有白色的围墙，入口处砖砌的门柱上面赫然写着"上海市立沙泾小学校"。这个地处其美路（今四平路）上的小学校，自"八一三"事变爆发后，小学生们早已跟随父母逃难去了，这一天沙泾小学校被临时改为妇女体检所。这里没有什么取暖设备，每个妇女只得到两条毛毯作御寒物，庆子把毛毯全裹在身上，尽管如此，半夜仍被冻醒，远处传来驻扎在小学的日军士兵们淫荡的语言和笑声。

　　当天，正在日军第 11 兵站医院给大场战役受伤的兵士做手术的医官麻生彻男突然接到司令部的紧急命令，上面写着："为设立陆军慰安所，即去其美路小学校，对集结在那里的百余名妇女进行身体检查。"②

　　原来，麻生彻男 1935 年毕业于九州帝国大学医学部，其专业是妇科，当时作为日本陆军卫生部的见习士官而被派入第 18 师团第 11 兵站医院，来到上海。当时，战场上不需要妇科医生，因此，麻生彻男转到外科，没日没夜地给伤员做手术。

　　战后，麻生彻男回忆说，接到这一命令时，还以为陆军娱乐所是供文艺演出的，这些女子是到前线来慰问的，所以对于为什么要给她们做妇科检查一事也感到奇怪。

---

① 【日】千田夏光：《從軍慰安婦・慶子》，光文社 1985 年版，第 68 页。
② 【日】麻生徹男：《上海より上海へ》，石风社 1994 年版，第 41 页。

日军检查人员在上海沙泾小学校前合影。（引自麻生彻男：《上海より上海へ》）

　　军医麻生亲自指导日军打造的给"慰安妇"检查下身的检查台。（引自麻生彻男：《上海より上海へ》）

军令如山，麻生彻男连夜带着助手军医 1 人、卫生兵 7 人和虹口福民医院的 2 个护士共 11 人赶到沙泾小学。此时，日军已运来了一些检查器材，但麻生认为不太理想，便动手与助手们做了一个非椅非床但很实用的检查台。那天晚上，许多妇女被"咚咚"的敲钉子和刺耳的锯木头的声音所干扰，而久久不能入睡。

次日（1 月 3 日），麻生彻男便在小学的医务室对 104 名妇女进行了妇科检查。据麻生医生回忆，当时的这些日本女子对妇科检查习以为常，非常熟悉，说话的口吻也丝毫没有一般女性的羞涩。"一听她们的口音就知道，都是来自北九州。一看模样便知几乎全是妓女。检查时，我发现其中有人曾患过重症花柳病，做过手术。"庆子的检查只用了 10 分钟。她进入医务室后便两腿叉开、上身向后倾斜 30 度坐在检查台上，像过去在福冈做妇科检查时一样。麻生边检查边问：

"过去患过淋病吧？"

排着队去检查身体的朝鲜和日本的"慰安妇"们，最后一个就是庆子。引自麻生彻男：《上海より上海へ》）

"是的。"庆子一点儿也不隐瞒。

"多少次?"麻生再问道。

"也记不得了。"

"好了,算及格了。"①

有些日本女子的检查竟花了 20 分钟,而朝鲜女子的检查大多只有两三分钟。检查全部结束后,麻生立即向华中方面军特务部报告,指出:"其中的 24 名日本人年龄在 20 多岁到 40 岁之间,她们多患有花柳病,可以断定她们大多是操皮肉生意者;而 80 名半岛人(时日本人多将朝鲜人称作半岛人)年龄约 20 岁,基本上都是处女。"②麻生当时检查出有重度性病的日本女子时,自己也十分吃惊,同时也打消了这些是后方来的文艺演员的念头。但是,为什么要派这样的女子到前线来慰问"皇军",却还是令人费解。

由此可见,来自北九州的日本女子多是妓女,而朝鲜女子则是被掳掠或诱骗来的良家少女。基于检查的结果,日军特务部即命令麻生彻男对 24 名日本女子中的性病患者进行紧急治疗。除了个别的妇女以外,这些女子被卡车运到军工路旁的日军兵营,卡车只开了 30 分钟。到了目的地后,这些女子又进行了使用避孕套的训练。于是,一切准备就绪了。

四、杨家宅慰安所

1 月 13 日,日本华中方面军的东兵站司令部挂出了"杨家宅慰安所"的木牌。这是第二次世界大战中第一个日军正式经营的慰安所。

这是一张当时拍摄的这个慰安所的广告木牌照片(见照片),木牌竖在杨树浦路上,上面清晰地写着"杨家宅陆军慰安所"。

---

① 【日】千田夏光:《從軍慰安婦·慶子》,光文社 1985 年版,第 106 页。
② 【日】麻生徹男:《上海より上海へ》,石风社 1994 年版,第 42 页。

杨家宅慰安所竖在杨树浦路上的广告牌。(引自麻生彻男:《上海より上海へ》)

　　根据日军的记载，这个"杨家宅慰安所"在上海东部的杨家宅，似已是不误的了，但经过笔者前后 3 年的实地调查，改变了这个结论。

　　1994 年夏，笔者多次到上海东部的军工路、杨树浦路和翔殷路一带访查。在军工路西侧、翔殷路南侧的杨家宅，我走访了几位 70 岁以上的老人，他们一致指出，战争期间，杨家宅并没有日军的兵营和慰安所。时年 86 岁的杨仙仙老人，1925 年 17 岁嫁到杨家宅，并在日资公大纱厂①长期做工。她说八年抗战中，杨家宅肯定没有日军的慰安所。

_____

　　①新中国成立后该厂改称上海国营第十九棉纺织厂。

历史见证人史留留老人（苏智良 1998 年摄影）

那么，这个"杨家宅慰安所"在何方呢？

根据线索，笔者扩大了调查范围，首先走向坐落在杨家宅北面、翔殷路北侧的东沈家宅，令人惊喜的是就此找到了"杨家宅慰安所"的所在地。

东沈家宅原来是个规模不大的村庄，世代住着百来口人，沈姓家族当时只有十几家，四周原是农田，村民以农耕为生。到近代 20 世纪初，杨树浦工业区逐渐形成后，农田略有减少，于是一些村民进入了工厂。到 90 年代，东沈家宅早已与周围的建筑连成一片，但是，走入村路仍不时可以看到竹篱笆围着的菜地，村的北侧仍有着大片的空地。

据世居此地的史留留（1997 年 88 岁，1999 年去世）、顾张福（1997 年 90 岁）、沈福根（1994 年 86 岁，1995 年去世）、沈月仙（81 岁）、徐小妹（81 岁）、沈小妹（82 岁）等老人回忆，战时这里有一个木质结构的日军慰安所：

1937 年 8 月上海抗战爆发后，我伲这里就发生了战斗。到了下旬，日本军队的援兵到达，先是狂轰滥炸，然后日本兵从虬江码头登陆，即占领了东沈家宅。当时村里的房屋已炸坏了很多，我伲村里的能走的都逃难去了，只有一些老人看门。日本兵到此后，即将村里人全部赶到西面，在村子的北面设立了兵营，规模很大，住着很多部队。到这一年的冬天，日本兵又将村子东面的残屋全部拆除，建造起十来幢木质结构的平房，每幢房有10间房间，房间大约10来个平方米，不久，就开起了陆军慰安所，我伲叫它"东洋堂子"。

当笔者将麻生彻男战时拍摄的"杨家宅慰安所"的照片拿出来给各位老人辨认时，他们异口同声地说，就是这样的房屋！沈月仙已故的丈夫还曾被日军抓去，强迫协助日本人建造慰安所的房子。

当时，日军从杨家宅开拓了一条路一直通到东沈家宅，当时的日军由于对上海的地形不熟，也许其作战地图上只标了杨家宅，因此，他们把设

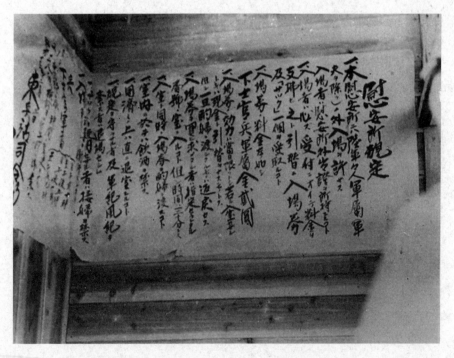

一个日本兵即将进入"慰安妇"的房间。（引自麻生彻男：《上海より上海へ》）

在杨家宅北侧约100米的东沈家宅的慰安所称为"杨家宅慰安所"了。

　　杨家宅慰安所是由日军第11兵站司令部即东兵站司令部管理的。日军首先将农民的老屋全部毁平，沈松泉等村民的住屋全部被摧毁；然后兵站工程队运来木料，修建了12幢和式平房。平房的屋顶是一层橡胶，平房呈东西向，面朝南（图见2-1杨家宅娱乐所示意图）。南面是大门，大

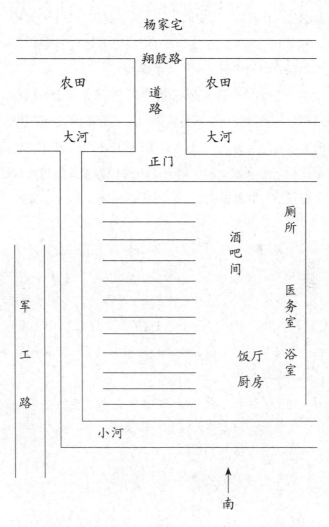

图2-1　杨家宅慰安所示意图

门口挂着"日军远东军需处"的木牌，并挂有日本国旗。为了防止"慰安妇"逃跑，四周设置了铁丝网，并通上了电，而且每天早晨和晚上还要各点一次名。许多日本军用卡车运来了榻榻米、炊事工具等。

进大门是管理楼，日军的汽车可以直接驶到这里停置。后面的房子主要是"慰安妇"的房间，房间按日本式计算约4个半榻榻米大，里面的陈设十分简单，只有一张木板床、一张桌子和一把椅子。每幢平房有10个房间。房门上写着编号，并有插"慰安妇"名字的金属牌，庆子的号码是第51号。墙上还有一扇50公分高、30公分宽的木窗，6块玻璃中，下面的4块是磨砂玻璃的。靠北面的房子是一个大洗澡间。

1月12日下午，管理楼前面一片喧哗，庆子也挤上前观看，原来主营单位东兵站司令部在慰安所的接待室贴出了营业条例。当时执行"慰安妇"体检任务的军医麻生彻男，于2月3日用照相机摄下了这个"慰安所规定"，从而给日军推行"慰安妇"制度留下了一份极为重要的物证，也给今日研究罪恶的"慰安妇"制度提供了一份珍贵的资料，其内容如下：

一、本慰安所限陆军军人、军方聘用人员入场，入场者应持有慰安所出入许可证；

二、入场者必须登记并支付费用，才能得到入场券及避孕套一只；

三、入场券的价格，下士、士官、军聘人员为2日元，军官为5日元；

四、入场券当日有效，在未使用前可退票，但如果已将票交给酌妇后，则一律不可退票；

五、购买入场券者进入指定的房间，时间为30分钟；

六、入室的同时须将入场券交给酌妇；

七、室内禁止饮酒；

八、完毕之后即退出房间；

九、违反规定及军风纪紊乱者须退场；

十、不使用安全套者禁止碰女人；

军医麻生彻男在 1938 年 2 月 3 日拍摄的杨家宅慰安所（引自麻生彻男：《上海より上海へ》）

  十一、入场时间，兵士为上午 10 时至下午 5 时，下士官及军方聘用人员为下午 1 时至晚上 9 时。①

  规则中出现了"慰安所"字眼，但是没有"慰安妇"。对这些"慰安妇"仍使用日本国内常见的"酌妇"。规则的第五条显示，士兵具有选择"酌妇"的权利，但是实际上，士兵只是要解决性的饥渴问题，对于他们而言，只要是女性无论谁都可以。

---

  ①【日】麻生彻男：《上海より上海へ》；金一勉：《天皇の軍隊と朝鮮人慰安婦》，第 47 页；千田夏光：《從軍慰安婦・慶子》，第 127 页。又，规定所谓的"军方聘用人员"，军方聘用人员日语原为"军属"，其义是军队的从属人员，包括商人、炊事员等。本章第三节开头提到的，到日军招募"慰安妇"的"军属"石桥德太郎，即属此类人员。他们由军队发给证明，可以享受特殊待遇。

为招徕生意，东兵站司令部在日军各部队宣传，杨家宅慰安所提供的并不是中国女子，而是从后方直接运来的日本女子。当时，日本陆军留在上海的部队有十多万，而后续部队还在源源不断地登陆。由于陆军部队的人数远远超过该所的接待能力，因此，华中方面军一方面加速建立其他的慰安所；另一方面，则最大限度地利用杨家宅慰安所。为此，东兵站司令部将"慰安妇"的名额分配给各部队，由部队的副官负责安排官兵去慰安所，这种副官称"补给副官"，名曰"补给"，实际上只负责解决官兵的性问题。

庆子读了营业规则后回到房间，她躺在榻榻米上，心里盘算着：每人每次是 2 日元，如果 1 天接待 5 人，就是 10 日元，3 个月多点那 1000 日元便可还清了。这样，到了春天，我就可以自由，可以见到日思夜想的父母亲了。想到此，她十分地兴奋：或者干脆多干点，1 天接待 20 个人，这样三五个月，还可以多挣点钱，这样，回去就可以开个烧肉店了，这一辈子就可以享福了！这一夜她怎么也睡不着。

当庆子兴奋地难以入睡的时候，隔壁却发生了一件惨事。一个从日本大浜卖出来的妓女在厕所里上吊自杀，结果被人救活。这个差点死去的"慰安妇"后来却学会了各种接客本领，不到半年竟成了慰安所的"红妓"。

还有两件事情也由日本上海派遣军决定完成了。一是每次"慰安"的价格。参谋们提出每次 2 日元，曾受到老兵的反对，他们认为士兵们在流血拼命，无偿地进"慰安所"是理所当然的，但 2 日元的价格还是得到了东兵站司令部的认可。二是"慰安所"是否要像妓院那样，士兵们有选择妓女的权利。如果这样的话，那么，需要将"慰安妇"的照片贴在接待室，供客人挑选，或者是客人可以通过窗户观察里面的"慰安妇"，以选择自己喜欢的女人。结果，日军高层认为，设立慰安所的目的是单纯地为了解决士兵们的性欲，因此只要是女人就可以，于是决定不能选择。

1 月 13 日，门口挂着"陆军慰安所"木牌的杨家宅慰安所正式开张了。大门口站着宪兵，从此，每天下午，日军一批又一批地来到这里。不管是日本女子还是朝鲜女子，全部穿上和服，这是因为兵站的一个中佐认为，让外人看到皇军在玩弄朝鲜女子影响不佳，而且，日军士兵看到穿和服的女子会有回到故乡的感觉。①

从下午5时起，日军军官拥入慰安所，他们一次付费5日元，但不受30分钟的限制。而且如果再付出几块钱就可以住宿在"慰安妇"的房间里。当时日军少尉的月俸70日元，中尉是85日元，此外还有战地津贴分别是105日元和115日元，因此，他们十分向往这个慰安所，以求暂时忘却战争和伤亡的痛苦。

朝鲜"慰安妇"过着极其痛苦的生活。原来她们以为只是承担日军宣传的洗涤和做饭，现在，每日要躺着不断地接受日军的蹂躏。当她们拒绝为士兵提供性服务时，管理者便将从小河里捞上来的小龙虾放在"慰安妇"的赤裸的身上爬。②17岁的李金花第一天下来，床单上满是殷红的鲜血，她流着泪绝食，金碧莲等朝鲜姐妹们不停地劝慰。③这些从小接受儒教文化熏陶的少女，真是生不如死。尽管如此，她们还要向家中隐瞒真相，不让父母悲伤和担忧。郑裕花与金承希两人都是文盲，她们托庆子代写家信：

> 父母大人：你们好吗？我每天为士兵们洗涤衣服和做饭，身体很好，只是很忙。下个月也许可以寄钱给你们了。请多保重，再见。④

中国的百姓对这些苦难的"慰安妇"寄予了深深的同情。一位70余岁的老人讲述了一个动人的故事。战争时期她已有了自己的孩子，这时，一个日本"慰安妇"生育了男孩，由于慰安所内不能正常给孩子喂奶，因此，"慰安妇"把孩子托给她来喂奶，一个月付2日元。过了些日子，这个日本男孩被带到日本去了。

---

① 【日】千田夏光：《従軍慰安婦·慶子》，第280页。
② 笔者采访沈锦珠的记录。沈锦珠，1997年54岁，她转述了从母亲那儿听来的事。
③ 【日】千田夏光：《従軍慰安婦·慶子》，第136页。
④ 【日】千田夏光：《従軍慰安婦·慶子》，第179页。

关于杨家宅慰安所的经营情况，庆子的回忆说并不景气，[①]这与其他日方材料不符，即使是在最初的阶段，其经营状况也并不糟糕，庆子回忆中也说，有的军官甚至从医院中跳窗来到杨家宅慰安所。[②]另外，庆子曾说该慰安所不久就关门了。[③]这显然也不是事实，据笔者的实地调查，这个慰安所一直经营到战争结束。其最主要的原因是，1938年2月庆子就随军离开上海了，对该慰安所后来的情况并不了解。

后来由于一些日军部队从上海向中国内地进攻，一些"慰安妇"也随军而往。庆子与朝鲜"慰安妇"李金花、金承希、郑裕花、金碧莲等，以及军聘人员石桥德太郎等跟随日军第18师团的第124联队前往杭州。而日本女子后继者乏人，这样日军除继续使用朝鲜女子以外，还掳掠中国女子充当"慰安妇"。这些不幸的中国女子也被迫穿上和服，强颜欢笑；数年后管理比较松懈了，她们也可以穿中国服装了。

当然，中国的"慰安妇"情况更惨。沈德福老人清楚地记得，里面有不少穿着旗袍的中国女子，听她们的口音肯定不是本地人，估计是日军从别处掳掠来的。沈美娣（1997年67岁）回忆说，其父亲就是晚上出来到自家的菜地去时，被日本鬼子的哨兵开枪打死的；当时虽然只有十来岁，但慰安所的事情记得十分清楚。一次，有个老婆婆拿了一只破旧的榻榻米，被日本人看见追来，她躲到我家，结果我娘被打了一顿。这一带的日本兵晚上喝醉了酒，就到处胡闹，挨门挨户要"花姑娘"。后来，对"慰安妇"的控制不太紧了，有些中国"慰安妇"常来串门，其中大多是浦东口音的。顾左明老人（1997年72岁）回忆说他曾亲眼目睹过"慰安妇"被日军鬼子毒打，他自己也曾被他们打过。

杨家宅慰安所的北面就是日军的兵营，仅一河之隔。附近还有江湾飞机场，今日的明星路旁边有一条路就是日军后来修建的飞机跑道，以帮助

---

① 【日】千田夏光：《従軍慰安婦·慶子》，第140页。
② 【日】千田夏光：《従軍慰安婦·慶子》，第138页。
③ 【日】千田夏光：《従軍慰安婦·慶子》，第143页。

运送伤员和尸体。

东沈家宅的老人们回忆说："这个随军慰安所一直开到战争结束时。后来好像不是军队开设了，改由日本侨民经营，好像是一对双胞胎兄弟。有个"'小宁波'曾在慰安所里打杂工，如果他还活着，知道的事情就多了。"1945年8月，日军战败了。"他们像发疯似的喝酒、狂歌、痛哭，然后在慰安所的木屋上浇上了汽油，然后一把火全部烧掉了，被侮辱的中国女子们流散出去了，日本和韩国的女子们则各自回国。"沈德福老人（1997年69岁）回忆说，曾有个长住在慰安所里的日本兵，战败后仍一个人住在这里，后来来了一个军官狠狠地痛打了这个士兵一顿，并把他解送回国了。

由于日军逃跑心切，这些木板房没有完全烧尽，后来村民们造房时，有的还去残垣中找到一些旧木头。至今，在昔日慰安所东北侧的小河里，还能捞到日本式的酒瓶、饭盒……

杨家宅慰安所在日军实施"慰安妇"制度历史上的重要地位，不仅因为它是战时日军正式设立的第一个慰安所，而且，还在于它的一些做法成了后来慰安所的样板。如它的慰安所规则被沿用于各地；它的和式木屋结构，包括小型的"慰安妇"房间、小窗的式样，乃至门上插有"慰安妇"名字的金属牌，后来在中国各地及东南亚随处可见；连各国"慰安妇"穿和服，以便让日军官兵接触时有种亲近感，也被广泛地运用到各个慰安所。

在此需要补充一下庆子的结局。1938年2月，庆子等18名"慰安妇"离开杨家宅慰安所，随第124联队前往杭州，继续为"皇军"进行"慰安"。这180公里路程，她们共花了20个小时，因为要沿途"慰安"士兵，庆子一人接待了19名官兵。据庆子回忆，在杭州，她们每天要接待20人左右，有一天的白天，庆子接待了24名士兵，而金承希和郑裕花分别接待了19人和17人。晚上还要继续干。接着，庆子等人又到达湖州，在那里开设的慰安所里干。在前往长兴时，军医鉴于庆子虚弱腹痛，已极度疲乏，

上海东侧的东沈家宅，这里曾是日军的兵营和杨家宅慰安所。（苏智良 2003 年摄）

为她开出了病休诊断书，要求部队允许她在抵达长兴后至少休息 3 天。然而，到长兴后庆子根本得不到休息，第一天，庆子与金承希、郑裕花共为贪婪的日本兵提供了 60 次"慰安"服务。后来传说第 124 联队将调回日本，1938 年 10 月 1 日，联队接到了上船的命令，庆子也高兴地准备返回故乡了。然而，上船后只见船上到处堆满了炮弹，她和士兵们都明白，这绝不是返回日本。果然，6 日，部队转至澎湖列岛，等日军主力集中后前往广东。

10月12日，庆子随第124联队在大亚湾登陆，在广州中山大学附近的中国民居内设立了慰安所。每天的工作是接待18名士兵，后来由于"慰安妇"匮乏而增加到每天接待80多名，当然，她们所接待的士兵早已超出了第124联队，甚至第18师团的范围。[①]1940年1月，庆子她们又加入南宁作战的行列。太平洋战争爆发时，庆子所在的船队在金兰湾海域遭到盟军飞机、潜艇的攻击，有艘船被炸成两截，18名"慰安妇"吓得魂不附体。不久，庆子她们又到达巴拉欧岛，军方命令严禁"慰安妇"上甲板，因为这里是日本属地，军方不愿让日侨在港口挥舞太阳旗迎接"皇军"时见到日本"慰安妇"，认为这样有损日军的形象。于是，"慰安妇"在3天后的深夜才被允许登岸。1943年5月15日，第124联队和庆子等又乘船西行，1个月后到达西贡。这时因为部队大量补充了新兵，因此"慰安"任务日益繁重，所以，日军为补充"慰安妇"的不足，强抓了一些当地妇女。以后，庆子她们又乘船在泰国登陆，然后步行前往缅甸，又在一个名叫贝古的小镇"开业"。12月4日，庆子等20名"慰安妇"又跟随日军前往曼德勒，在缅甸一直滞留到日军投降。直到1947年夏天，庆子才回到日本。庆子大约是人类历史上充当"慰安妇"时间最长的妇女，她为了那1000日元，度过了7年的牢狱般的生活。

五、日本军民联手炮制慰安所

1938年初，日本华中方面军已建立了杨家宅慰安所，但对10多万日本陆军而言，一个慰安所、百名"慰安妇"仅仅是杯水车薪，难以满足需要。因此，日军改变了由军部包办一切的做法，参照过去海军慰安所的方式，采取与战地日侨合作的办法，制订建立一批民间慰安所的计划。他们一面要求日本国内和朝鲜殖民当局尽快派遣"慰安妇"来沪，一面物色业主，

---

① 【日】千田夏光：《從軍慰安婦·慶子》，第185页。

准备开办新的慰安所。

当时，居住在上海虹口等处的日本侨民达7万人，其卖笑业也十分发达，仅吴淞路、北四川路（今四川北路）上，"日本堂子"就有数十家。日军找到这些娼业老鸨，在"国家利益为重"的口号下，双方很快就达成了设立慰安所的秘密协定，主要内容如下：

（一）开设慰安所必须征得军方的同意和批准；

（二）为确保慰安妇的来源，由朝鲜总督负责征用未婚女子来华，并建立征用未婚女子的组织系统；

（三）业者不得私自征集慰安妇，如需征集时，一定要确保其身体健康；

（四）慰安所的管理由业者负责，而卫生方面则由军方监督；

（五）军方提供慰安所的房屋，而慰安所须尽量设在军队驻地附近；

（六）对于协助建立慰安所的人，军方将给予将校级的待遇；

（七）一般而言不征用日本女子，但日本女子如本人愿意，亦可为慰安妇；

（八）慰安妇与军人的比例以1：29为最理想。[①]

由于江湾地处中日军队"八一三"激战的中心地区，因此，很多中国居民都已逃亡。日本陆军便将一些较为坚固、宽敞的房屋拨给日侨妓院老板，以合作开设慰安所。1938年初春时节，有70名朝鲜女子送达上海，以后又有大批朝鲜女子到达。于是，江湾镇上一下子出现了十余家日侨经营的慰安所。

据史料记载，江湾镇的万安路上就有松下芳松开设的みよし陆军慰安

---

① 【日】金一勉：《天皇の軍隊と朝鮮人慰安婦》，第50页。

所，当时的地址为万安路 777 号，这个来自长崎的日侨经营得十分红火。泷端良介原籍香川，他在万安路 759 号开设平和庄陆军慰安所。而立胁辰雄在江湾的花园路设立立花楼陆军慰安所。此外，江湾上海市市中心区还有第二加茂川、日东俱乐部、京屋、敷岛楼等陆军慰安所。除日侨外，后来也有少数朝鲜侨民加入了与日军开办慰安所的行列。如朝鲜人金顺礼在江湾也设有新月慰安所。可以说江湾是"二战"时期日军慰安所最集中的地区之一了。而且，由于与民间合作的展开，导致了慰安所数量和规模的迅速扩大。

六、江湾的日军慰安所

笔者案头有一张旧照，这是当年日侨在江湾经营的一家慰安所。门首贴有一副对联，上面用日语写着："热烈欢迎圣战大胜的勇士，请接受大和女子奉献身心的服务。"大门两边有精致的铁窗花，入内是个大院子，二层建筑，一排落地红漆大门，显示出那个时代地方富绅的气派。近些年来，由于它被世界各国的新闻媒介广泛刊载，而成为知名度最高的日军慰安所的代表照片。

据记载，这是当时江湾地区规模最大、人数最多的慰安所。这幢旧屋还在吗？笔者带着疑问和旧照，来到江湾镇寻觅查访。

20 世纪 90 年代的江湾镇，早已失去了田野芳菲、小桥流水的景致，而融入了上海的大都市，喧闹的商街，高耸的大厦四面相围，但高楼下面的镇中心，仍然残存着一大片负载着历史的旧屋。在万安路上，笔者从世居此地的缭树勋老人（1994 年 74 岁）那里了解到，万安路 745 号严家严泉秋曾是江湾镇的首富，号称"严半镇"，祖上曾出过举人，子孙比较富庶，在镇上有几幢洋房和其他产业。严宅建于抗战前，战时曾被日本人作为慰安所。

笔者遂来到镇西的万安路 745 号，然而昔日绅商豪宅今日已是江湾镇

江湾镇上，门首贴着日语对联的慰安所。（引自麻生彻男：《上海より上海へ》）

的公安派出所，对比旧照，入口处无一点相似之处。但当笔者怀着一丝失望的心情往里走入，则不禁眼睛一亮。大门内是个深宅大院的格局，宽敞的庭院的两侧各有一棵挺拔的古树，以及三两假山石装饰的角落。庭院的后面是一幢老屋。站在楼房的入口处，取出旧照片相对照，其格局基本一致，只是落地的木门下面已改建为半墙，但那一长排红漆的天窗则面貌依旧，连中间的落水管也保持着原貌。

当笔者入内与该所民警交谈时，不少民警均知道这里原是严姓的富绅之寓，战时曾是日军的慰安所。一位 50 多岁的女民警指着旧照片说："当年我来这里工作时还是个小姑娘，门口就是这样的一排木门，后来为了安全起见，就把两旁的木门改成了半墙。窗格上的铁窗花也是这样的。"

至此，这里就是当年江湾最大的日军慰安所已是确认无疑。但是，历史学工作者追求考证的科学性，经历了半个世纪的风雨后，还能不能找到

这里现在是江湾公安派出所。（苏智良 2001 年摄）

与旧照上相同的遗物呢？笔者在征得所长同意后，又入内查看。这幢二层木结构的房屋，进门现在是接待室，地上仍是当年铺就的花砖，两侧是厢房，有木梯通往二楼。二楼正中的朝南房间，阳光明媚，外面有一个很大的晒台。往左右观察，只见西面的晒台已经改建了，而东侧的晒台却仍是陈旧模样。突然，笔者看见东晒台的铁窗花似曾相识，急忙取出旧照相对，它与旧照上的铁窗花竟完全相同。这样，完全可以肯定这里就是照片上的慰安所遗址了。

据调查，日侨开设的这个慰安所成立于 1938 年春，其入口处是个接待室，同样贴有日本华中方面军东兵站司令部颁布的"慰安所规定"。只有日本陆军官兵和军夫才能入内，取乐时也必须领取避孕套，而且，日本军医负责定期给"慰安女"检查身体。据负责这项工作的军医麻生彻男回忆，由于这家慰安所是由中国民居改建的，消毒设备均不健全。因此，日军对

江湾万安路745号老屋二楼晒台上的铁窗花，与旧照片上的完全一致。（苏智良2001年摄）

其卫生方面并不满意。开设时，这里的"慰安妇"主要由从朝鲜运来的女子担任，也有少量日本女子。后来来源不畅，便征用与强逼中国女子充当。严宅上下房间仅17间，所以规模比杨家宅慰安所要小得多（见图2-2）。1层有10间房间，2层7间房间，东西阳台供"慰安妇"晒衣物，对"慰安妇"的体检则在1楼进行。但它与陆军经营的慰安所仍有区别，它由日侨管理，所得由业者支配，因此，为了招徕客人，入场费用略为调低，分为3个等级，日籍"慰安妇"为2日元，朝鲜籍的"慰安妇"为1.5日元，而中国的"慰安妇"只需1日元。另外，这里事实上可以喝酒，营业时间也常常突破规定而至深夜。因此，麻生彻男称其风格如自由的妓院，而与有宪兵站岗的杨家宅慰安所迥然不同，颇受日军官兵的欢迎。

据当地老人反映，这个慰安所存在的时间不短。严泉秋在"八一三"战争爆发后已举家逃亡，直到战后才从重庆返回江湾。严泉秋一家因与国

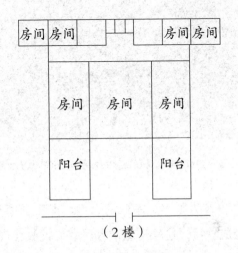

（2楼）

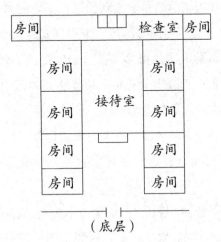

（底层）

图2-2 万安路745号慰安所示意图

日军士兵们在江湾慰安所门口合影。（引自麻生彻男：《上海より上海へ》）

民党有瓜葛，这里曾作为国民党军队的仓库。严氏全家于 1949 年前迁往美国定居。新中国成立后，这幢房屋被人民政府没收而设立公安派出所。前些年，严家第二代曾重返故里，参观祖居，不胜感慨。

1993 年，曾有一位年迈的韩国老太来到万安路 745 号，她一边拍照，一边用不流利的中国话讲述，40 多年前，她曾在这个慰安所里度过人生最屈辱的苦难日子，现在正在搜集史料，以控告日本政府，要求赔偿。回忆那不堪回首的岁月，老人不禁老泪纵横，泣不成声⋯⋯

据说，这幢历经沧桑的老屋，不久也将被拆除。

一条小小的万安路上，还有好几家慰安所，简直可说是上海的"花街"了。

万安路的 588 号至 594 号，曾是江湾镇上较大的慰安所。据朱长福（上海市退休工人，1997 年 86 岁）回忆，这排房子原属严慕兰所有。严慕兰是严泉秋的侄女，严氏兄弟是江湾著名的资本家，拥有茶馆、饭店等，原先这里是严家开设的酱园，已有 200 多年的历史。"一·二八"事变淞沪之战时，酱园全部毁于战火。1934 年，严家出资重建新屋，由严家的管家沈介逊负责筹划和督造。前面的新屋为四上四下的楼房，广漆地板和门窗，很有气派。后面有 4 间平房，再后面是一方空地，濒临市河，筑有石驳岸和水桥。严家新屋曾开设过茶馆。对面是严家的元豫酱油店。"八一三"事变后，严家避难外逃至法租界淮海路，日军占此即利用新楼房开设了东洋饭店，朱长福曾在此做小工。实际上这里是个慰安所，据严慕兰的丈夫朱泽民（1997 年 82 岁）回忆，慰安所由一个日本浪人负责。他首先对房子进行了一番改建，全部改为日式小房间，一式拉门拉窗，室内铺设榻榻米，共有 30 间。后边的平房则改作厨房、仓库和下人居住之处。中间的夹弄改为卫生间，安装日式抽水马桶和洗澡设备，天井里挖了防空洞。慰安所开张后，"慰安妇"多数是日本人，少数为朝鲜人，均穿和服、木屐。还要少量中国姑娘做女招待。这家慰安所只接待军官，少数日军特工则穿着便衣混杂其间。门口没有慰安所的招牌，入夜后，华灯通明，各种车辆充塞道路。里面不时传出日本音乐。直到日军战败后，慰安所才关闭，"慰安妇"等人员有的撤回日本，有的不知去向。[①]战争结束后，严家请人填掉了防空洞。[②]

据上海市卢湾区地方志办公室研究员许洪新的调查，万安路 769 号是一家日本浪人开设的慰安所。这幢石库门房屋至今犹存。房主为张葆荪，据其女婿毕礼明（1922 年生）告知：日军入侵时，其岳父举家逃到上海租界内，直到抗战胜利后才返回。当时有一个日本浪人，胁迫一些中国妇女充当慰安女。原来的厢房与正屋均被用三夹板隔成一间间小间，地上铺着榻榻米，直到抗战胜利后，我们收回这幢房屋时，地上仍铺着榻榻米。该号对面的万安路 774 号的吴宝初老人（1919 年生）、万安路 720 号的李阿

[①] 朱泽民口述、傅家驹整理：《江湾万安路上的一家慰安所》，载虹口区政协文史资料委员会编：《文史苑》，第 14 辑，第 140–141 页。
[②] 严慕兰曾任宝山县人大代表和政协委员，1992 年去世。

厢房	后客堂	厢房
后天井		
厢房	前客堂	厢房
厢房	前天井	厢房
石库门前天井		
街房	门洞	街房

北
—
南

图 2-3　万安路 769 号慰安所示意图

珠（女，1920 年生）等提供，对门慰安所名为"陆军慰安所"，老板确是个日本浪人，约 30 岁，有一妻室，但没有子女，中国话说得相当流利。所内的"慰安妇"有 10 多个，都是中国人。日军川流不息，但基本是士兵。一次，日军因酗酒而争斗起来，最后有名日军被刺死在里面。"慰安妇"有时会出来坐在门口与邻居交谈。其中有个叫阿宝的苏北籍的女子，战后仍居住江湾万安路 779 号一间小屋，曾嫁人，但是不久就去世了，离开人间时亦不过 30 来岁。

　　根据杨玉英（1997 年 67 岁）等老人提供的资料，奎山路 528 弄 16 号（今江湾中学）战时也是一家日军的慰安所，老板是台湾人。季锡根（1997 年 70 岁）回忆，这里原是一幢 2 层建筑，主人是一个中国商人，楼房质量相当好。战争爆发后不久，日军就占领了这里。服务的都是穿和服的日本女子，年龄在 20—30 岁，进进出出的主要是日军士兵和军官。

『慰安妇』制度的展开（一）
——中国南方的日军

慰安所

日本军国主义为达到侵吞中国的目的，不惜把它的士兵一批一批地驱逐到中国来送死。但是，因为他们师出无名，所以不得不用最卑鄙的手段，用"中国姑娘"来做鼓励士气的唯一工具。正因为这样，所以在沦陷区域以内，成千成万的女同胞，莫不遭受着比屠杀更为残酷的奸淫。在南京，在山西，在鲁南，在淮河南北，在太湖沿岸，以及其他沦陷的地方，兽性大发的寇军，每天强迫我们的女同胞脱得一丝不挂，在露天下供他们玩弄、侮辱，70多岁的老妇、8岁的幼女都不能幸免！

——《敌寇暴行录》

日军在中国的占领地，从城市到农村，从沿海到内地，军队规模从大部队到警备队、小分队，甚至在前线阵地的碉堡里也设有慰安所。慰安所一直与日军形影不离。笔者综合各方面的史料统计，日军在中国的以下地区设有慰安所：上海，浙江的杭州、湖州、金华、舟山群岛，安徽的芜湖、当涂、安庆、合肥，湖北的武汉、鄂城、荆门、孝感、宜昌，江西的九江、南昌，湖南的芷江、长沙、安化、宝庆，福建的福州、厦门、金门，江苏的南京、苏州、扬州、常州、镇江、徐州、金坛、巢县、溧水，广东的广州、汕头、庵埠，广西的桂林、全县，海南的海口、三亚，云南的腾冲、龙陵、芒市，天津，北平，山东的青岛、济南、德州、芝罘、枣庄、潍县、青州、兖州、龙口、威海卫、莒县、高密、博山、胶州、淄州，河南的开封、平顶山，河北的保定、石家庄、唐山、宣化、秦皇岛、邯郸、沧州、通州（今属北京）、顺德、坊子、长辛店、马兰峪、廊坊、山海关、唐山、南苑、丰台、定县、张家口、南口、古北口、昌黎、滦州，山西的榆次、太原、汾阳、汾水、临汾、大同、阳泉、盂县、武乡，内蒙古的包头，东北的东安、东宁、龙镇、旅顺、大连、温春、满洲里、密山、佳木斯、石头、勃利、孙吴、齐齐哈尔、新京（今长春）、奉天（今沈阳），日军的慰安所几乎遍及所有的中国大陆占领区、香港和台湾。

战争的初期，日军的慰安所分布在中国东南、东北一带的占领区，主要有上海、苏州、南京、镇江、杭州、九江、芜湖、南昌和东北等地。不久，各地日军利用各种手段，大规模地强迫中国妇女充当"慰安妇"，其活动日益规范化、保密化和合法化，强征中国"慰安妇"的犯罪几乎遍及日军占领区。

一、上海的日军慰安所（一）

上海是日军实行"慰安妇"制度的发源地，也是日军"慰安妇"制度最完善的城市之一。日军直接管理的、日侨经营的各种慰安所充斥各处，据笔者的调查研究，日军在沪慰安所数量在 77 家以上。

北四川路，今称四川北路，曾经是日侨居住区的中心地带。因此，这里的慰安所也最集中。据笔者调查，该路的 2023 弄 7 号曾是日侨开设较早的慰安所。松柏里 39 号是一家隶属于海军的慰安所。而在 1604 弄的四川里竟曾经出现过 3 个慰安所，堪称军人"红灯区"了。

家住久留米市的近藤老人，学生和青年时代是在上海度过的，根据他的证言，四川里弄口的 63 号，二三十年代是日侨经营的酒吧，"一·二八"以后实际上是接待日军军官的慰安所，名为"六一亭"。"六一亭"入门后是个大房间，当时用来提供酒菜和咖啡，后面是厨房，旁边有螺旋形楼

四川里 63 号的房门上，至今仍残存着当年"慰安妇"插名字的金属牌框。（苏智良 2000 年摄影）

梯通向二三楼，当时只有店员和海军军官才能上楼。楼上为一长排房间，共有 30 余间，每间七八个平方。据近藤所言，这里的"慰安妇"清一色全部是日本女子。直到现在，63 号的内部结构仍保持着原样：厕所是木板造的，装着滑道的移门上，还残存着战前日本相当普遍的 5 厘米左右长的拉手；在有些房门上，甚至还保留着当年"慰安妇"们插放名牌的金属牌框。

63 号后面的 52 号，也是一幢 3 层建筑，当年日侨网罗了 10 多名樱花少女为日军军官服务，规模并不大，却也是日本军官的趋附之地。现在这里底楼是四川街道图书馆和川北邮社，楼上仍是民居。当年窗口外的花坛至今犹存。

比起 52 号来，41 号行乐所可谓是规模宏大、热闹非凡的色情地了。41 号实际上是一条支弄，两侧各有一幢 3 层楼房，原来是浙江兴业银行的职工宿舍。"八一三"事变后，这里的部分中国人出外逃难了，日军占据后，将未出走的中国人也全部赶走，然后翻造整修，门窗全部改建为日本的移动式，营建成金碧辉煌的卖笑地。徐祖恩（1994年82岁）祖籍江苏南通，6岁时随父母来沪谋生，住在41号的后面，据他回忆：当年四川里后门被日军封死，只有前门才能进出，弄口有个岗亭，由日本兵守卫，除日本人以外，只有居住在这里的中国人才能入内。日本人在41号前的空地上挖地一丈，修了个防空洞，以备紧急时使用。防空洞的上面造了个和式亭子，挂着4个大灯笼。靠东侧的那幢，进门第一层是将校专用的酒吧，旁边有一较为宽敞的日本式大浴室，供"慰安女"和日本军人洗澡；酒吧侧面是宽达2米的楼梯，沿楼梯到2楼，是分隔成一个个小房间的"慰安妇"卖笑之地。楼梯的旁边则是共同使用的便所，老式的日本便器至今仍在使用。靠西侧的那幢1楼是个大舞厅，二三楼也是"慰安妇"的房间。

41号慰安所的鼎盛时期是1938年，拥有数十名日本"慰安妇"，老板宣称都是从日本内地来的黄花闺女，实际上大多是昔日北四川路上的卖笑女郎。每天过了中午，这里便开始热闹起来。据说战争年代，四川里在日本驻沪部队中闻名遐迩，日本军官像走马灯似地来此享受。直到1944年，日本败象已见端倪，上海的日军也减少了，四川里的慰安所才慢慢地安静下来了。

现在这里是普通上海居民的住房，上了年纪的老人还记得这里曾发生过的不幸。

北四川路旁的东宝兴路，原是中国人开发闸北时修筑的宝兴路的延伸段，它宽不过10米，是条很不起眼的小路，但是在战时，它和北四川路一样，也是日本慰安所的集中地。

东宝兴路160号，原为183号，当地人称作"林家花园"，原是一林姓广东商人的豪宅，"一·二八"事变前夕，已被日人占据，由日侨改建为妓馆，玻璃灯箱上大书"湖月"两字。它是日本式的"贷座敷"，实际成了日本海军军官的专用慰安所。据有关资料，它至少在1940年还在经

四川里的 41 号实际上是一条支弄，这里原是一个慰安所。（苏智良 2000 年摄）

营着。

林家花园往东是一片野地，"八一三"事变后，日军占领此地，即大兴土木，在此设立了日军慰安所。慰安所四周的围墙高 3 米，墙厚 1 米。入口有两个大门，门边设警卫室，面积 30 多平方米，2 层，楼上是警卫睡觉的房间；大门还建有过街楼，以便居高临下，监视外面的动静。慰安所内总面积达 1300 平方米，有汽车库、花园和喷水池，最里面是 A、B 两幢大楼，A 大楼在西南角，为假 3 层建筑；B 大楼在南面，为日本式 2 层建筑。两个大楼共 450 平方米，之间有走廊相通，有煤气、浴室、大厨房和卫生设备，当时这里的门牌是东宝兴路 138 号。据老人张烩若（原在地政局工作，已故）等回忆，这个慰安所约在 1938 年春开张营业，"慰安妇"主要由中国妇女充当，还有朝鲜和日本女子，人数不详，但不会很少。经营者是日本陆军，到这里来的只限于陆军高级军官。周围的老居民还清楚地记得，进进出出的是坐汽车、穿黄色军装的日本军人。据后来搬迁至此居住的王巨洲（1923年生，浙江余姚人，生在上海）回忆，138号的两扇铁门直到1958年大炼钢铁时才被敲掉，后来围墙也曾被部分居民拆掉，去搭建厨房之类的，新中国成立后这里是劳动局的职工住房，1994年拆去，现在建成了东宝商厦。[①]

林家花园对面的东宝兴路135号，为一幢西式二层砖木结构建筑，当年也曾被来自广岛的日侨北村芳平暂居，开设了"末广"海军慰安所，就是东宝兴路125号的海军慰安所"大一沙龙"了。

清末的虹口，是广东籍人士的集居之地。东宝兴路125号的主人也是广东人，而且这里还是潮汕帮商人的会议场所。"一·二八"事变后，广东人逃难而去，日侨白川趁机占据，在日军的支持下，日侨将"大一沙龙"转移至此地。

"大一沙龙"可以说是较早建立的日本式"贷座敷"，在1920年的《人名录》上已有记载。原由白川经营，设在宝山路上，属于闸北。因中国政府禁娼，因此白川将其迁至虹口的东宝兴路125号，到1936年，经营权由近藤美津子夫妇接管。沙龙实际是个妓馆，妓女都是从日本贫困山区招来的年轻女子。

据1940年日方有记录，当时有案可查的日本陆军在沪慰安所有以下9家（见表3-1）。

---

① 王巨洲老人为验证日军慰安所的事实，曾到上海市档案馆，上海城建档案馆等查核建筑图，找知情者钱簇中、苏箐、赵效印、彭绍淦等了解情况，并两次到上海师大来找笔者告知情况。对他的热心帮助，笔者表示衷心的感谢。

表 3-1　1940 年上海的部分日本陆军慰安所

屋号	经营者	籍贯	所在地
みよし	松下芳松	长崎	万安路 777 号
平和庄	泷端良介	香川	万安路 759 号
立花楼	立胁辰雄	大分	花园路
第二加茂川	中村忠信	长崎	市中心区樱花园
日东俱乐部	中谷三保松	滋贺	市中心区樱花园内
京屋	船津屋政次郎	长崎	市中心区昭和路
敷岛楼	西井コヨネ	冈山	市中心区杨家宅
花月	花村镰吉	岐阜	淞兴路 232 号
玉乃家	藤野哲二郎	广岛	钿通路

资料来源：《人名录·上海》，第 30 版，上海金风社 1940 年版。

1939 年 4 月 5 日，日本上海总领事馆颁布馆令第一号——《料理店、饮食店、咖啡店、舞场、艺妓置屋、接待屋、特种饮食店、特种妇女取缔规则》。其第 42 条要求娼妓每周到警察署指定的医生处做一次健康检查。

二、上海的日军慰安所（二）

上海的朝鲜人经营的商业由来已久，进入战时以后，由于日侨和日军的增加，这些营业非但没有减少，反而有所增加。尤其是提供性服务的风俗店，集中在虹口地区，根据史料和日本学者藤永壮的出色研究，我们可以看到这类营业的变化（见表 3-2、表 3-3、表 3-4）。

表3-2　上海朝鲜人的风俗营业、慰安所（1939年10月）

营业种类·商号	经营者	资本额	本籍	在沪住所
★远东舞厅	宋世浩	20000元	汉城	海能路（今海南路）81弄48号
贝贝酒吧	赵东铉	20000元	平安南道	
慰安所	朴日硕	20000元	平安北道	
慰安所	金一准	20000元	庆尚北道	
慰安所	李昌祚	20000元	京畿道	
慰安所	李相佑	20000元	汉城	
慰安所	李致云	20000元	平安南道	
★伦敦酒吧	崔鸿绮			虹江支路95号
★亚细亚酒吧	朴日硕			汉壁礼路35弄31号
★Idealism酒吧	金锦淑			虹江支路129号
★日之出酒吧	文点钟			吴淞路克俭里3号

资料来源：玄圭焕：《韩国流民史》，上卷，汉城，1967年版，第685页。★者取自：《人名录·上海》第29版，1938年。

表3-3　上海朝鲜人的风俗营业、慰安所（1940年）

营业种类	经营者	年龄	资本额	本籍	在沪住所
贸易业·慰安所	宋世浩	40	80000元	汉城寿松洞	北四川路三新里2号
料理店·慰安所	新井白硕	41	60000元	平安北道义州郡	汉壁礼路35号31号
酒吧	永川光星	47	50000元	咸镜北道吉州郡	蒲柏路慈云别里2号
伦敦酒吧	★姜汉朝				虹江路97号
亚细亚酒吧	★朴日硕				汉壁礼路35弄31号
Idealism酒吧	★金锦淑				虹江支路129号

营业种类	经营者	年龄	资本额	本籍	在沪住所
日出酒吧	★文点钟				吴淞路克俭里3号
远东舞厅	★宋世浩				海能路（今海南路）81弄48号
新月军队慰安所	★金顺礼				三益路71号

资料来源：杨昭全等编：《关内地区朝鲜人反日独立运动资料汇编》，上册，辽宁人民出版社1987年版，第26-27页。★取自《人名录·上海》，第30版，1940年版。

表3-4　上海朝鲜人的风俗营业、慰安所（1942年）

营业种类·商号	经营者（日本名）	本籍	在沪住处	来沪日期
日本酒吧	金万福（金本一成）	平安北道铁山郡	吴淞镇淞兴路232号	1937.12
光酒吧	金润（高寺润）	全罗南道丽水郡	汉璧礼路35弄37号	1940.12.22
フロクター酒吧	安永锡（安田永锡）	庆尚北道盈德郡	虬江支路119号	1941.3
日出料理	文点童（松井仙吉）	全罗南道谷城郡	吴淞路克俭里3号	1933.10.10
蒙特卡罗酒吧	金有文（金原有文）	全罗南道济州岛	东百老汇路471号	1931.3
慰安业	孔敦（永田芳太郎）	庆尚南道金海郡	武昌路338号	1940.4.4
	★郑基千（永川光星）	咸镜北道吉州郡	蒲柏路慈云别里2号	1918.5.5
	★韩次礼（大原光江）	庆商南道马山府	虬江支路宝德里60号	1937.11

营业种类·商号	经营者（日本名）	本籍	在沪住处	来沪日期
烟草屋	★朴正淳（牧田正淳）	平安北道义州郡	汤恩路（今哈尔滨路）260号	1937.12.8
	★朴日硕（新井日硕）	平安北道义州郡	汉壁礼路35弄31号	1937.9.7
南昌上海馆	★李昌柞（宫下隆星）	京畿道仁川府	北四川路三新里3号	1929.2
三亚贸易商	★白利淳（白井源一）	平安南道大同郡	海宁路顺天坊11号	1937.8

资料来源：白川秀男：《在支半岛人人名录》，上海白川洋行，1942年版。★为前表中出现过的人物。

朝鲜人中有的是从开设酒吧而转而经营慰安所的。他们大多依靠日本人的势力，由表3-4得知，他们无一例外地还取了日本名字，从事罪恶勾当而发财致富。如朴日硕，此人是个典型的亲日派朝鲜人，曾积极参加亲日的上海居留朝鲜人会和上海朝鲜人会，分别担任参事和调查部干事，[①]因此依仗日本人势力而发展起来。朴于1936年经营亚细亚酒吧，1939年10月就在原处转营为慰安所，次年仍以新井白硕的日本名字继续营业。初期，朴的资本仅2000元，1939年10月时已增至3万元，1940年更增加到6万元。[②]他的同乡伯格斯酒吧的老板朴正淳也是朝鲜人亲友会的调查部委员、上海居留朝鲜人会参事。李相佑也是慰安所的老板，他步朴之后尘，担任上海居留朝鲜人会参事。经营阿里郎酒吧的白利淳也曾历任上海朝鲜人会财务干事、上海朝鲜人会参事等。[③]

据不完全统计，1938年上半年，在沪的日本陆军的日本籍"慰安妇"

[①]【日】上海居留民团编：《上海居留民团三十五周年记念誌》，第1001、1006页。
[②]参见【韩】尹明淑：《日中战争期における朝鲜人军队慰安妇の形成》（未刊稿）。
[③]【日】上海居留民团编：《上海居留民团三十五周年记念誌》，第1006页。

位于横浜桥堍的美楣里，曾是日军慰安所的集中地。（苏智良 2002 年摄）

已达 300 多人，[①] 在沪的朝鲜人"慰安妇"估计要超过此数，她们的遭遇是十分悲惨的。生于全罗南道灵岩郡的河顺任 19 岁那年被一个朝鲜人骗上了船，然后到达上海开始苦难生活，她回忆说："一到上海，就被带到临近美租界（虹口）的一幢板式平房。当时我还相信人家说的'赚大钱'。正为自己在这种地方洗衣做饭而失望时，闯进来的军人改变了我的人生。我曾经逃跑过，但又被捉回来，受尽殴打，被剥光了衣服。我哭叫着，曾在梦中裸着身体逃跑，但撞上的却是门上冷冰冰的大锁。"[②]

---

①【日】上海居留民团编：《上海居留民团三十五周年記念誌》，第 185 页；吉見義明：《從军慰安婦資料集》，第 185 页。

② 引自矢野玲子著、大海译：《慰安妇问题研究》，第 190 页。

三、上海的日军慰安所（三）

"八一三"事变爆发后，在沪的日海军"慰安妇"基本都离开上海而回日本避难去了。直到同年 11 月，日军占领了上海后才陆续返回。[①]日本第三舰队的舰艇，以出云号为首，停泊在黄浦江到长江口一线，登陆的海军陆战队员就有数万人。由于日本海军云集，海军的慰安所也顿时红火起来了。

当淞沪战役的炮火还尚未完全沉寂，那些"贷座敷"的老板们就迫不及待地整修房屋，或依仗着日军占领早已看中的中国居民的房屋，粉饰一新，然后就是尽快招罗"慰安妇"准备开业发财。不久，慰安所便出现于各处（见表 3-5）。1937 年 11 月 30 日，日本福冈县的八幡警察署曾给两名朝鲜女子发放"慰安妇"的来华证明书。这两人是去日侨间狩源治开设的北四川路美楣里的海军慰安所的。[②]

表 3-5　上海的部分日本陆、海军慰安所遗址

慰安所名称	经营者	在沪地址
大一沙龙	日侨	东宝兴路 125 号
末广	陆军	东宝兴路 138 号
[不详]		东宝兴路 135 号
沪月		东宝兴路 160 号
行乐所		四川北路 1604 弄 41 号
[不详]		四川北路 1604 弄 52 号
六一亭		四川北路 1604 弄 63 号

---

① 【日】吉見義明编：《從軍慰安婦資料集》，第 184 页。
② 【日】吉見義明编：《從軍慰安婦資料集》，第 101 页。

慰安所名称	经营者	在沪地址
海乃家本馆	坂下熊藏	公平路 425 弄公平里 12 号
海乃家别馆	坂下熊藏	东熙华德路（今东长治路）609 弄 3 号
海军慰安所	间狩源治	北四川路美楣里
杨家宅慰安所	上海派遣军东兵站司令部	翔殷路东沈家宅
江湾慰安所	日侨	万安路 745 号
平和庄	泷端良介	万安路 759 号
みよし	松下芳松	万安路 777 号

到 12 月时，上海的"贷座敷"和慰安所已达 11 家，"慰安妇"达到 191 人，其中日本人为 171 人，朝鲜人为 20 人，比战前增加了 73 人。这还只是日本驻沪总领事馆的部分统计，它不仅没有包括全部的日本、朝鲜"慰安妇"，更没有包括数量极大的中国"慰安妇"。

日本在沪的海军慰安所大多实行严格的管理，"慰安妇"必须每周检查身体一次，由总领事馆的警察和专门医生进行诊断。[1]

此外，根据海军在沪最大的慰安所——海乃家老板的儿子坂下元司的回忆，海军仅在横浜桥旁就有慰安所六七家，其中一家为朝鲜人所开，当时他曾去过。其中一家慰安所的账台设在 2 楼，"慰安妇"约有 10 人，几乎都是朝鲜女子。[2] 少年时代的坂下元司经常出入于这些慰安所，与经营者十分稔熟。他回忆说，太平洋战争爆发后，美英在上海的企业、机构全部作了日军的战利品，像 50 支一罐的英国制香烟很多，他经常从别的慰安所拿这种香烟回家。

---

[1]【日】吉見義明编：《從軍慰安婦資料集》，第 184 页。
[2]【日】華公平：《從軍慰安所"海乃家"傳言》，日本机关纸出版センター 1992 年版，第 91 页。

在上海的虹口，这类日本海军慰安所决非一两家。战时出版的《皇军的兽行》一书记载："某人因'八一三'事变爆发时未逃出战区，日前以50元贿买通行证一张，偕另一领有通行证者进入虹口区访寻，遍觅无踪，因闻敌军以两路口大厦及虹口大旅社为拐禁妇女纵乐场所，商准敌方宪兵，得以入内访寻，乃进入路局。甫一进门，即见四处皆生火炕，一丝不挂之裸女麇集其间，往来嬉戏，一若毫无羞耻者，盖处于淫威之下，环境迫人，不得已也。某君逐一审视，并无其妻，转而至虹口旅社，所见亦与上述相同，唯人数则较多数倍，每个房间至少有四五人，大多为20多岁，其左臂有罗马数目字，类多知识妇女，大多愁眉不展，为最后因战时失业被骗幽禁者。某君于遍视后，亦未发现其妻，黯然欲离此活地狱。其友即低声语之曰：'宜随意指一，认为你妻，否则有间谍嫌疑，此后性命难保也。'某君即指美貌者认之，由某君护送回返原家。事后某君云，敌军荒淫如此，古今罕闻，此事若非目击，定将疑为过甚其词，有意诋毁。至于迫令妇女裸体之原因，蓄意于饱尝其兽欲，凡属敌军、浪人、汉奸等，随时均得入内泄欲，彼辈置身火坑，纵拟自由逃走亦不可能云。"[1]这段史料透出日军在虹口有3个慰安所，两个是在路口的慰安所，一个在虹口大旅社，而且规模均相当大，其荒淫如此，令人发指。

这是一张在虹口公园（即今上海鲁迅公园）拍摄的纪念照。照片上共有32人，从穿着上看，其中日本海军官兵，有老人、小孩，而最多的是妇女，约23人，她们有的穿着和服，有的穿着旗袍。这是日本海军专用的海乃家慰安所的集体照，摄于1944年春该所部分人员到虹口公园赏樱花时。正中席地而坐的是海乃家的老板坂下熊藏，穿和服的大多是日本、朝鲜的"慰安妇"，而站立在后穿着旗袍的则是中国的"慰安妇"。

海乃家是日本海军全权委托坂下熊藏经营的慰安所。坂下熊藏1898年出生于和歌山县，曾加入日本海军，于1919—1920年在海军战舰浅间

---

① 范式之等：《皇军的兽行》，战时出版社1938年版，第109-110页。

"海乃家"慰安所的部分人员与日本海军军人的合影。（引自华公平:《從軍慰安所"海乃家"传言》）

号上服役。① 退伍后至神户开设煮豆屋谋生，经亲戚、同乡介绍，1939 年到上海虹口开设煮豆屋。他因与海军有联系而时常来往，此时的海军急需为数万海军陆战队员建立慰安所，因此建议与他联手建立慰安所。这一建议曾遭到坂下夫人的强烈反对，但是，坂下为利所驱，决定创办海乃家。

海乃家坐落在沪东公平路公平里，即今公平路 425 弄 12 号。该幢房屋的主人是一个广东籍的纺织厂老板，约建于 20 世纪 20 年代。"八一三"事变爆发后，主人因担心遭到日本兵的侵袭而逃亡内地，于是，日本海军占领了该房，并把它移交给坂下，双方订立合同，由坂下每月向海军缴纳 5 日元房租，经营海乃家，并享受海军特别陆战队的"军属"待遇，慰安

---

① 【日】華公平:《從軍慰安所"海乃家"传言》，日本机关纸出版センター 1992 年版，第 73 页。

昨年上海を訪れたときに撮影したもの。戦後とほとんど変わっていない。

当時の慰安所「海乃家」

上海最大的日本海军慰安所"海乃家"，图为慰安所时代的大门与战后相同位置的对比。（引自华公平：《從軍慰安所"海乃家"传言》）

所的所需物品之类均由海军提供。但该慰安所的所有权归海军所有，坂下只有日常经营权。

于是，经过修整，海乃家便开张了，时间是 1939 年。

公平里原与旁边的川本里（今公平路 411 弄）相通，日军为安全起见，将通往川本里的道路封死。从公平里进入海乃家新安装了大铁门，今大铁门固然已荡然无存，但墙上铁门的铰链尚在。进入走过天井便是个大厅，旁边是仓库、经理室、橱房等，西侧有 3 间"慰安妇"的房间，加上 2 楼的 14 个间，共有 17 个"慰安妇"的房间，每间房间约 12—16 平方米。2楼的当中是个大厅，供举行宴会使用（见图 3-1、图 3-2）。

海乃家的 1 楼大厅里贴有全部"慰安妇"的照片，并贴着"一花 5 日元"的纸条。付钱原则规定军票或储备券均可，实际上，日军多付不值钱的储备券。平时，"慰安妇"在大厅等候客人，如同妓院。有日军入内，管理

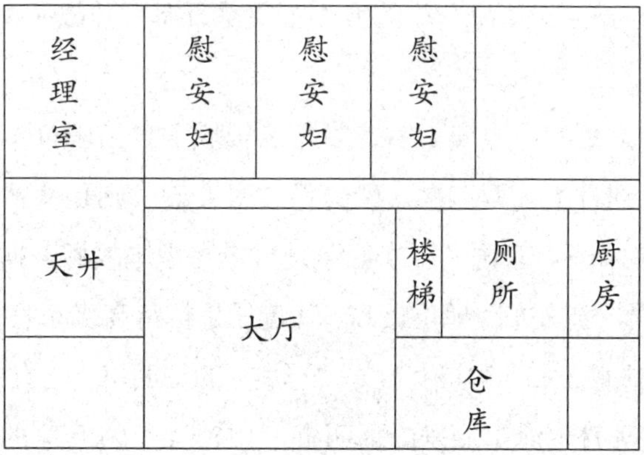

经理室	慰安妇	慰安妇	慰安妇	
天井	大厅	楼梯	厕所	厨房
			仓库	

图 3-1　海乃家本馆 1 楼示意图

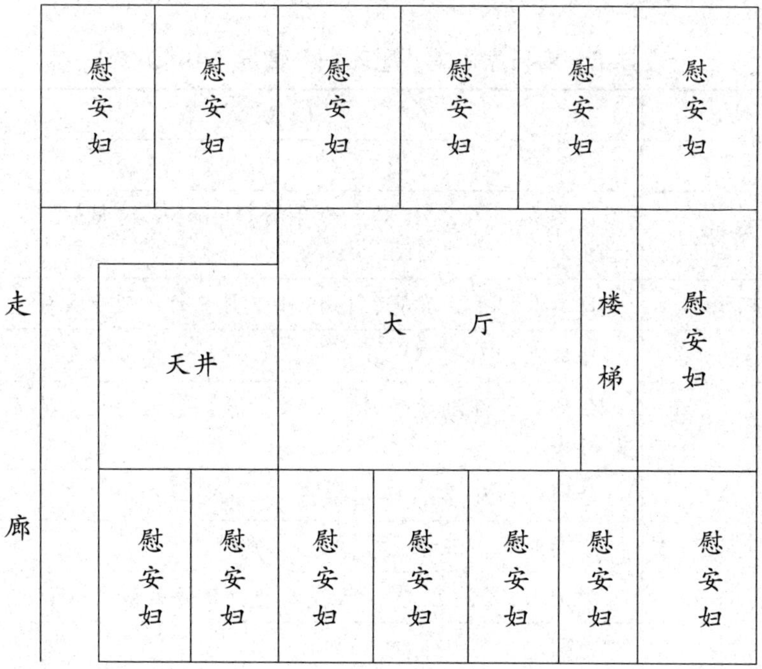

慰安妇	慰安妇	慰安妇	慰安妇	慰安妇	慰安妇
走	天井	大厅	楼梯	慰安妇	
廊	慰安妇	慰安妇	慰安妇	慰安妇	慰安妇	慰安妇	慰安妇

图 3-2　海乃家本馆 2 楼示意图

者即上前询问："喜欢日本人呢，还是中国人？"当然也可选择朝鲜人或混血儿。由于日军官兵往往已在中国打了好几年仗，因此，大多希望找日本"慰安妇"以解乡愁。海乃家的客人主要是日海军陆战队和军需厂的"军属"。

海乃家日本籍的"慰安妇",多是老板坂下自己去日本招募,因此坂下几乎每年要到日本去两三次。朝鲜籍"慰安妇"则是从朝鲜拐骗来的,年龄小的只有19岁。中国"慰安妇"是日军在中国战场上掳掠的。这里,等级分明,日本"慰安妇"地位最高,其责任是接待高级军官,收费也最高。日本、朝鲜的"慰安妇"均持有日军"军属"的证明书,唯有中国"慰安妇"从未收到过这种日本海军颁发的证明书。1940年,海乃家的规模是拥有日本"慰安妇"10人、朝鲜"慰安妇"10人、中国"慰安妇"20人(参见表3-6)。

表 3-6 海乃家本馆"慰安妇"情况(1940 年)

姓名	概况
いさむ	日本神户人,嗜酒
清香	日本九州人,18 岁,为年龄最小的"慰安妇",性格活泼
すみれ	日本人,年轻漂亮,1945 年 7 月 5 日,死于美军空袭。
小 铃	日本人,21-22 岁,容易怀孕。直到战争结束。
娟 代	朝鲜人,沉溺于鸦片,后被开除,乞讨为生,惨死于上海街头。
一二三	朝鲜人,30 岁,聪明漂亮。
さちこ	东南亚人,混血儿。
花 子	中国人,21-22 岁,活泼开朗,日语最好。
偓花	中国人,23-24 岁。
失名	日本人,1944 年秋因肾炎而死去。

资料来源:【日】华公平:《従军慰安所"海乃家"传言》,日本机关纸出版センター1992 年版。

日海军对"慰安妇"实行严格的检查。入所时,"慰安妇"必须喝一种药,以抵抗性病病毒，并防止怀孕。

坂下信佛，因此常常请虹口的东本愿寺的和尚来讲经颂佛，当然，能接受听讲的只能是日本籍的"慰安妇"。[①]

20世纪40年代前期，日本海军陆战队总人数超过10万人，上海是其中心基地之一，陆战队员加上"军属"总有好几万人，这样，一个有20来名"慰安妇"的海乃家，当然就忙得不亦乐乎，公平里外面，经常挂着"全部客满"的牌子。为扩大营业，1943年，日海军决定开设海乃家别馆，即分馆。

海乃家分馆设在离公平路本馆约1公里的虹口地区。外貌像是美国风格的小型旅馆，为3层建筑，外面没有花园，进门是一个大厅，这个西式建筑设备较好，有热水汀（见图3-3）。

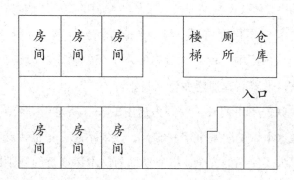

注：二三楼大致相同。

图3-3　海乃家别馆1楼示意图

海军将这幢房子交给坂下，命令其尽快开设出来。坂下又到日本招募了一批日本"慰安妇"，还与日军勾结，掳掠了不少中国妇女充当"慰安妇"。

坂下熊藏之子坂下元司（华公平）于1944年到上海进入上海日本工

---

① 【日】華公平：《從軍慰安所"海乃家"传言》，日本机关纸出版センター1992年版。第29页。

业学校求学，他与其兄长一起也曾帮助其父经营海乃家。据其回忆，当时由于营业爆满，每天晚上钱箱塞满了储备券，离他家五六分钟的路就有一家上海银行，他的任务就是将这些钱存入银行。当时他仅十五六岁，他后来回忆说，当他每次手里抱着厚厚的两大捆钞票去结款时，心中十分得意。原则上，慰安所的利润与"慰安妇"为6：4分成。即慰安所得到60%，"慰安妇"得到40%。然而实际上，能得到报酬的只有部分日本籍"慰安妇"。

海乃家的经营直至日军无条件投降。1946年3月，坂下熊藏全家乘坐5000吨的丰荣丸返回日本。坂下后来仍以煮豆为生，1978年死去。其子坂下元司（华公平）生活在关西东大阪市，在1944年至1945年的整整两年间，他在沪协助其父经营，目睹"慰安妇"的种种惨状，事后备受良心的谴责，于是在20世纪90年代向新闻界公开了他所知道的慰安所内幕和罪行。

1991年，华公平再度访问上海。当他来到公平路425弄公平里时，70多岁的老人们认出了他，说："对你父亲十分熟悉。"但是，他没有找到海乃家的别馆，带着一丝遗憾而返回日本。[①]

笔者几次到公平里调查，深深为这里的民气所感染。公平里的居民对当年日本人在这里做的肮脏事情和罪行，没齿不忘，记忆犹新。

日本海军为了所谓的安全，将公平里与川本里通行的弄堂用砖墙封闭。这样，中国居民的进出就大为不便。居住在该弄10号的徐伯伯已有72岁（1995年），当年经常看到来海乃家这个"日本堂子"的日本兵排着队，兴奋地往里走去。

当时的日本人包括慰安所的老板一家，都是穷凶极恶的。6号的老伯近70岁，他回忆说，战争的时候我只有五六岁。一天，我踏着一辆三轮小童车在弄口玩，不巧慰安所老板的儿子看中了我的车子，一定要我让给他骑，我不答应，日本人一拥过来，抓住我的头发，把我的头撞在墙上，"咚咚"作响。不仅如此，我的父亲还因此被他们抓入海乃家，受尽折磨。

---

① 【日】華公平：《從軍慰安所"海乃家"传言》，第132页。

这个慰安所老板的儿子是坂下元司，还是他的哥哥呢?

8号的罗老妈妈（1995年74岁）回忆，那年我20岁，上阳台晒衣服，我家正面对着现在12号的海乃家，有时晒衣服时朝北面的海乃家看一眼，立即就会遭到日本人的训斥。但是，没有人的时候，我还是朝海乃家看看，有时就看到穿旗袍的中国姑娘生着病，在灶披间（沪语，指厨房）偷吃冷饭团。

公平里的百姓们，对日本侵略者的暴行一刻不忘。我去调查时他们对我说，这些年来，日本人时常来这里参观，包括过去在这里住过的日本人。我们一想起过去战争14年所受的

今日公平里的弄口（苏智良2004年摄）

苦难，就坚决地将他们轰出去。从小孩到老头，大家一道行动。这时，一个旁观者说，要是日本人来投资造房子，总可以住新房子了。他的不和谐声音立即遭到众人的一致训斥。

笔者走访过不少地方，也调查过不少战争的受害者，但是，在上海这个民气较为温和的大都市，像公平里居民这样的刚烈之气，还是第一次遇到，并使我深深为之感动，尽管这给我的调查带来了不便。

我希望公平里的居民，包括所有的中国人都不要，也不应忘记日本侵华战争给我们的祖国和同胞所带来的灾难与痛苦。

日军占领上海后，部队番号系统繁杂，相当多的联队纷纷设立隶属于本部队的慰安所，这些慰安所名称不一，散见于上海各处。一名日本兵回忆道，1937年底"杨树浦大街、大连码头附近的野战邮局一带，在十一月中旬，日见繁华。我在邮局附近的横路上看见有趣的标语：'上海寮，皇军官兵慰安所'、'啤酒、汽水、美人多数'，二层楼里面房间的窗口蒙着空袭用的黑布，大白天听见女人富有金属性的声音，这里是由朝鲜人营业的。"①根据日军士兵田义一的战时日记记载，早在1937年12月3日，上海的共同租界内就有慰安所，门口张贴着价格表："日本妇7日元，朝鲜女5日元，苏联、德国、法国女子只需2日元，卫生一流。"②当然，这是否是专门接待日军士兵的慰安所，还需考证。在日军第101连队的士兵荻岛静夫的日记中明确无疑地记录道，1938年初，在他所在部队的酒吧里，就有3名中国"慰安妇"。③据玉井铭酒屋的组合长国井茂的回忆，1938年初，他们曾奉日军之命，带了53个娼妓达到上海，然后在吴淞、南翔和南市开设了3家慰安所。这些慰安所设在西洋式的建筑内，采用日侨民间经营的方式进行管理。④

　　1997年4月11日的《南方周末》刊载了笔者关于"慰安妇"问题的研究近况，6月10日至11日的《参考消息》转刊了香港《亚洲周刊》关于笔者研究的长篇报道，此后国内外有40余份报纸作了报道。事后收到不少老人的来信，他们提供了鲜为人知的一些日军慰安所的详情。根据目击者张汝琦老人（1922年生）和傅升（1933年生）等提供的情况，日军在南市也设有慰安所。"八一三"事变爆发后，南市梦花街151–153号

---

　　①【日】佐佐木元胜：《野战邮便旗》，现代史出版社1973年，第246–247页。
　　②【日】《荻岛静夫阵中日记》，转引自吉见义明、林博史：《共同研究　日本军慰安妇》，第74页。
　　③【日】石田义一：《战线实录》，转引自吉见义明、林博史：《共同研究　日本军慰安妇》，第75页。
　　④【日】大林清：《玉の井挽歌》，转引自吉见义明、林博史：《共同研究　日本军慰安妇》，第77页。

的主人（原是资本家）逃难去了，日军便命令日侨在此设立一个慰安所。这是一幢3层的洋房建筑，规模很大，至今犹存。这里主要是中国"慰安妇"，由日军戒备，入夜则灯火通明，人声嘈杂，路人为之侧目，这个慰安所门口虽没有招牌，但人人尽知是"东洋堂子"，一直存在到1945年。进出此处的主要是日本南市宪兵队队员，其队部设在蓬莱路上（其址今为南市区公安局）。① 陈炳荣老人（1924年生）原住在浦东其昌栈大街（今为钱仓街）350号，这幢2层的大建筑为昔日浦东最好的一幢住宅，主人就是他父亲。因为房子较大，除了陈家居住外，还租给一些房客居住。大约在1943年，也可能是1944年，日本人突然到此，将房客全部赶走，陈家也被赶到主楼南面的平房内，而主楼就被日本人开设了慰安所。管理的是两个日本侨民，而"慰安妇"则清一色都是中国人，大约有20个人，大多操苏北口音。据陈炳荣老人回忆：日本军士只允许白天进入，晚上慰安所接待日本军官，但如果晚上军官少的话，军士也会偷偷地进去。每周有日本医生来对"慰安妇"进行体检，为了方便，日本人专门做了一只木床来检查"慰安妇"的下身。最多时约有40名"慰安妇"，每人一间房间，陈设简单，仅一张木床。过了一年多后，1945年8月抗战胜利时，日本人就一声不响地跑走了，可怜的中国"慰安妇"们也四散而去。② 据陈家的管家回忆，这家慰安所还只是个分店，其总部设在北四川路横浜桥堍。

蔡醒麒老人回忆童年生活的杨浦区，在格兰路（今隆昌路）通州路的交界处有日商大康纱厂（现在改为上海第十二棉纺厂），大康纱厂的对面的一条弄堂里有一家慰安所，去斯高学校上学的蔡醒麒每天看到成群结队的日军士兵乘着8路电车到隆昌路站下车，然后步行到慰安所，每当这时，弄堂口总是有几个穿和服的女人和穿着军便服的男人接待。蔡醒麒与他的同学还常常看到离弄堂西边约百米远的马路垃圾堆里经常有很多白色的避孕

---

① 笔者采访张汝琦老人的记录。
② 笔者采访陈炳荣老人的记录。

套。有时学校组织到江湾足球场进行体育比赛，在叶家花园、殷翔港等地也有好几个慰安所。①1997年7月8日，笔者与上海人民广播电台的左安龙先生合作，在990频道的"市民与社会"节目讲述日军实行"慰安妇"制度的暴行，有一位不愿透露姓名的老人（1927年生）打来电话，他幼时住在杭州路、眉州路，"八一三"事变以后，日军占领了这一带作为军营，最初驻扎的是千田部队，在现在的跃龙化工厂门口的位置，挂有木牌，上面写着"千田部队慰安所"，后来深谷部队入住于此，于是，木牌又换成了"深谷部队慰安所"。慰安所的位置在今该厂的汽车库，当年的房子已荡然无存了。另外，根据虹口公安分局退休警督傅升的回忆，在吴淞路海宁路的邮局南侧，有一排二层房屋，共五来间，战时门上横挂有"军之友社"的铁皮招牌，里面全是中国和高丽女子，供日军官兵取乐。残存的招牌直到1952年还能辨认。50年代傅升作为户籍警察，曾找到过去在"军之友社"做过清扫工作的妇女和里面的中国"慰安妇"。②

像这样的慰安所在上海恐怕是很多的。一个偶然的机会，一位基督教牧师"有幸"进入"行乐所"，从而留下了一份难得的日军罪证。

陆某是昆山小教堂的牧师，于1937年底"八一三"炮火平息后来到上海，与日军有所交往。有一天，一位日军军官邀请他参观设在虹口的"行乐所"。陆某不知"行乐所"为何物，因此，抱着开眼界的心情，随该日军军官前往。"行乐所"设在北四川路横浜桥附近，原是银行的营业所，大楼共3层，设备良好，还有热水汀。门口有日本兵站岗，非日军一般不得进入。陆某随日军官踏进一楼便感到浑身毛骨悚然。原来只见每间屋子里均躺着一丝不挂的中国妇女，这些妇女年龄在十七八岁至30岁之间，听口音为苏州、无锡、昆山和浦东等地人士，共有数百人。只见她们愁眉不展，有的正在流泪。而日本兵们正兴高采烈地穿行其间，任意选择性的满足。如哪个女

---

① 蔡醒麒给笔者的信，1997年7月7日。
② 笔者采访傅升老人的记录，1997年7月28日。

日本海军慰安所"海乃家"分馆的浴缸，是当年的旧物。（苏智良 2004 年摄）

子稍有不从，在一旁监视的日本兵立即皮鞭伺候，一时大呼小叫，皮开肉绽，惨不忍睹。

陆某目睹这一丑恶行径，便思退出，正在这时，只见一个 20 岁不到的少妇从地上扑来，一边大呼"救命"，一边死死拉住陆某。陆某仔细一看，原来这位裸体妇女是他的隔壁邻居王氏，才刚刚结婚，却不料陷入这人间地狱。陆某素知日军杀人不眨眼，唯恐连累自己，也不敢挺身相救，只是轻声斥责王氏不要声张，但是，旁边的日军早已围上前来，他们攥手拉脚，将王氏拖至地上，立即用皮鞭猛抽，打得王氏惨叫连连。这时，作为基督徒的陆某内心不忍，向担任向导的那个日军官跪下，说明该女子是其亲戚，希望能大发慈悲，放其返家。那个日军官询问再三，确认是亲戚，遂同意王氏随其离去。陆某不敢怠慢，唯恐有变，催促王氏赶快穿衣逃出这活地狱。此时只见那些躺在地上被蹂躏的妇女们，对此无不露出羡慕的眼光。

王氏随陆某逃出那个活地狱回到住所，喘口气后揭露"行乐所"内幕。原来，11月中旬，日军侵袭昆山时，王氏及其他妇女被日军抓住，便被押上卡车运至虹口，抛入这个慰安所。每日至少要遭到日军士兵10次以上的蹂躏，其中之痛苦不可言传。她们中的性格刚烈的女子，大多自愿绝食，几天便毙命死去。第二天便会有新的被掳者补充。据王氏所知，这个"行乐所"至少有两层。凡十几岁到30岁的女子便放在1楼，而30岁到40岁的女子则置于2楼，因此，楼上也有数百妇女。[①]

无论是日方还是中方，对于该"行乐所"均无其他片言只字的记载，若不是陆某偶然入内探得秘密，作此历史的记录，那么，这个牺牲了多少中国妇女的"行乐所"便永远无人知晓了。

在8年战争里，这样的"行乐所"上海有多少个？在长达14年的中日交战期间，中国又有多少个这样的所在呢？即使是这个横浜桥畔的日军"行乐所"，它开设于何时，开设了多少时间，期间又有多少中国妇女被抛入此间，又有多少中国妇女惨死在这个人间地狱？

谁能回答？

四、以南京为中心的江苏"皇军俱乐部"

江苏是日军最早大规模建立慰安所的省份。根据资料，日军在南京、苏州、无锡、镇江、常州、扬州和溧水等地设立了慰安所。

南京　1937年11月底，日军侵入南京后，即开始设立慰安所。日军在南京的慰安所系统是经过以下3条途径建立的。第一种是军队系统。这种日军自己设立的慰安所又有两类：一类是日军自上而下有计划设立的，以日本和朝鲜"慰安妇"为主。另一类是日军的前线部队擅自设置的，以

---

① 《上海的地狱——敌寇的行乐所》，载秋江等编：《敌寇暴行录》，文艺社1938年版，第47-49页。

中国"慰安妇"为主。

当日军进城不久，华中方面军便开始给其所属部队配备慰安所。如京都 16 师团的福知山第 20 联队就设有慰安所，里面有日本、朝鲜和中国的"慰安妇"，每间房间有 7—10 人。在南京附近的第 15 师团步兵联队也设有慰安所。老兵冈本健三指出："干坏事的，不仅仅是士兵，有时军官先干在前头。厉害的中队长、大队长什么的，他们在去南京前，即使是战斗中，有的也带着女人，这些女人反正都是随便抓来的，恐怕没有傻瓜会出钱去买。据说他们天天晚上同女人睡觉。"[1]实际上，日军部队已经"自发"地在建立慰安所。

南京利济巷慰安所遗址，是规模较大的日军慰安所。（苏智良 2009 年摄）

---

[1] 转引自【日】洞富雄：《南京大虐殺》，第 95 页。

为了迅速建立慰安所，日军官兵大肆抢掠南京妇女。1937 年 12 月 13 日，日军侵入南京后，大肆掳掠中国妇女充当"慰安妇"。留在难民区的许多妇女被日军强行拉走。[①] "12 月 17 日夜，日本军官一人领导搜索队强迫金陵女子文理学院收容所的职员齐集大门口，约 1 小时之久，该军官撕毁证明已经搜索过了的文件。同时，日本兵则闯入收容所，绑去妇女 11 人。"金陵大学教授贝德士后来证实说："日军入城后曾连日在市内各街巷及安全地带巡行搜索妇女，其中且有将校参加。"[②] 一名有夫之妇被日军拉去每天强奸 10 次之多，夜间也不能休息，不久就患上 3 种性病。[③] 李克伦在《沦陷后之南京》中写道："花姑娘，整群结队的花姑娘被捉到，有的送往上海'皇军娱乐部'（即慰安所），有的专供敌人长官泄兽欲。一般敌兵到处搜索女人，在街上、在弄堂口，许多女同胞被轮奸，惨叫和狂笑突破了斯城的空气，送到我的耳鼓里，不禁使我战栗，我不知是恐惧，还是愤恨。"[④] 另一则史料指出：日军"每日至女收容所用卡车将大批妇女载去，哭号震天，惨不忍闻，有时深夜将一部分送回，但已遍体鳞伤矣。"[⑤]《新华日报》也曾揭露道："新年一过，敌又开始办理登记，……囚首垢面的女子，不论老幼，……凡稍具姿色者，立被敌兵指出……集有成数，即派卡车一车一车地载去，不知何往。"[⑥] 这些被卡车载去的妇女实际就是充当"慰安妇"。12 月 17 日，日军侵入安全区，从美国医生费吾生博士的手下抢走了 12 名女生。[⑦] 30 日，日军士兵在汉奸的带引下，到意大利总领事馆，强行"借"去 3 个少女。[⑧] 搜索妇女，成为日军最大的事情，日军见到男子，搜查完

---

① 【日】洞富雄：《南京大虐殺》，第 47 页。
② 《南京安全区档案》，载中央档案馆等编：《南京大屠杀》，第 113 页。
③ 中央档案馆等编：《南京大屠杀》，第 108 页。
④ 汉口《大公报》，1938 年 7 月 13 日。
⑤ 《兽迹素描——失守后的南京》，载《闽政与公余》第 20 期；《新华日报》，1938 年 5 月 30 日。
⑥ 《新华日报》，1938 年 3 月 9 日。
⑦ 丁伯烈：《外国人所见日军暴行》，载《悲愤·血泪：南京大屠杀亲历记》，第 188 页。
⑧ 郭岐：《陷都血泪录》，载《悲愤·血泪：南京大屠杀亲历记》，第 61—61 页。

毕后，还要在裤裆里摸一下，以防女子冒充男子。有一位 80 岁的老婆婆被日军抓住，日军要其脱衣服，老婆婆愤怒地喊："我这样大的年纪可以做你们的祖母了，难道你们也要奸淫吗？"日兵厚颜无耻地说："我并不需要你生儿子。"一个被日军拉去充当伙夫的难民脱险后，曾回忆他所见到的同胞被迫充当日军性奴隶的情景："被俘的那天下午，整整挑了半天水。第二天早晨我又被迫去担洗脸水，一名敌兵让我担水到后院里，又让我往屋子里送。我不明白，但一眼看见两个女同胞掩在一条毯子下，躺在那里。……后来我见得多了，才知道这些可怜的女孩子们，就是在大白天也不能穿衣服！……又有一天，一批女人被赶了出去，……黄昏时分，我见两个裸体女尸被拖了出去。不分白天和晚上，总是听到哀号和嬉笑。"①这种状况不是个别现象，一位目睹日军暴行的德国人在致友人的信中写道：在日军住的地方，妇女必须裸体，仰卧在那里，盖上薄毯，随时供他们蹂躏。②

　　第 114 师团的一等兵田所耕三回忆到："女人是最大的受害者，不管是老的还是年轻的全都遭殃。从下关把女人装上煤车，送到村庄，然后分给士兵。一个女人供 15—20 人玩弄。士兵们拿着有中队长印章的纸，脱下兜裆布，等着轮到自己。"③这种掳掠当地妇女的记载可说是连篇累牍，举不胜举。仅在江宁县的石门，被日寇掳掠的有确切名字可查的当地妇女就有 32 人，其中最老的是辛下村的常王氏，已是 60 岁的高龄，而最小的周崇村的王初石之女儿和辛下村的王英兴之女儿，两人都还只有 9 岁！④不少女子被日军以做女招待、洗衣服等理由骗去而充当了"慰安妇"。⑤老兵东口义一证言，1937 年 12 月 14 日至 16 日，他们小队的小队长市川中尉集合下士官，商议抓捕中国女子作为小队的"慰安妇"。为此，村田

①《一笔血债，京敌兽行目击记》，载汉口《大公报》，1938 年 2 月 7 日。
②《日军在占领区域的暴行稿》，转引自陈娟：《日军在南京的强奸事件》（未刊稿）。
③【日】田所耕三：《我目睹了那次"南京悲剧"》，载《风》1971 年第 11 月号。
④中央档案馆等编：《南京大屠杀》，第 160 页；关于日军在南京掳掠妇女的资料还可见该书第 111、113、170、254、376、1031 等页。
⑤《侵华日军南京大屠杀档案》，第 278 页。

军曹立即指挥 10 名士兵，侵入附近的中国民房，谎称让妇女洗衣服而诱骗 10 名妇女投入地下室，设立临时慰安所，小队 60 名士兵进行了轮奸。以后，还有第二分队的炮手等对这些妇女进行侮辱，直到军队离开时，才把她们抛弃。①1937 年 12 月 30 日，6 名妇女被以帮助军官洗衣为名的日军从铜银巷带到城西，结果她们落入火坑，白天洗衣，而晚上充当"慰安妇"，一夜被蹂躏 10—20 次，年轻美貌的则达 40 次。②有些日军将妇女驱赶到寺庙里，或者直接设立慰安所，进行蹂躏。曾担任日军第 116 师团工兵曹长的老兵回忆，1938—1939 年，该师团驻扎在南京，此时的南京有很多的慰安所，其中最多的是中国"慰安妇"。③1937 年 12 月 16 日，日军大尉宫本在给朋友吉川的信中指出："晚上我们接到命令，让去军需部新建的慰安营，接受慰安。""慰安营是用木板搭的简易房子，离下关煤炭不远，里面关押近 300 名'慰安妇'。毫无疑问，她们是这次胜利的战利品，也是当地征集的女人。""待我们集合等待离去时，又有 80 多名当地女人被押进来，填补有些体力不支的'慰安妇'位置。"④

除了抢劫中国女人满足南京日军的需要外，还有一些资料表明，日军还将抓获的中国女子运到外地去充当"慰安妇"。有些被运到上海，投入"皇军俱乐部"。还有 320 名妇女被装在闷罐车内秘密运至东北。

第二种途径是通过日侨娼业主们来开设慰安所。

有史料表明，在日军进入南京时，有些部队已经携带日本"慰安妇"随行了。士兵冈本健三回忆到："日本的'慰安妇'在日本军占领南京的同时也来到了。有的'慰安妇'心慌意乱，比部队到达得早。在南京时，我们的部队进城那天，商店已经营业了。九州一带的女人很多。待军队逐渐安顿下来以后，似乎大阪的、东京的女子也来了。"⑤第 116 师团的岚部

① 中央档案馆等编：《南京大屠杀》，第 888 页。
② 转引自孙宅巍主编：《南京大屠杀》，北京出版社 1997 年版，第 307 页。
③ 【日】《性と侵略》，東京株式会社社会評論论社 1993 年版，第 137 页。
④ 转引自江浩：《昭示：中国慰安妇》，第 178 页。
⑤ 转引自【日】洞富雄：《南京大虐杀》，第 94 页。

队里也有日侨设立的慰安所，"慰安妇"有十四五人。①日军占领南京后不久，日侨即设立"故乡慰安所"和"浪速楼慰安所"，这两个慰安所一直营业到 1942 年 5 月，被日本南方派遣军司令部派到东南亚，后到达缅甸。

慰安所是日军官兵最向往去的地方，士兵东史郎在战地日记中记述了占领南京期间去慰安所糟蹋妇女的场景：

昭和十三年（1938 年）1 月某日，南京街面被占领一个月后，电灯亮了，雨夹着雪下起来。"联络！有愿去慰安所的报名！"的通知传来。所谓慰安所就是娼妓卖春的地方。据说几天前，5 台卡车拉着日本来的卖春妇在街上展览似的逛了一圈，在士兵中引起了不小的骚动。

"喂，中山路拐角的空房子里有 10 个女人！"这间洋房里有 30 人呢，有中国妞还有朝鲜妞！"士兵们像过节的孩子似的喧闹着。

我们分队去了一个后备兵叫金桥。以前发给士兵用的是朝鲜银行支票，这次为了"买女人"，第一次给了军票。一等兵金桥拿着发给的军票和避孕套，顶着寒风兴冲冲地去了。晚上他嘻嘻笑着回来了，把床上的毛毯裹在身上，打开了日记本，像要作为重大纪念似的，描绘着刚才女人的房子，斜着的楼梯下有一张床，连姑娘的牌号都记上了，还有花姑娘上床的姿态，感觉真好，只是入口处站着宪兵，按顺序排队的士兵也吵吵嚷嚷的，这样的话，就没有时间全脱光了，没法慢慢干，不过也还是蛮棒的。从外面可以清楚看见个房间的全貌，只是谁也不在意，各干各的。他边说着边用笔记在本子上。②

第三种途径是由日军命令汉奸组织设立慰安所。

这种慰安所里基本上都是中国妇女。占领全城后，日军立即成立自治

---

① 【日】《性と侵略》，東京株式会社社会評論論社 1993 年版，第 134 页。
② 【日】《東史郎日记》。

委员会等汉奸组织，并建立起慰安所系统。自1937年12月下旬起，日军指使汉奸组织实行"良民登记"，并乘机掳掠妇女。发放"良民证"时，他们命令稍有姿色的女子留在一旁，等集有成数，便用卡车载去；有时则观察妇女们的回家路线，以便登门掳掠。① 日军上海派遣军参谋、特务机关长大西命令汉奸王乘典、孙叔荣等招募100名妇女，建立"皇军慰安所"。王、孙俩人即向大西推荐社会闻人乔鸿年具体筹办。乔曾是金陵大戏院、民业公司大剧场、福利大戏院和下关大舞台的老板，社会关系多，且心狠手辣，在日军驱使下，甘为日军之卑鄙勾当奔走。时金陵女子大学妇女收容所里的逃难女子多达12000人。乔即入内说项，以日军允诺的保证生命安全、支付一定报酬、娼妓官兵不得携带武器等条件为诱饵，企图招募"慰安妇"，但遭到妇女们的同声痛斥。利诱不成，日伪势力便入内挨家逐户地劫掠妇女，从12月18日到20日，共掳掠了300多名年轻妇女，然后从中挑选了100多名年轻妇女，由王、孙交给大西验收。于是，日军以大西为主任，乔鸿年任副主任，乔的月薪是140日元。然后乔带着日本宪兵乘着汽车，到原国民党中央委员、政府院长、部长的公馆去挑选上等家具，然后于22日分别在傅厚岗、铁管巷开设慰安所。傅厚岗慰安所专门接待日军将校军官，大西从被掠女子中挑出30多名年轻美貌的，分住在1、2、3楼，每天下午1时到5时接客，慰安所门口有接待室，2个中国人卖票，4个日本人收费记账，门票是每个小时军用手票2元。该慰安所内，中国女子、女佣及职工等最多时达200多人。铁管巷慰安所专对下级军官及士兵开放，每小时军票2元，但不准在所内过夜。许多中国女子被抓入活地狱后，宁为玉碎不为瓦全，坚决不肯接客，最后绝食而亡。对此，日军无动于衷，即以新掳掠来的女子补充。慰安所的收入，除了一小部分用作"慰安妇"的伙食开销外，绝大部分落入了大西的腰包。1938年2月，乔鸿年与唐力霖合作，在铁管巷四达里设立"上军南部慰安所"，在山西路口设

---

① 蒋公穀：《陷京三月记》，载《南京文献》第26号，1939年2月。

立"上军北部慰安所"。4月初，乔鸿年在南京特务机关的指使下，又在夫子庙贡院街海同春旅馆原址和市府路永安里，筹备设立"人民慰安所"2处。当时，乔曾以慰安所主任的身份，向南京市自治委员会申请备案，他在报告中称："窃所顷南京特务机关委托，为繁荣夫子庙市面，振兴该区商业，调剂全市人民生活计，指定在夫子庙贡院街海同春旅馆原址及市府路（现为金陵路）。永安汽车原址暨永安里全部房屋分设'人民慰安所'二处。业已修理，一俟工竣即行开幕。除已分别呈报主管机关外，理令备文呈报。"① 于是，南京自治委员会于4月13日发出第239号训令指出：令警察厅厅长饬属派员前往调查具报核办。不久，"人民慰安所"即宣告营业。日军还在龙潭勾结当地信裕商行老板范竹修设立一家慰安所，被逼为娼的有一百多位中国妇女。

在夫子庙秦淮河畔，汉奸勒令妓业主在一个破旧的饭店里开设慰安所，门口挂上了"日华亲善馆"的牌子，里面设有好的酒菜，只有女人和啤酒。②

另外，兽欲难填的日军还企图通过国际委员会来解决士兵的性问题。郭岐在《陷都血泪录》一书中写道："当时日本军方正通过国际委员会，要在南京城里开娼，解决他们士兵的性欲问题。自愿开娼的可以领取一张特别通行证，凭证得在南京城郊各地通行无阻。"

总之，日军在南京征集中国妇女充当"慰安妇"这一事实是不容抹杀的。1947年南京军事法庭对南京大屠杀主犯谷寿夫为师团长的第6使团强奸妇女并强迫中国妇女充当"慰安妇"的滔天罪行进行了认定和控诉，谷寿夫曾狡辩说："设立慰安所系向当地长官（指汉奸政权）商量，并征得'慰安妇'之同意。"检察官陈光虞当即驳斥诉道：

查被告纵容属下，在南京中华门内外之沙洲圩强奸丁氏及陈二姑

---

① 转引自孙宅巍主编：《南京大屠杀》，第311页。

② 【日】小俣行男著，周晓萌译：《日军随军记者见闻录》，世界知识出版社1985年版，第52页。

娘等三人，于赛虹桥强奸刘宝琴等四人，于九儿巷、黄泥塘各处，强奸或轮奸伍大毛等十余人，又于行军途中及在南京雨花台等处，向陈王氏等强索姑娘作肉体之慰劳。以上事实，一个有被害人或目睹之证人陈士兴、刘李氏、伍李氏、朱修谷、贾学书等分别具结或到庭证明历历（见侦查卷及附件乙），复经地检处及临参会派员查明无讹。实属罪证确凿，无可饰辩。虽该被告仍一再辩称，设立慰安所系向当地长官商量，并征求"慰安"妇女之同意，始行设立云云。

（然查）我国妇女及社会风尚，向无以肉体作慰劳之习惯，即本国行军，亦不能使其同意牺牲色相，况为敌军。且就其在南京强索妇女不遂杀人观之，尤足证所谓征其同意为虚饰。[1]

由于日军战败使大量销毁军队"慰安妇"的档案，"慰安妇"问题在"军事秘密"的名目下被深深地掩盖起来了。因此，尽管我们千方百计地收集资料，但目前要全面展示日军在南京设立慰安所的状况，还十分困难。尽管如此，我们仍可以从下面的统计中粗略地了解日军南京慰安所的概貌。

目前可以查实的南京日军慰安所的名称或地点有皇军慰安所、日华亲善馆（夫子庙，有4处）、故乡楼慰安所、浪速慰安所、大华楼慰安所（白下路213号）、共乐馆慰安所（桃源鸿3号）、东云慰安所（利济巷普爱新村）、浪花慰安所（中山东路）、菊花馆慰安所（湖南北路楼子巷）、青南楼慰安所（太平路白菜园）、满月慰安所（相府营）、鼓楼饭店中部慰安所（鼓楼饭店）、人民慰安所2处（贡院街海同春旅馆和市府路永安里）、惠民升安里慰安所、傅厚岗慰安所、上军南部慰安所（铁管巷四达里）、上军北部慰安所（铁管巷山西路口）、龙潭慰安所、四条巷慰安所、下关慰安所。在科巷、水巷洋屋内及珠江饭店等处均设有慰安所。[2]还有桃花宫、绮红阁、

---

① 《侵华日军南京大屠杀档案》，江苏古籍出版社 1987 年版，第 592、593 页。
② 柏芜：《今日之南京》，南京晚报出版社 1938 年版。

黄泥岗的这幢老房，是日军鼓楼慰安所的一部分，这里曾是日军在南京最著名的慰安所之一。（苏智良 1998 年摄）

浪花楼、共乐馆、蕊香院、春楼阁、秦淮别墅等 25 家汉奸或中国妓业主经营的向日军开放的妓院。涉及的日军部队番号有 16、15、114、116 师团等。

慰安所中主要是日本、朝鲜和中国的女子。如第 15 师团的慰安所里，朝鲜女子最多。而第 16 师团荻原部队里，有 4 个朝鲜"慰安妇"的慰安所，而中国"慰安妇"的慰安所更多，有 5—6 个。第 116 师团的工兵曹长证言表明，在南京他所接触的慰安所中，人数最多的是中国的"慰安妇"。[①]

1938 年，日军慰安所管理机构在发给其部队的《南京指南》的小册子中就有南京慰安所的地点和引导图。该指南由伪行政院宣传局新闻训练所编辑出版，所载的陆军慰安所有 9 家（见表 3-7）。

---

① 【日】《性と侵略》，第 139–141 页。

表3-7　南京的部分日本陆军慰安所

	地点	名称
1	白下路312号	大华楼慰安所
2	桃源鸿3号	共乐馆慰安所
3	利济巷18号普庆新村	东云慰安所
4	中山东路	浪花慰安所
5	湖北路楼子巷	菊花馆慰安所
6	太平路白菜园	青南楼慰安所
7	相府营	满月慰安所
8	鼓楼饭店	鼓楼慰安所
9	贡院东街2号	人民慰安所

资料来源：伪行政院宣传局新闻训练所编辑：《南京指南》。

毫无疑问，南京城里实际存在的日军慰安所比这一数字要多得多。经日本铭心会的调查，在惠民桥升安里，曾设有日军慰安所（其址今为下关区职工业余学校），时间约从1938年开始。[①]此后，日军的慰安所日益增多。1938年7月汉口出版的《宇宙风》杂志第71期指出："在（南京）城中设立17个慰安所，到外面强迫美貌女同胞作日人的牺牲品。在这些慰安所中，不知道有几万女同胞被蹂躏牺牲了。"[②]日本伊东圭一在《慰安妇与军队》一书中回忆说：也就是说，"我所住过的南京附近，有日本、朝鲜、中国三家慰安所，日本女性都在豪华的酒廊，以军官为服务对象。"[③]在1938年7月，至少有17个慰安所。直到1939年秋，南京"尚有25家名目繁多的妓院'桃花宫'、'绮红阁'、'浪花楼'、'共乐馆'、'蕊香院'、'秦淮别墅'，也供日军奸淫，……微风送来，一阵浪人寇兵嬉

---

① 【日】松冈環：《南京の"慰安所"をたずねて》，载《日本铭心会访华集》，内部刊印。
② 林娜：《血泪话金陵》，载《宇宙风》第71期，1938年7月。
③ 转引自《悲愤·血泪：南京大屠杀亲历记》，第201页。

笑的声音，夹着淫秽的歌声，震撼着整齐的马路，……春楼阁还用日文和中文大写道：从苏杭弄来的'如花似玉之姑娘，殷勤招待'日本士兵发泄兽欲。"① 在四条巷也有多家慰安所。②

关于日军在南京设立慰安所一事，在美国耶鲁大学图书馆内有不少传教士的见证。一名叫福尔斯特的美国圣公会传教士，时任南京圣保罗教堂的牧师，他在1938年1月24日的日记中写道：

> 一个日本领事馆的警察非常气愤，因为爱理生（美国的南京领事）向华盛顿报告他在南京大学找妇女洗衣，但该警察拒不接受愿意前往的妇女，而要求其他年轻美貌的女子，这就招致对他的动机发生严重的怀疑。有一天他也来到我们的房子，要求克拉（柏德希威洛夫，系一白俄人，协助福尔斯特牧师工作）供应中国年轻女子。克拉问他那上百的日本和朝鲜年轻女子，他们带到这里是为了什么？他回答说他们不要她们，而要中国的良家年轻女子。③

在该馆所藏的贝德士教授的文献中，复印有一幅广告，时间约在1938年，广告称："支那美人，兵站指定慰安所，第四日支亲善馆。在秦淮河附近，沿河向前行六百米。"贝德士附记道："这个特殊的两幅大牌示悬挂在中山北路，距新街口圆环不远，正竖立在一个大的女子学校对面，而宪兵司令部也在附近。"④

由于南京的慰安所种类繁多，管理混杂，为协调管理，1938年4月16日，驻南京的日本陆军、海军和领事馆方面举行联席会议。对"慰安妇"问题

---

① 《南京魔窟实录》，载《战地电讯》，1939年10月1日。
② 【日】《性と侵略》，第142页。
③ 《日军陷京后强征"慰安妇"——耶鲁大学史料证实》，载《日本侵华研究》第25辑，第95页。
④ 《日军陷京后强征"慰安妇"——耶鲁大学史料证实》，载《日本侵华研究》第25辑，第95页。

支那美人

兵　站　指　定

慰　安　所

第四日支親善館

是ジ川沿ニ己九方六〇〇米

南京的日军慰安所种类繁多。这是南京第四日支亲善馆的广告，它明确写明"亲善馆"是日军兵站指定的慰安所。（章开沅教授 1996 年提供，藏美国耶鲁大学图书馆）

做出如下决定：

陆海军专属的军队慰安所与领事馆无关；

关于一般人也能利用的慰安所，其老板方面由领事馆之警察管理，对出入其间的军人、军属则由宪兵队负责；

在必要的时候，宪兵队可以对任何慰安所进行检查、取缔；

将来军队也可把民间的慰安所编入军队的慰安所；

军队开设慰安所时，须将"慰安妇"的原籍、住所、姓名、年龄、出生及死亡等变动情况及时通报给领事馆。[①]

根据日军档案，第 15 师团军医部曾对其所属的"慰安妇"进行了 3 次调查，并在《卫生业务要报》中公布了检查的结果（见表 3–8）。

表 3–8　日第 15 师团对南京"慰安妇"的体检结果

年月	被检查人员（名）				不合格人员（名）		
	日本	朝鲜	中国	总计	日本	朝鲜	中国
1942.12	749	50	612	1411	8		7
1943.1	1007	113	513	1633	13	2	12
1943.2	948	51	557	1556	17		15

资料来源：【日】吉見義明主编：《從軍慰安婦資料集》，第 173—176 页。

从表 3–8 中分析得知：第一，在被检查的"慰安妇"中，按国籍区分，日本妇女有 2704 人次，占 58.79%；朝鲜妇女有 214 人次，占 4.65%，中国妇女为 1682 人次，占 36.56%。

第二，被检查的"慰安妇"共 4600 人次，其中患性病的"慰安妇"

---

① 【日】吉見義明：《從軍慰安婦資料集》，第 179 页。

只有 74 人次，患性病的比例只占 1.6%。由此表明，日军在大城市，对慰安所性病的预防还是比较有成效的。但是另一方面，"慰安妇"中的性病患者有缓慢增长的趋势。

第三，被检查出性病者，按国籍区分，日本妇女有 38 人次，中国妇女为 34 人次，而朝鲜妇女只有 2 人。由此推断，日本"慰安妇"多是国内娼妓征召而来，由此患性病者较多。中国"慰安妇"中也有部分是娼妓被强征为"慰安妇"的。因此，也有一些患有性病。只有朝鲜"慰安妇"多是良家少女，因此患性病者只有 2 人。

在考察了南京慰安所问题之后，我们可以得出以下简短的结论：第一，南京大屠杀前后，日军决定设置"慰安所"，也就是说陆军已承认短期击败中国的战略失败了，为了长期战争而不得不面对现实，即防止性病的蔓延，并解决军队的性问题，而给军队普遍配备"慰安妇"，从而形成了"慰安妇"制度。第二，关于南京最初的"慰安妇"征集，是在松井石根为首的日军华中方面军司令部命令下完成的。战后南京军事法庭对战犯谷寿夫的起诉书中也确认了其"强迫我国妇女作肉体之慰安"的罪行。[①]第三，就"慰安妇"的国籍而言，主要是日本、朝鲜和中国的妇女。日本"慰安妇"部分是由日侨妓业经营者携带着，跟随日军进入南京的，部分是日军在国内招募送到前线的；朝鲜"慰安妇"由日本内阁通过朝鲜殖民地行政、警察系统诱骗输运到中国的；而中国"慰安妇"大部分是日军在南京及江南地区掳掠而来的。最后，自 1937 年底日军占领南京后直到 1945 年 8 月战败为止，日军的慰安所遍及这个城市的各个角落。本书记录的数十个慰安所还只是冰山之一角。这些慰安所既有日军直接经营的，也有日侨管理的，还有汉奸出面建立的。因此可以说，南京是第二次世界大战中日军实施"慰安妇"制度最完善的城市之一。

南通 日军华中方面军占领南通后，即在该市设立了慰安所，日本随

---

① 中央档案馆等编：《南京大屠杀》，第 717 页。

军记者小俣行男随着作战部队到达南通时，他吃惊地发现在东京部队的驻地已设有一个慰安所，大门上写有"吉原"两字，进门后是个大池塘，四周是土墙垒的房屋，士兵与日本"慰安妇"们正在打闹。部队开拔时，还挑走了几个最漂亮的"慰安妇"。[①]部队在向南京挺进途中，随意抓捕中国女子，设立临时慰安所。到三仓河小镇时，小仓队长即向维持会提出"需要姑娘"。维持会的代表只得表示："这个镇没有妓女，可以从附近的村庄中找些良家姑娘。"于是，几天后，十多名良家少女被押到日军驻地，在较大的民房里，慰安所就这样开张了。[②]1938 年，日军第 101 师团到南通驻防，慰安所的民间经营者立即带着朝鲜"慰安妇"赶来了。部队即把她们安置在东门外的民居里，供下士官兵使用。第 101 师团还在城内设立一家慰安所，征用中国妓女，为军官服务。[③]

苏州 1937 年 11 月 19 日，日军第 9 师团占领苏州后，便在街上横冲直撞，放火杀人，奸淫掳掠。他们命令当地的土棍、劣绅，每天须供应一批女人，致使"多少贞节忠烈的女同胞投河悬环尽了节"。[④]这种事例不胜枚举。中国国民政府军事委员会政治部在《日寇暴行纪略》一书中记载："他们每到一处，无不庐舍为墟，死人累累，把繁华的闹市，化作废墟。这凄凉的景象，对于'远征'的'征人'未免太寂寞了，于是他们便想起了这以美人著称的名城的女人了。他们逼着维持会的汉奸，四处搜罗妇女，替他们'解除寂寞'；丧心病狂的汉奸们，居然也于数日奔走之后，找来了 200 多名可怜的女同胞，关在一个大庙里，整天不能穿上衣裤，任凭川流不息的兽兵，作大规模的'集团奸淫'。这种耻辱和痛苦，自然是受不了的，于是每天就有自杀的事情发生了。自杀的增多，是说明着'慰安者'的减少。在兽兵们看来，饭倒不妨少吃两顿，但'慰安者'却少不得一个。

---

① 【日】小俣行男：《日本随军记者见闻录》，第 23 页。
② 【日】小俣行男：《日本随军记者见闻录》，第 25 页。
③ 【日】井上源吉：《战地宪兵》，转引自矢野玲子著，大海译：《慰安妇问题研究》。
④ 王宏道：《今日之苏州》，载《半月文摘》第 3 卷第 3 期，1939 年 1 月 25 日。

于是他们就用恐吓手段，禁止那些不堪蹂躏的女同胞们自杀。然而那深重的痛苦，不是恐吓所能减轻的，自杀的人，不但未因恐吓而减少，而且还一天比一天多！这可使'皇军'不耐烦了，他们就选了一个暗无天日的日子，把那些一息仅存的百余个可怜的女同胞，一齐押到虎丘山旁，用连珠一般的机枪，'痛快'地扫射，顷刻之间，那百余个被蹂躏的女人们，全送了她们的性命。"① 有2000多名苏州女子被日军掳掠去供其奸淫。② 一个老兵回忆说："南京陷落后不久去苏州时，听到这里也开设有慰安所。"③ 历史学家唐德刚在《战争与爱情》中也曾记述日军占领苏州后，将一批中国妇女锁在空房里，组成临时慰安所而日夜轮奸，饿了，日兵便丢给她们一个"便当"或几块中国烧饼，维持不死。后来这些妇女被北方来的伪军接收了，伪军向日军学习，组织了随军营妓院，这些妇女有的成了伪军轮奸的对象。④ 此外，日军还把掳掠来的苏州妇女2000多人，送至上海等地的慰安所。

无锡　日军进入无锡后，进行了疯狂的烧杀抢掠，有3000多名颇有身份的中国妇女被掳掠到外地，然后分配到各部队的慰安所。

镇江　1937年12月9日，日军进入镇江市区，在旧武庙保安处医院内，日军设立了"关东武妓院"，这实际上是仅供日军军官出入的慰安所。而没有资格入内的士兵们，只能在城内抢掠中国妇女，为所欲为。后来日军也设置了供士兵使用的慰安所，里面全部是被掳掠来的中国女子，慰安所还专门有军用卡车接送士兵。⑤ 一个老兵回忆，1938年的6月，"镇江是初来乍到，谁也不知方位。士兵们奇妙地找到了一个地方，那就是慰安所。身着中国服装的十五六岁左右的姑娘们或蹲或站在门前。进走廊转了一圈，又回到入口处的收费处前面。待人齐了以后，先遣队的指挥市村军

---

① 国民政府军事委员会政治部：《日寇暴行纪略》，1938年。
② 【日】矢野玲子著，大海译：《慰安妇问题研究》，第51页。
③ 【日】佐佐木元胜：《野战邮便旗》，现代史出版社1973年，第247页。
④ 唐德刚：《战争与爱情》，人民文学出版社1991年版，第263-264页。
⑤ 【日】《性と侵略》，第127页。

曹得意地说：'好了，全权交给我，反正我都设好营了！'他什么营都设，连女孩子都安排了。"①1984年，日本记者多胜一在朝日新闻社出版的《JOURNAL》杂志上发表《进军南京的路上》一文，揭露日军在镇江掳掠中国妇女设立临时慰安所的罪行。"妇女是首当其冲的被害者，不管什么手段，即便是年老的也无一幸免。从各村庄抢来的妇女一齐分给军队，一个女人供15—20人。在仓库周围，只要是太阳照着的合适场所，用带叶的树枝搭个场子，士兵们拿着盖有中队长图章的所谓的'红券'排好队，脱下兜裆裤……。"②从1943年2月日军第15师团对所辖慰安所的卫生检查情况来看，其慰安所除了南京以外，还有芜湖、镇江、金坛、巢县和溧水。

扬州　1937年12月18日，日军占领扬州后，立即要求当地的汉奸组织维持会提供军妓供其淫乐。据时任日军第3师团卫生队担架第3中队队员的杉野茂回忆，他是日军慰安所的开设委员之一，他们和维持会一起，首先在一座当时叫作"绿杨精舍"的4层木楼里设立了慰安所。内有47名被抓来的不幸的中国女子，她们成了日军的性奴隶。③在仙女庙镇，日军在一所巨宅内囚禁了30多名年轻的中国妇女，以供日军日夜蹂躏，一些日军军官还命令仙女庙镇的浴室提供60名女擦背，为其提供特殊服务。拖街头妇女到浴室共浴并强奸的事情也时有发生。此外，日军官兵还亲自上街抢劫妇女，"日军响着皮鞋，居民每闻皮鞋声音，即相顾失色，知所戒惧，妇女更从而隐匿。近来敌兵每于夜间，改着胶底鞋，踰墙而入，以便奸淫抢夺。"④不知有多少无辜妇女惨遭蹂躏。

常州　常州的日军驻屯部队慰安所早在1938年1月20日就开设了日军直营的慰安所。最著名的一家设在日华会馆南侧的围墙里，它明确规定

---

① 【日】冈本芳雄：《山河涉》，朔河志社1991年版。
② 转引自李秉新、徐峻元、石玉新主编：《侵华日军暴行总录》，河北人民出版社1995年版，第630页。
③ 【日】《第三师团卫生队回顾录》，转引自吉见义明、林博史编：《共同研究　日本軍慰安婦》，第77页。
④ 《中央日报通讯》，载《半月文摘》第3卷第3期，1939年1月25日。

"不得以中国人为顾客"。日军独立攻城重炮兵第二大队于1938年3月制定了《常州驻屯时期内务规定》，十分详细，共17章。第九章为《慰安所使用规定》，其中说，为了缓和"慰安妇"的紧缺及整肃军纪，在日华会馆设立慰安所，各部队使用时间是：

星部队	星期日
成田部队	星期六
栗岩部队	星期一、二
阿知波部队	星期五
松村部队	星期三、四
村田部队	星期日

营业时间从上午9时到下午6时，每月的15日为慰安所的公休日。所付价格依照"慰安妇"的国籍而定：中国"慰安妇"，每次1日元；半岛"慰安妇"，每次1.5日元；日本"慰安妇"，每次2日元。慰安所的纪律有：一、慰安所内禁止饮酒；二、须支付金钱并遵守时间；三、对营业者不得有粗暴行为；四、有酒气者严禁入内。五、营业者即所有的"慰安妇"，除得到特许外一律不得外出。为防止性病，实行严格的检查，每周的星期二、星期五为检查日，检查时间为上午8时至10时，检查主任由第四野战医院的医官担任，各队的医官作辅助工作。慰安所的安全由宪兵慰安所分遣队负责。[①]而且，在等级森严的日军内部，即使是去慰安所发泄兽欲，官兵也有区别，不仅在时间上分开，而且，慰安所的入口专门有士兵、下士官的出入口和将校的出入口，以保证军官与士兵绝对不会在这里见面。

日军占领如皋后，便立即设立了一批慰安所。日军把几家大民房改建为临时慰安所，从当地弄来七八个良家妇女，由日军特务机关的翻译负责

---

① 【日】吉見義明编：《從軍慰安婦資料集》，第205-208页。

江苏如皋的"慰安妇"制度受害幸存者周粉英老人，曾在
如皋白蒲镇慰安所遭受迫害。（苏智良2007年摄）

管理。[①]1938年2月19日，日军再度入侵溧阳县后，四出掳掠，并肆意蹂
躏当地妇女。日军将抓到的50多名妇女轮奸后，带回驻地，裸体囚禁在
空房内，形成一个临时慰安所，一到晚上，日军士兵蜂拥而入，强行奸宿。
后来这些可怜的女子不是被奸杀，就是被日军溺毙而亡。[②]4月下旬，日军
侵占盐城，即肆意侮辱妇女，略有姿色的年轻女子被抓走后，先是被蹂躏
一番后，再关进城内的迎宾旅馆，这里成了慰安所，日军各部队昼夜来此

---

① 【日】小俣行男：《日本随军记者见闻录》，第29页。
② 《野兽在江南》，前线日报社，1938年；转引自章伯锋、庄建平主编：《抗日战争》第7卷，
四川大学出版社1997年版，第180页。

渲淫。在入侵高淳县后，日军把一些当地妇女捕入驻地，然后逼令她们脱光衣服，赤身裸体地为其跳舞，寻欢作乐。[①]在阜宁县，日军在据点中设立了慰安所。1943 年春，日军扫荡益林，益林汉奸、维持会会长等败类为讨好日军，在仁泰烟庄设立慰安所，从四乡抓来农村女子，供日军淫乐。[②]

吴港也有日军慰安所，一个日军老兵回忆："听说在三里远的地方设立了慰安所，有'大和抚子'队的 7 名队员，各队立即确定了去的日期。卫生队当天就有 35 名报名者，我也跟着带饭前去。……慰安所分在 7 处，没有门，只挂着草帘子。大伙先吃了午饭，然后按分队在帘子前面排成一列。一名平均 5 分钟，有上公共厕所之感。尽管如此，大伙都满足而归，回来的路上多花了一倍的时间。"[③]

在徐州的日军慰安所里 50% 是中国女子，30% 是日本女子，朝鲜女子只占 20%。[④]1943 年 2 月，溧水的慰安所中，均为中国"慰安妇"，达 30 人，内有 12 人已患性病。[⑤]

五、浙闽赣的"特种妇女"

杭州 1937 年 11 月日军占领杭州后，即设立了慰安所，而且不止一个，一个老兵回忆，他所经历过的就有日本人慰安所、朝鲜人慰安所以及中国人的慰安所。[⑥]日军 18 师团是最早占领杭州的日军部队，据该师团通讯队小队长田中笃（1993 年 85 岁）回忆：当他在 1938 年初到达杭州，这里已有一些慰安所了，"慰安妇"中日本人和朝鲜人各占一半，部队与慰安所的联络由副官负责。日军还大肆掳掠妇女，约有 2 万名当地妇女被抢夺，

---

① 《腥风血雨——侵华日军江苏暴行录》，江苏文史资料编辑部 1995 年版，第 167 页。
② 《腥风血雨——侵华日军江苏暴行录》，江苏文史资料编辑部 1995 年版，第 429 页。
③ 【日】冈村俊彦：《榾火》，转引自矢野玲子著，大海译：《慰安妇问题研究》，第 108 页。
④ 【日】《性と侵略》，第 146 页。
⑤ 【日】吉見義明主编：《従軍慰安婦資料集》，第 277 页。
⑥ 【日】佐佐木元胜：《野戦郵便旗》，现代史出版社 1973 年，第 247 页。

第 3 章 "慰安妇"制度的展开（一）/　　127

日军曾在杭州的泗水新村设立慰安所，这是泗水新村的大门。（张姚俊 2004 年摄）

日军将这 2 万名妇女根据外貌和年龄，分上、中、下三等，并编上号码，然后有计划地供应给日军各部队的官兵发泄，其中相当部分沦为了"慰安妇"。[1]

1938 年，根据日本杭州领事馆警察署的调查，日本侨民在慰安所工作的男性为 4 人，"慰安妇"为 36 人。朝鲜人和中国人则没有统计。[2] 实际情况恐怕要大大超过这个数字。1939 年 2 月，有 3 家日侨开设的慰安所在日军中颇有名气。一个是"关门亭"，在慈幼路泗水新村，其投资为 35000 元；一个是"长生楼"，开设在长生路湖边村 8 号，资金仅 2000 元；还有一个是"鹤屋"，与"长生楼"比邻，在湖边村 39 号，规模更小，投资仅 1500 元。[3]

---

① 孟国祥、喻德文：《中国抗战损失与战后索赔始末》，安徽人民出版社 1995 年版，第 139 页。
② 【日】吉见义明主编．《從軍慰安婦資料集》，第 187 页。
③ 【日】吉见义明主编：《從軍慰安婦資料集》，第 264 页。

日军在浙江的湖州、富阳、嘉兴、定海、象山、金华和宁波等地方设立了不少日军慰安所。根据日军第 10 军参谋山崎正男少佐的日记，早在 1937 年 12 月 18 日，日军第 10 军就在湖州设立了由中国女子担任"慰安妇"的慰安所。"先行的寺田中佐指挥宪兵，在湖州开设娱乐机关。最初是 4 名（'慰安妇'），从今日开始增至 7 名。由于尚有恐怖心，'服务'亦不完善。但只要彻底实施保证生命安全，肯定支付金钱，不过于驱使的话，希望者会逐次增多，据说宪兵已募集了百人左右。"[1]1937 年 12 月 24 日，日军占领富阳县城后，便在县城中心的城隍庙设立慰安所，他们将数百名抓来的妇女押入，昼夜随时淫乐，不久有 9 名"慰安妇"被杀死。[2]1938 年初，侵入嘉兴的日军在王店镇的徐家大房子里办起慰安所，抓年轻女子，专供日军蹂躏。[3]日军自 1939 年侵入舟山，攻占定海后，便在城内的光裕里设立多个慰安所，强迫 100 多名妇女供其淫乐，这些慰安所存在了好多年。[4]1942 年 6 月，日军攻入象山县后，掳掠当地妇女设立"军妓院"、"行乐所"和"慰安所"。[5]是月，日军第 62 旅团侵入金华后，立即设立了多处慰安所，如城内的雅堂街一条路上就有花月、菊水等 5 家。内有不少是当地妇女，她们日夜糟日军蹂躏，苦不堪言。[6]交通大学退休教授陶裕民 1928 年生于宁波，他回忆在宁波东门的中山东路、新江桥交叉处，日军设有一个慰安所，临街的门口设有铁门，里面的女子穿着和服，脸上涂着白粉。每天日军军官川流不息。这个慰安所存在的时间在 1942—1945 年。另外，在宁波甬江北岸的码头区，有个当时宁波最高级的饭店叫大同饭店，战争期间，这里实际上也是日军军官的专用慰安所。[7]

---

① 转引自【日】矢野玲子著，大海译：《慰安妇问题研究》，第 226 页。
② 李秉新等编：《侵华日军暴行总录》，第 768 页。
③ 《嘉兴文史资料》第 1 辑，第 58 页。
④ 《定海县志》，浙江人民出版社 1994 年版，第 634 页。
⑤ 李秉新等编：《侵华日军暴行总录》，第 791 页。
⑥ 李秉新等编：《侵华日军暴行总录》，第 804 页。
⑦ 笔者采访陶裕民先生的记录，1997 年 7 月 10 日。

日军侵占浙西各地后，即以各种手段掠夺妇女，他们最常用的一种掳拐妇女方法，就是"由汉奸冒充沪上某某大工厂招女工，于是一辈乡间贫苦无知妇女，为生活所迫，纷纷前往应募。敌后唆使汉奸择稍有姿色者录取，旋即用轮运往上海虹口，贩售于日鲜（朝鲜）浪人所组织的妓寮为娼，从此永陷火坑，供敌泄欲。"①

福州 日军 1941 年 4 月 22 日占领福州后，即在城内设立了许多慰安所。他们还在仓前山等地抓到很多妇女，然后集中于烟台山乐群楼的外侨俱乐部，作为慰安所，供其随时糟蹋，大楼内不时传出被辱妇女的凄惨哭声。鼓楼区妙巷 37 号以及南街郎官巷的一家绸缎店也被日军强占为慰安所。为了预防性病，日军还在塔巷建立随军卫生检查所。②1941 年 4 月至 1945 年 5 月间，日军占领连江县时，曾将县城花坪坊居民游学筠的家改作慰安所，日本军官西岗规定每周的三五两日为"行乐日"。6 月，约 4000 日军由霞浦进入福鼎，一路上强行掳掠妇女随军，以便随时奸淫。③

厦门 1938 年 5 月，日军侵入厦门，便很快在周厝巷等地设立了一批海军慰安所，名字有"钡乃"、"安田"、"明月"等。艺妓由日本女子担任，还拐骗贫苦的中国女子担任女招待，受尽日军的侮辱蹂躏。④根据日本厦门领事馆是年 10 月 1 日的统计，城内的海军慰安所里有从业员 4 人，"慰安妇" 13 人，均为日本女子。⑤这一统计显然没有将中国的女招待计算在内。慰安所在厦门存在的时间是相当长的（见表 3-9）。

① 翁北溟：《血债》，载《胜利》第 7 号，1938 年 12 月 24 日。
② 李秉新等编：《侵华日军暴行总录》，第 892 页。《鼓楼文史资料》，第 1 辑，第 14 页。
③ 李秉新等编：《侵华日军暴行总录》，第 890、881 页。
④ 《厦门文史资料》第 4 辑。第 108 页。
⑤ 【日】吉見義明编：《從軍慰安婦資料集》，第 259 页。

表 3-9　日本厦门总领事馆管辖内的"慰安妇"

年月	职业	厦门	职业	厦门
1941.7	"慰安妇"	2	艺酌妇	13
1941.8	"慰安妇"	2	艺酌妇	14
1941.12	"慰安妇"	1	艺酌妇	3
1942.3	"慰安妇"	2	艺酌妇	4
1942.4	"慰安妇"	3	艺酌妇	5
1942.9	"慰安妇"	2		

资料来源：【日】《支那事变二际シ邦人ノ渡支制限并取缔关系暂定处理要纲渡支邦人暂定处理二关スル统计报告》，吉見义明编：《従军慰安妇资料集》，第54页。

连驻扎在海岛上的日军也设立了慰安所。如金门岛。1945 年 10 月 14 日的《新华日报》以"金门人民控诉日寇暴行要求严惩战犯"为题，揭露说："日军在金门罪恶滔天。该地日军人数最多时达一万六千多，因之全县各乡都受蹂躏，市区设有慰安所三处，各乡则以驻有人数多少，分别设置，勒令保长按户轮流派送妇女。"可见，被掳为中国"慰安妇"的妇女人数是相当多的。

江西　日军侵入江西省后，也曾设有各种慰安所。在余干县，日军将搜捕来的一批女子集中起来，组成临时慰安所。日军不准妇女们穿衣服，一律赤身裸体地供日军官兵淫乐。[1] 日军占领九江后，在该城设慰安所 24 家，据 1938 年 11 月 1 日的统计，日本人的"特种妇女"也就是"慰安妇"107 人，朝鲜"慰安妇"143 人。[2]12 月，日本九江领事馆的调查表明，在该城的 557 名日侨中，"慰安妇"达 222 人，占 40%。[3]次年的 5 月 1 日，日驻九江领事馆的调查，慰安所计 11 家，日本人"慰安妇"125 人，而朝鲜"慰安妇"104 人。九江附近还曾出现过十几家慰安所形成的慰安街。

---

① 李秉新等编：《侵华日军暴行总录》，第 840 页。
② 【日】吉見义明编：《従军慰安妇资料集》，第 260 页。
③ 【日】吉見义明编：《従军慰安妇资料集》，第 186 页。

一个老兵回忆，1941 年，"一路过（九江）甘棠湖畔的宪兵分队，就是邻次栉比的慰安街。拥有日本、朝鲜和中国等各国'慰安妇'的十几家慰安所排成一列。再前面，是甘棠湖畔的军官俱乐部（军官慰安所——原注），日本人居住区一直延伸到日华庄料亭。"①

1939 年 9 月 1 日时，南昌有特种慰安所 11 家，其中日本人"慰安妇"11人，而朝鲜"特种妇人"达 100 人。②1940 年日军又建立了名为"乐户"的慰安所。③

南昌作战结束后，第 106 联队的一个日军中队侵入到安义县，中队长召集当地的村长，威胁他们说："每个村庄都要交出一个女人！"结果日军抢到 8 名中国女子开设了临时慰安所，40 岁的中队长自己挑选了一个最美的姑娘供自己专用。④1945 年 1 月 20 日，日军窜入永新县境内，将许多妇女抓去充当了"慰安妇"。⑤

六、湘鄂皖的慰安所

湖南 1938 年底，日军第 11 军南犯岳阳，此后盘踞县境达 7 年之久，全县被奸致死的妇女达 5000 人以上，日军还在黄沙街、吴胡驿（今称五垸乡）等地设立慰安所，强逼青年妇女充当"慰安妇"。吴胡驿慰安所建于 1939 年 10 月，最初里面有 14 个"慰安妇"，其中岳阳当地妇女 4 人，湖北妇女 2 人，朝鲜妇女 8 人。这个慰安所由日军第 11 军的一个大队管理，而其经费支出却由维持会向民众摊派。在日军的蹂躏摧残下，这些"慰安妇"个个面黄肌瘦，形容枯槁，有的后来被折磨致死。一次，日军宣抚班长清

---

① 【日】井上源吉：《戰地憲兵》，转引自矢野玲子著、大海译：《慰安妇问题研究》，第 108 页。
② 【日】吉見義明编：《從軍慰安婦資料集》，第 82 页。
③ 【日】吉見義明、林博史：《共同研究　日本軍慰安婦》，第 82 页。
④ 【日】前 106 联队　等兵熊本，小田亚纪夫语，载《朝日艺能》，1971 年 5 月 27 日。
⑤ 《永新文史资料》第 1 辑，第 156 页。

水与一日军中队长为争夺一名李姓"慰安妇"发生争执，清水强行脱光李的衣服，让李站在谷场上，并提一桶冷水灌入李的口鼻内，再用皮靴使劲地蹂踏，最后放出狼狗将李咬得血肉模糊而死去。[①]

1942年1月，日军占领了湖南省会长沙，随即设立了一批慰安所，慰安所多在日军部队的营地周围，"慰安妇"很多是朝鲜妇女。1943年10月，日军第4师团占领华容县后，在各地遍设据点，这些据点中，"都关押着不少青年妇女，供其淫乐。"[②]1944年5月，日军第68师团占领株洲，在朱亭镇他们与维持会合作，设立了一个慰安所，抓得10多名当地妇女供其淫乐，后来有8名"慰安妇"丧生[③]。1944年，日军进占宝庆城，日军第116师团后方主任参谋立即命令驻宝庆的宪兵队长山田定准尉寻找中国妇女，准备开设慰安所。山田定令曹长与汉奸合作找来10多名中国女子，他把她们交给了后方主任参谋，不久，日军祈盼的师团慰安所便开张了。在长沙和衡阳，日军的兵站自己经营着慰安所。在安化，日军野战医院管理着"特殊慰安街"。[④] 同年，日军在湘潭的谷河设立一个慰安所，内有中国和日本的"慰安妇"，日军官兵经常买票进去淫乐。[⑤]在临湘的火车站前，"出现了日本人开的两家店，其中的一家叫'朝日屋'的食堂，使用三四名姑娘，另一家是一对中年日本人夫妇开设的'安卷屋'。这样，在东西两侧都有了慰安所。一间是日本和中国女子的混合；另一间则是朝鲜女子，两个慰安所都十分热闹。"[⑥]1945年1月16日，日军第11军独立第88旅团侵入宜章，一路杀人放火，奸淫掳掠。占领广西全县后，强迫县内每日送100担大米和10名姑娘充当"慰安妇"。[⑦]这使得数以百计的少女改变

① 李秉新等编：《侵华日军暴行总录》，第1010页。
② 李秉新等编：《侵华日军暴行总录》，第1006页。
③ 李秉新等编：《侵华日军暴行总录》，第10页。
④ 【日】《性と侵略》，第148、160页。
⑤ 《株洲文史》第7辑，第155页。
⑥ 【日】榎本秋男：《私の中国戦記》，自印本，1972年。
⑦ 李秉新等编：《侵华日军暴行总录》，第1058页。

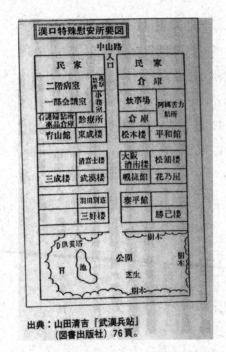

出典：山田清吉『武漢兵站』
（図書出版社）76頁。

日本兵绘制的汉口慰安所的示意图。
（山田清吉《武汉兵站》，图书出版社，第76页）

了人生道路。

武汉 1938 年 10 月，日本华中方面军占领武汉，11 月 3 日，第 2 军司令官东久迩宫的部队负责对汉口和汉阳的警卫。第 2 军立即实行慰安所制度。12 月 10 日，该军司令部在机密的军队状况中指出：为了发挥皇军本来的面目，军人除是前往慰安所之外，其他目的一律不得外出。① 时第 2 军人数达 134000 人，为了"发挥皇军的本来面目"而设立的慰安所究竟有多少呢？这已是历史之谜了，但是有一点是可以肯定的，即总数是绝对不会少的。从零星的资料也可以一窥其历史的真相。第 11 军在武汉的慰安所比第 2 军更多。他们接收了中山路附近的积庆里的 68 户住房，建立了一批慰安所，其密集程度为日军占领区所少有，"慰安妇"都是来自大阪的松岛、飞田，神户的福原、广岛的羽田别墅的女子。战后有很多士兵回忆曾在那里玩乐。在汉口中山路的"石子铺的路上，中国人来来往往，纷杂中有一盲妇领着一个幼儿，发出可怜的乞求声在乞讨。载着姑娘的洋车飞快而过，里面的路边设有一家又一家的将校俱乐部（慰安所——原注）。""汉口闹市的后面，有二十余家慰安所，形成一条花街，士兵们都聚集在这儿。房子的墙上涂有白颜色，宪兵们控制着出入口。"② 时任第 11 军司令官的冈村宁次在回忆该军的情况

---

① 【日】吉見義明编：《従軍慰安婦資料集》，第 213 页。
② 【日】佐佐木元胜：《野战邮便旗》，现代史出版社 1973 年，第 212 页。

时也指出，在进攻武汉的部队中，几乎都有"慰安妇团"随行，像第6师团，尽管有"慰安妇团"同行，但是仍发生了强奸案。

1938年11月，日军统计汉口有"慰安妇"8人，武昌则为16人①。实际的情况当然不止这些。仅在武昌的斗级营全街的慰安所里，日军逼迫大批中国妇女充当"慰安妇"，每逢星期天，日军"成群结队来此发泄兽欲。"②有个士兵在战后回忆，1938年11月"弓指君领着我去参观慰安所，转了两三处，都是大满员的状态，心急如焚的士兵们排着队，轮到的人脸上露出笑容。"③在汉口积庆里，竟有12个慰安所，仅每个慰安所的朝鲜"慰安妇"就有10—20人，受害者河君子当时只有17岁，她回忆积庆里的门口有大铁门，"慰安妇"们不能自由出入，每天日军士兵排队前来，第一天就被3个日本兵糟蹋了，痛苦不堪。④到1939年2月，汉口一地就有日军管理的慰安所20家，⑤当时，"敌军到了武汉，边将'随营娼妓'集合起来，指定区域居住，名为所谓'陆军公娼区'、'海军公娼区'，如老联保里、新联保里、生成里，以及特一区已烧去二分之一的六合里，现在都是公娼区。敌军在汉抢掠的我国女同胞，奸淫以后便送到公娼区里去卖笑，在这些淫窝中和那些魔窟中一样，是充满了黑暗、惨痛和残酷的景象。"⑥这些"慰安妇"来自日本大阪的松岛、飞田及神户的福原、广岛等地的妓院。武汉地区的慰安所一直开至日军战败，前后历6年余。日本海军还专门设置"海军特殊慰安所"。此外，还有当地妓业主设立的供日军行乐的妓院。其名称有同怀、文明、新新、侠洲、武汉、陈公和、维新、龄鹤等，妓女有周菊英、王金花、陈寿弟等数十人。如秦晋荣设立的武汉旅馆内，竟有

---

① 【日】吉見義明编：《從軍慰安婦資料集》，第263页。
② 《武汉文史资料》，第32辑，第88页。
③ 【日】浜崎富藏：《满身是泥的士兵》，自印本，1970年。长泽健一：《漢口慰安所》，第48页。
④ 【日】《女たちの21世纪》，第3期，1995年6月。
⑤ 【日】吉見義明编：《從軍慰安婦資料集》，第119页。
⑥ 延安时事问题研究会编：《日本帝国主义在中国沦陷区》，第279页。

十五六岁的少女，他经常向日军士兵做宣传："我们这里弄来的全是些年轻水灵的。"①

1940年秋，日军占领宜昌时，一支警备部队驻扎在当阳的一个叫鸦鹊岭的山村。部队刚到，慰安所也准备就绪了。小小的村庄里竟开设了3家慰安所。一个叫"晓馆"的，备有日本和中国的"慰安妇"。其余两个名为"紫罗兰庄"和"五月庄"，里面均是朝鲜女子。作为这支部队长官的中佐黑田兵马自己拥有一名年轻美貌的专用"慰安妇"富子。②

估计湖北各地慰安所的数量是很多的。日军第3师团在武汉战役结束后，驻扎于应山，并开设了一个特殊慰安所，所内有十几个房间，里面有许多年轻漂亮的日本"慰安妇"。这些女人白天招待士兵，晚上陪军官们喝酒，半夜便和军官同床共眠。因为有了这个慰安所，连这条街也被称之为"特慰街"。③1938年10月30日，日军侵占嘉鱼县鱼岳镇后，立即设立慰安所，掳掠当地及外地女子，供其蹂躏。④赤星昂在《江南春远》一书中记载道，同年的安徽当涂的街上，"设立了日本人经营的食堂，慰安所也有日中两国人开设的，很久没有花钱的去处，这回有开销的地方了。""士兵们在门前高呼'万岁'，'万岁！'出去一看，原来身着各种颜色服装的娘子军们，分乘两台卡车驶了过去。"在荆门日军司令部的所在地，只隔两三栋房子，就有一家慰安所，"'慰安妇'有朝鲜人和当地的女子共四五十人。"⑤1940年，日军第4师团在师团长山下奉文的率领下，在安陆、宜兴一带与中国军队作战，尽管战斗十分激烈，但随军"慰安妇"仍跟着部队行动。⑥1942年，日军占据洪湖新堤、峰口后，便设立专供日军军官淫乐的慰安所。他们把从四乡抢来的少女或青年妇女关押在慰安所内，随

---

① 【日】千田夏光：《従軍慰安婦》，第98—103页。
② 【日】金一勉：《天皇の軍隊と朝鮮人慰安婦》，第124页。
③ 《悲愤·血泪：南京大屠杀亲历记》，第159页。
④ 《嘉鱼文史资料》，第1辑，第60页。
⑤ 【日】森金千秋：《悪兵》，丛文社，1978年。
⑥ 【日】《性と侵略》，第121—122页。

时供其奸淫、摧残，常常是六七个日军接连对付一个"慰安妇"，致使这些妇女求生不能，求死不得。日军军官还时常强令"慰安妇"不穿衣服，裸体摇摆、仰卧、爬行，稍不从令便是毒打。一个姓高的年轻寡妇，被日军抢来后，几天几夜没有穿裤子，遭日军肆意蹂躏，后虽经家人花巨款赎回，但从此卧床不起，两年后抱恨而死。王家洲的妇女不堪凌辱，咬死日军吉川后，被日军用汽油活活烧死。[①]日军罪行可谓罪恶累累，罄竹难书。在武昌附近的纸坊，"慰安所都是土坯子盖的又脏又破的房子，门口遮着苇席、草帘子。尽管很脏，但是，有很多士兵仍一边自嘲说'好像去公共厕所，'一边去光顾。"[②]

安徽 1937 年底，日军逐渐占领安徽省，并在全省各地建立了一批慰安所。12 月 10 日，日军第 18 师团占领芜湖后，便大肆侮辱中国妇女，他们特别注意搜索女子，哪怕是见到白发苍苍的老妪也会一哄而上。当日军刚刚建立占领秩序后，便委托汉奸们组织"治安会"，日军交给该会最大的任务就是搜罗妇女。这项任务由"芜湖中央治安维持会"会长任凤昌负责。由于汉奸们人熟地熟，很快就搞到很多当地的年轻女子和由宜兴逃难至此的少女。日军把最年轻漂亮的姑娘集中起来，设立了俱乐部，供军官们侮辱；其余的则押送到兵营，让日军士兵泄欲，日军的整个兵营成了临时的大慰安所。

芜湖第三区的汉奸崔一平指使地痞姬斌等搜罗妇女，丧尽天良的姬斌到处威胁居民，最后抓获 16 名年轻女子带入下二街凤宜楼旅社，这是日军在芜湖市建立的第一个公开的慰安所。不久增加到七八十人，最大的近40 岁，而最小的只有 14 岁。为了防止中国妇女逃跑，日军昼夜站岗。凤宜楼慰安所于 1938 年 1 月营业，从每周一至每周五的上午 8 时至下午 6 时为日军士兵开放时间，每周六和周日则是日军官佐的开放时间。进所日

---

① 李秉新等主编：《侵华日军暴行总录》，第 1123 页。湖北《洪湖县志》，武汉大学出版社 1992 年版，第 438 页。

② 【日】星野博：《衡阳最前线》，丛文社 1986 年版。

军每人须手持军票 1 元，购一块码牌，然后凭牌入室，时间为 30 分钟。所内的中国妇女每人每天至少被日军蹂躏达 10 余次。而且，晚上还要陪日军官佐过夜。此外，日军高级军官如需要年轻美貌的女子，则由姬斌等临时到外强征，然后再由姬亲自送往日军官佐住处。总计在该慰安所内被蹂躏的中国妇女达 200 人以上，连尼姑庵里的年轻尼姑也被抓入慰安所。慰安所里的妇女每月只能洗 3 次澡，每次去寺码头浴室洗澡，前后由日军士兵押送，犹如犯人。这些中国女子们受尽折磨，有一名妇女不堪忍受这非人的摧残，乃至跳楼自杀。

当年被哄骗到凤宜楼慰安所去的王氏于 1951 年控诉道："民国二十六年（1937 年）旧历十一月初八那天，日本鬼子到了芜湖，便到处放火，杀害爱国志士，奸淫妇女，无恶不作。那时，我就住在戏院后面的一所民房里，看见四周的民房起了火，而且鬼子又到处抓找花姑娘，把我们弄得无处藏身。后来我的一个朋友见我一个人带着两个孩子躲在家里，恐怕要被鬼子发现，便叫我躲到大戏院里……在那里躲了 27 天，却给姬麻子（即姬斌——引者注）那坏蛋发现了。他特地来找我，恐吓我，对我讲：'你躲在这里不成的，要是给鬼子找到了，就要把你杀掉。'接着又假仁假义地欺骗说道：'你还是跟我到凤宜楼去躲吧，那里有人守卫，有人保护你，日本鬼子是不会到那里去的。'那时候我还以为他是好人，便跟他到那里去了。到了凤宜楼，我便被关在一间房间里，可怜那里一共关了七八十个女同胞……姬麻子强迫我们给鬼子玩弄、奸淫，我们不答应，他就拿刀来威胁我们……我们整天受着鬼子的侮辱，但我们由皮肉换来的代价却给姬麻子整个的剥削去了。他是发财了，他整天陪着鬼子饮酒作乐，大鱼大肉是他的家常便饭。但我们呢？每天吃青菜，连豆腐都看不到。要是我们偶一不慎，触怒了鬼子，便给鬼子打昏过去了，还要被姬麻子一顿臭骂。我们七八十个女同胞关在里面，是不许外出的……我在那里住了三个多月，受尽了鬼子的奸污和侮辱，我简直是不想活了……"①

后来，慰安所越来越多。据日本的芜湖领事馆 1939 年 6 月 1 日统计，城内的慰安所共计 6 家，其中 4 家为日本人开设，日本人"慰安妇"48 人；朝鲜人的慰安所 2 家，朝鲜"慰安妇"22 人。②1941 年，慰安所增加到 9 个，即：中江塔旁原顺泰五金店，下二街 58 号、76 号、78 号，华盛街 27 号，公安街 34 号，藕香居 7 号，上二街 54 号和中二街 133 号。1942 年 12 月，日第 15 师团军医部统计该地有日本人"慰安妇"102 人，朝鲜"慰安妇"82 人，中国人最多，达 105 人；体检的结果是有 6 名日本人、1 名朝鲜人和 10 名中国人患有性病。③这些慰安所设施十分简陋，如同日本医院的大病房一样，但是规模却不小。慰安所的中间有一通道，两边是简陋的房间，每边约有 50 张床，门口拉着一块布帘子，"慰安妇"就在里面接客了。士兵们在帘子前面排起了长队，每隔 10 分钟轮流进入；有的帘子上标着红色的记号，这表明这个"慰安妇"带有性病。日军还经常强迫当地妓女充当"慰安妇"。如日军的新田旅社慰安所，就经常派人到集益里头排或二排，点名要地方名妓去供日军蹂躏。④

1938 年 1 月，日军第 13 师团的铁蹄踏进了蚌埠，烧杀掳掠，无恶不作。澡堂老板、汉奸赵瀛州等为讨好日军，在中山街头设立慰安所，强迫数十名中国妇女供日军蹂躏。这些妇女中有自幼被拐卖沦为娼妓的千岁红、出身书香门第的张女士等。她们中很多人自杀或被糟蹋致死。⑤日方的资料表明，驻扎此地的第 13 师团第 26 旅团曾征集中国妇女充当"慰安妇"，约有 10 人，⑥在一片混乱中，竟有 14 家慰安所出现在蚌埠。⑦第 104 联队在占领临淮关后，于 3 月也建立了慰安所，其中除 10 人是日本"慰安妇"

---

① 汪业亚：《凤宜楼"慰安所"始末》，载《芜湖文史资料》，第 3 辑，第 118–120 页。
② 【日】吉見義明编：《從軍慰安婦資料集》，第 266 页。
③ 【日】吉見義明编：《從軍慰安婦資料集》，第 274 页。
④ 朱鼎元：《日本随军妓女的血泪》，载《芜湖文史资料》，第 3 辑，第 127 页。
⑤ 范家骅、耕汉：《华昌街与烟花女》，载《安徽文史资料选辑》，第 16 辑，第 164 页。
⑥ 【日】吉見義明、林博史：《共同研究 日本軍慰安婦》，第 78 页。
⑦ 【日】佐佐木元胜：《续野戦郵便旗》，现代史出版社 1973 年，第 54 页。

外，其他都是朝鲜"慰安妇"和掳掠来的当地妇女。①

1938年12月底，日军第13师团侵占滁县，便逼迫当地商人设立妓院，为军队服务，结果在南门大桥塊、北大街设立"瓢亭"、"酒保"妓院，接着又准备强行掳掠中国当地妇女开设慰安所，在酝酿过程中，只有旅团长山田反对，结果慰安所仍如期建立了。②过境的日军部队天天排队前往妓院和慰安所泄欲。③有个老兵回忆，还有两个慰安所，"慰安妇"是随军的大阪女性，军队开拔时，她们也跟着走。

日军在安徽省的慰安所十分普遍。1938年2月1日，日军侵占凤阳县城，在疯狂屠杀的同时，还掳掠大量当地妇女，强迫她们留在日军的慰安所里为日军提供性服务，"稍加反抗，就被残杀。"④建立慰安所的工作由维持会负责，从寻觅房子到抓捕良家妇女。日伪不放过任何一名中国妇女，连修道院的一名中国修女也被抓进慰安所。沦为"慰安妇"的中国女子经常进行反抗，如府西街的张姓女子和韩姓女子，为脱离苦海，毅然跳入水井自杀。另一张姓姑娘与污辱她的日军士兵扭打，最后也跳入了慰安所的井中。经过筹建，日军在凤阳城内至少建立了3家慰安所。除了楼西街警察局的慰安所里是日军带来的随军"慰安妇"，其他两所均是强迫中国女子作"慰安妇"。据曾被日军抓来当炊事员的两位老人揭露，慰安所的门前出现了日军排队泄淫的现象。直到1940年凤阳日军减少了，慰安所才渐次消失。⑤1938年2月，日军侵占蚌埠后，立刻命令维持会在银行、仓库等处设立慰安所，强迫120名中国妇女充当"慰安妇"。⑥是月27日，日军占领繁昌县城后，也迫不及待地在下街和中街建立"桃花园"慰安所，

① 【日】《步兵104物语》，转引自吉见义明、林博史主编：《共同研究 日本軍慰安婦》，第78页。
② 【日】吉见義明、林博史：《共同研究 日本軍慰安婦》，第78页。
③ 《安徽文史资料选辑》，第10辑，第176页。
④ 李秉新等主编：《侵华日军暴行总录》，第710页。
⑤ 李秉新等主编：《侵华日军暴行总录》，第734页。
⑥ 《安徽文史资料选辑》，第6辑，第36页。

内有不少中国妇女。①5 月，日军盘踞淮南后，在下塘集开设日军慰安所，里面的"慰安妇"都是沦陷区被抓来的中国女子。②是月，盘踞宿州的日军在城中设立一些慰安所，其中有一个设在帝国旅馆，里面多是抢夺来的中国良家妇女。③6 月，日军第 6 师团坂本支队侵占桐城，将抓来的中国妇女送入慰安所，任日军亵侮、奸淫、杀害，甚至 50 多岁的妇女也难以幸免。④1941 年，日军又在庐江的盛桥开办慰安所，诱骗魏家坝一带的青年妇女充当"慰安妇"。⑤这一年驻扎在全椒县城的日军为解决性问题，也在东门环清池浴室设立慰安所，强迫中国青年女子充当"慰安妇"，这样的慰安所在全椒存在了一年多。⑥

日军在合肥设有多家慰安所。1938 年 5 月，日军占领合肥后，立即指令汉奸袁琢斋、厉星樵等组织维持会，在市东（今江淮旅社旧址）设立慰安所，强迫中国妇女供其蹂躏取乐。⑦此外，还有隶属于日军宪兵队的东古楼巷（今中菜市内）的金海楼慰安所、日军警备司令部内的南城墙下的慰安所，以及小东门附近汉奸开设的慰安所等。"慰安妇"除了少量的是日本和朝鲜的女子外，绝大多数是当地妇女。⑧

1939 年的安庆已有不少慰安所，其中，日本人经营的慰安所约有两三家，而朝鲜人经营的和中国人经营的慰安所也各有两三家。中国"慰安妇"的价格是 1.5 日元，而日本和朝鲜"慰安妇"的价格是 1.7 日元。日军第 116 师团的司令部设在安庆，旁边就有个"日支馆"慰安所，由民间管理，里面有日本、朝鲜和中国的女子，而数中国女子最多。管理者和士兵们从来不叫"慰安妇"的名字，而直接叫号码。各部队按照顺序进出，师团司

---

① 《繁昌文史资料》，第 3 辑，第 140 页。
② 《安徽文史资料选辑》，第 10 辑，第 193 页。
③ 《宿州文史资料》，第 1 辑，第 86 页。
④ 《安庆文史资料》，第 12 辑，第 117 页。李秉新等编：《侵华日军暴行总录》，第 725 页。
⑤ 《庐江文史资料》，第 1 辑，第 79 页。
⑥ 《全椒文史资料》，第 1 辑，第 105 页。
⑦ 汪其天、吴介五：《合肥沦陷目睹记》，载《安徽文史资料选辑》，第 3 辑。
⑧ 李秉新等编：《侵华日军暴行总录》，第 743 页。

令部当然是星期日。①

　　日军侵入太湖县后，在县城附近抓到 18 岁至 40 岁左右的妇女 48 名，并把她们关押在城北西风洞庙内，这里成了一个充满血腥味的慰安所。经日军的摧残，其中有 9 人最后被割去阴部和乳房，其余的后来也生死不明。②日军在巢县也设有慰安所。1943 年 2 月第 15 师团对安徽巢县的从军慰安所进行了检查，共有朝鲜"慰安妇"11 人，中国"慰安妇"91 人。③韩国少女李天英从故乡庆尚北道甘浦被诱骗到安徽，充当"慰安妇"。战争结束后，李天英流落到皖北农村，由中国义子李少林赡养至今。1994 年 6 月，李天英老人曾回故乡探亲，10 天之后，她又回到安徽。④

　　在长江边的一个县城里，日军与汉奸开设了一些慰安所，有个叫"皇军慰安所"，里面有大批受过特殊训练的各国"慰安妇"。有些日本"慰安妇"为了赚钱，有时还到旁边专门接待中国人的绅商俱乐部去赚些外快。在南门后街原来的涂氏公堂附近，设立"军民招待站"，是日本浪人开设的慰安所。⑤

七、两广的慰安所

　　广东　　日军波集团（即第 21 军）占领广东后，即开始营建慰安所，他们通常指定在中国的民居里开设。根据该军的《旬报》，1939 年上半年其所辖的"慰安妇"就有 1000 多人，其中由军队直接管理的有 850 人（见表 3–10）。

---

① 【日】《性と侵略》，第 132–139 页。
② 李秉新等编：《侵华日军暴行总录》，第 741 页。
③ 【日】吉見義明编：《從軍慰安婦資料集》，第 277 页。
④ 《新民晚报》，1994 年 7 月 13 日。
⑤ 唐德刚：《战争与爱情》，第 243–247 页。

表 3-10　日第 21 军所辖之 "慰安妇" 概况

区分	场所	人员	患病率（%）
军直部队	市内	159	28
久纳兵团	广东市东部	223	1
浜本兵团	广东市北部	129	10
兵站部队	河南	122	4
佛山支队	佛山	41	2
饭田支队	海口	180	
合计		854	

资料来源：吉见義明编：《從軍慰安婦資料集》，第 215-216 页。

根据时任日军 18 师团兵站军曹的野村武（1993 年 72 岁）回忆，第 18 师团的兵站部队驻扎在中山大学附近，他们将民居改作慰安所。1997 年 11 月，笔者到广东调查走访，所见中山大学周边变化不大，据当地老人提供的资料，日军占领时期，曾在今新港西路一带设立兵营和机构。新港西路在中大南侧，现存有不少旧屋，有老人指说新港西路 88-102 号可能是我要找的地方。这是一排红砖 3 层建筑，位于中大西门对面，建筑年代为 20 世纪 20 年代，现在是海珠区新港街第 13 居民委员会和邮局、杂货店等。日军占领前这里是市民的住宅，日军占领广州后，就看中了这一排较好的房子，有老人看到过士兵们进进出出，门口没有挂牌子。

中山大学西门对面的新港西路 88-102 号，这里曾是日军慰安所。（苏智良 1998 年摄）

在广东淡水也有慰安所，慰安所的名称有"新町慰安所"、"东山慰安所"、"白云慰安所"和"河南慰安所"等。日军侵占花县后，即勾结维持会，强迫或诱拐农村青年妇女到特别设置的慰安所里充当"慰安妇"。①军直部队野战重炮兵小田清（74 岁）回忆说，他是 1939 年 4 月到达广东的，那时在广东各地已有不少慰安所。他所在部队的慰安所有朝鲜"慰安妇"50人，管理者是 3 名朝鲜人。在佛山也有 5 家日军慰安所，如"大门楼"慰安所内有 10 名中国"慰安妇"。1939 年 11 月，部队开拔作战时，朝鲜"慰安妇"被迫穿着和服列队欢送。②此外，还有更多的供日军使用的民间妓院。广州附近的官窑山就有一个慰安所，这个慰安所的特别之处是建立在窑洞里，有 20 名朝鲜妇女，最小的仅十四五岁。③据第 1 师团水户联队的老兵回忆，他所见到的"慰安妇"中，70% 是中国人，其年龄约在 18—23 岁。④

表 3–11　日本广东总领事馆管辖内的"慰安妇"

年月	职业	广东	海口	香港	计
1941.4	军酒保慰安所	21	2	0	23
1941.5	同上	17	2	0	19
1941.6	同上	7	0	0	7
1941.7	同上	5	1	0	6
1941.8	同上	6	1	0	7
1941.11	同上	12	0	0	12
1942.3	同上	8	1	14	23
1942.4	同上	3	0	3	6

---

① 《花县文史》，第 10 辑，第 10 页。
② 【日】西野瑠美子：《従軍慰安婦と十五年戦争》，第 63 页。
③ 【日】吉見義明编：《従軍慰安婦资料集》，第 67 页。
④ 【日】《性と侵略》，第 173 页。

年月	职业	广东	海口	香港	计
1942.6	同上	7	1	5	13

资料来源：【日】《支那事变二际シ邦人ノ渡支制限并取缔关系暂定处理要纲　渡支邦人暂定处理二关スル统计报告》，摘自吉见義明编：《從軍慰安婦資料集》，第54页。

　　这里留有一份日军第23军独立步兵第13旅团中山警备队的《军人俱乐部的利用规定》，制订于1944年5月，共有20条。规定写道，食堂为第一军人俱乐部，而慰安所为第二军人俱乐部；部队的副官对俱乐部具有统辖、监督、指导之权；使用时的费用为士兵每30分钟为6元储备券，下士官9元，将校等11元；营业时间士兵到下午3时半，下士官从下午4时到8时，将校等从晚上8时到深夜。①同属于独立步兵第13旅团的远山队于同年也制定了《关于外出及俱乐部的规定》，其内容与前者基本相同，只是增加了严禁士兵个人外出的规定，以及松月军人俱乐部即松月慰安所必须每天向部队报告：每个"慰安妇"的营业额，来所人员数量，避孕套的使用数等。②

　　有资料表明，日军在广东设置的慰安所十分普及，不仅在广州、佛山、中山等城市普遍建立，在农村驻军之处也有设置，而且在海岛上也树起了"慰安所"的木牌。海军方面在一个名为舟山登的岛上设置了慰安所，全部是朝鲜"慰安妇"，官兵出入全部免费。③在隶属阳江县的南鹏岛上，有日本三菱公司在掠夺钨矿砂，也有守备日军。日本人专门设立慰安所，"慰安妇"均由被其掳掠来的中国妇女充当，有30—40人，她们被编上了号码，轮番在慰安所挂牌接客。它与其他慰安所的唯一区别是，这里不仅有日军官兵登临，而且也允许一般日本人进出。做苦工的中国男子目睹惨景：

---

① 【日】吉見義明编：《從軍慰安婦資料集》，第284–288页。
② 【日】吉見義明编：《從軍慰安婦資料集》，第292页。
③ 【日】《性と侵略》，第175页。

"妓女也是中华女儿，被迫卖淫，悲惨遭遇，往往是看着流眼泪，无可奈何。"①

广西　1939 年 11 月，日军攻克南宁，29 日举行了入城式。此后日军第 22 军司令部指使该军便在广西各地设立了一批慰安所。根据原日军第 5 师团师团长今村的回忆，1940 年 2 月中旬时，有 15 个慰安所的业主，他们带着 150 名"慰安妇"到达南宁，驻屯该地的第 22 军的管理部部长立即与第 5 师团长今村和近卫混成旅团旅团长樱田商谈，征用西式旅馆、学校、寺院和民屋，开设慰安所，并分配了"慰安妇"的名额。为了能让官兵都能进入慰安所，第 5 师团副官建议，向部队的每个官兵发一枚慰安所入场券。后来由于部队转移，这些慰安所又迁回了广东。日军台湾旅团在南宁设有大批的慰安所。②

日军占领桂林后，即以设立工厂的名义招募女工，结果这些被招募来的女工全部被日军逼迫做了"慰安妇"。1944 年 11 月，日军攻入河池县城后，将一些妇女关押在林村，白天强迫她们洗衣、碾米，晚上则供其淫乐。③

日军攻击湖南、广西等地时，沿途大量掳掠中国妇女充当"慰安妇"，并随军行动。再据 1945 年 3 月 8 日的《新华日报》报道："去年敌人向中原湘桂及黔桂路上进攻，这些省区的难胞特别是我们妇女们，更陷入空前的苦难之中，成千成万的妇孺流落在异乡，家破人亡。来不及或无法逃出的妇女们，被万恶的汉奸和敌寇，像奴隶般一批批运到汉口、郑州等沦陷区去'慰劳皇军'，这样多的苦难是法西斯强盗日本侵略军'赐给'她们的。"

---

① 龚日泉：《日寇铁蹄下的南鹏岛》，载《广州文史资料选辑》，第 21 辑，第 186 页。
② 【日】吉见义明、林博史：《共同研究　日本軍慰安婦》，第 84 页。
③ 李秉新等编：《侵华日军暴行总录》，第 1144 页。

八、遍及海南的日军慰安所

海南　海南的日军部队将慰安所称作"慰安丽"，每家"慰安丽"一般有 10–20 个"慰安妇"，勤杂人员 10 来个；"慰安丽"由日本籍退役的"老慰安妇"等指导打扮、装饰馆房、接待客人方法等事务。据 1941 年 11 月的档案资料统计，海口的日军慰安所有 2 个，"慰安妇"为 8 人；在三亚虽没有慰安所，但有 3 名"慰安妇"。[①] 实际上，三亚的慰安所有 11 家，"慰安妇"达 270 人以上。[②] 而且，海南的慰安所远不限于海口、三亚两地。

随着日军对海南各地的占领，慰安所也在各处建立起来。从 1939 年 4 月日军入侵海南的第三个月起，已设立了最早的慰安所。[③] 到 1941 年后，其慰安所便已十分普遍，凡日军驻扎的县城、市镇、乡墟多有开设。

据调查，日军慰安所在崖县（今三亚市和乐东县部分辖地）有 15 个，海口市区 6 个，琼山县有 5 个，文昌县有 3 个，詹县有 7 个，临高县有 3 处，感恩县至少有 10 个，昌江县有 3 个，还有琼东、乐会、万宁、定安、澄迈、陵水、保亭等县，共计 60 余所（见表 3–12）。

---

① 【日】吉見義明编：《從軍慰安婦資料集》，第 55 页。
② 李秉新等编：《侵华日军暴行总录》，第 1188 页。
③ 潘先囗：《日军侵陵史实概要》，载符和积编：《铁蹄下的血雨腥风——日军侵琼暴行实录》（以下简称《实录》），海南出版社 1995 年版，第 445 页。

表 3-12　海南岛日军慰安所统计

地区	数量	分地区	数量	名称与内容
崖县	14	崖城	2	尊道村陈家民房，军官慰安所"华南庄"。
				林家民房，士兵慰安所"崖泉庄"。
		榆林地区	3	榆林港（今榆林小学），海军军官慰安所。
				日式浮脚屋，陆军军官慰安所（今三亚文化宫后）。
				榕根村附近，工兵慰安所（今三亚交通宾馆后）。
		红沙市	1	占欧家园扩建，士兵慰安所（今三亚盲残院址）。
崖县	14	藤桥市	1	占中街龚家民房。
		黄流地区	5	黄流市林葆光宅，"南恩光"慰安所；内分为军官的"桃庄"和士兵的"梅庄"。
				黄流机场设"营队"和"西松组"2 个慰安所。
				铺村日军机场，工兵慰安所。
		九所市	1	日军分遣队旁，驻军慰安所。
海口市	6			中山路与今新华路交叉口，军官慰安所（今 424 海军医院址）。
				关上塘与法国天主教堂间，海军航空兵慰安所（市工人文化宫址）。
				白坡日军海口机场附近，大兴西路，龙华路（今市罐头厂址）。
琼山县	5	长流地区	2	烈楼县。
				新李村学优分祠。

地区	数量	分地区	数量	名称与内容
琼山县	5	县南地区	3	南闾市日军慰安所（今南闾镇新市场址）。
				枫木市日军慰安所（今枫木镇）。
				乌石市日军慰安所（今乌石镇老市址）。
文昌县	3			文城校场坡（今称文中坡），日军慰安所。
				清澜市（今清澜镇）一栋清代双层楼，日军慰安所。
				公坡市（今公坡镇）一栋2层楼，日军慰安所（今公坡小学址）。
儋县	7	那大市	2	霸占越亚灵的民宅设赵家园慰安所（今大勇商场）。
儋县	7	那大市	2	霸占民宅设李家园慰安所（今中共儋州市委第二招待所）。
				另外在白马井、新州、新英、中和、光村等设有慰安所。
临高县	3			分别在临城、新盈等城、镇（墟）。家来慰安所设在孙帮光家。
感恩县（今东方县境）	10	北黎市	4	市民杨广香家。北黎日军司令部使用。
				时高雷会馆附近的2栋大楼，军官慰安所。
				日军七营队驻地附近的白色房子，士兵慰安所。
				西树林简易平房，普通慰安所，供公司职员使用。
		八所市	3	有高级、中级、低级3种慰安所。

地区	数量	分地区	数量	名称与内容
感恩县（今东方县境）	10	叉河宝桥，日军慰安所，供监护修建发电站的日军使用。		
		新街市，日军慰安所。		
		广坝电站，日军慰安所。		
昌江县	3	石碌河南桥头，石碌慰安所（今石碌镇河南派出所等址）。		
		石碌矿山金牛岭，矿山慰安所（今石碌铁矿公园后山）。		
琼东县	2	嘉积市（今琼海市嘉吉镇），白石楼慰安所。		
		石壁市（今琼海市石壁镇）慰安所。		
乐会县	2	阳江市（今琼海市阳江镇）慰安所（今阳江镇政府址）。		
		博鳌市（今琼海市博鳌镇）慰安所。		
定远县	1	翰林市（今翰林镇），南慰安所。		
澄迈县	2	金江市（今金江镇）慰安所（乐善堂旁陈国双层楼民宅设立）。		
		石浮乡日军15警备区石浮中队石浮令慰安所。		
陵水县	2	陵城瓦灶街（今后山街）石峒庙慰安所。		
		后石日军机场慰安所（在时后石村附近）。		
保亭县	1	保城日军"快乐房"慰安所。		
共计	62			

资料来源：符和积编：《铁蹄下的血雨腥风——日军侵琼暴行实录》，上、下、续册，海南出版社1985年、1986年版。

　　这些慰安所决非民间所为，而是日军在"要尽快设立性方面的慰安制度"的指示下筹划、设置的。例如在1940年秋，日军在琼西北建造舞鹤镇守府第一特别陆战队司令部，当时即在赵家园筹划那大慰安所。当那大市第一家慰安所开张后，日军每天用军用卡车接送所辖区域内的日军官兵，并派人在慰安所担任值日官，管理慰安所的日常事务。定期对"慰安妇"

海南省海口的日军慰安所旧址。（张国通 2008 年摄）

进行性病检查，有未按规定使用避孕套和清洁粉的登记在案，就取消其一个月内的"慰安"享受资格。由于那大市只有一家慰安所，供不应求，各部队之间还为此而发生纠纷。于是，日军又增设李家大院慰安所，还在边远的墟、镇设置驻军慰安所。日军占领长流后，即在烈楼市的新街设立一家慰安所，供军官们享乐，其"慰安妇"多数来自临高县。日军还在新李村的学优公祠设立"慰安妇"的集散站，经常有新掳掠来的中国女子被运到此，然后再送往各慰安所。[①]日军台湾混成旅团登陆后，首先做的就是设置五六家慰安所，"慰安妇"主要是海南岛本地、福州和南宁等地的中国女子，以及朝鲜女子。[②]

　日军不仅在城镇、墟市重要的军事驻地专门设立慰安所，而且还为处

---

① 符和积编：《实录》，第 29 页。
② 【日】《性と侵略》，第 180 页。

于占领乡村僻地的日军营地、据点配置随军"慰安妇",以解决小股日军官兵的"性问题"。这是日本军妓制度不可忽视的重要组成部分。

1940年后,日军占领了海南岛的大部分县城和乡镇,并在交通要道、重要村庄建立起军事营地和军事据点。到1941年全琼共有据点360余处。以后为对付抗日军民,实行蚕食、扫荡,据点更多,侵琼日军增加。在这些星罗棋布的营地、据点中,大多配备"慰安妇",并美其名曰"战地后勤服务",而"慰安妇"的人数则根据日军人数众寡而定。如陵水县呯号乡三十笠、廖次峒、群英乡抚黎村据点,保亭县的什玲、加茂、番雅、南林据点,琼中县碑碣岭、登高岭据点,乐会县阳江市据点等。[①]太平洋战争爆发后,海南岛的日军急剧减少,"陆军慰安所处于饱和状态。"[②]一名士兵后来回忆道:"我看见卫生兵的桌子上的每位'慰安妇'名字上面,都写有'将校用'、'士兵用'、'军队附属人员用'的标记,便问'这是为什么?''啊,这个吗?将校用日本人,士兵用朝鲜人,附属人员用台湾人嘛!'那位卫生兵平和地回答说。……'慰安妇'中,有将校军官用的,被称为'海南庄'的豪华建筑。而士兵们用的则是用木板临时盖的简陋的房子,用布帘相互隔离开来。"[③]

海南的"慰安妇"有本地征集的,也有外地乃至国外运来的,其中有不少是朝鲜人。如在欧家园慰安所的52名"慰安妇"中,朝鲜妇女占了一半。八所市的中级慰安所里,主要是朝鲜和日本的女子。在三亚、榆林的军官慰安所里,几乎全是日本女子。而在崖县红沙市欧家园慰安所,还有26名台湾妇女。当然,最多、最普遍的是中国内地的女同胞。日军采用各种手段掳掠中国女子充"慰安妇"。按当时海南黎族的风俗,未婚前的姐妹在一起同房同床住宿,男青年经常去夜游,说情谈恋,日军为了便利随意地发泄性欲,戏弄妇女,便禁止青年夜游。当地妇女为逃避抓捕而被迫女

---

① 符和积编:《实录》,第116、478、524、547–549、582–583页。

② 参见【日】铃木卓四郎:《宪兵余录》。

③ 参见【日】医疗文艺集团编:《白色墓碑铭》,东邦出版社1968年版。

扮男装，当时海南流传这样的民谣："明明是死鱼（却）变成虾，明明是炸女甫（女+甫）（妇女）（却）变公爹。"①

日军在海南的"慰安妇"数量颇多。每个慰安所的"慰安妇"少的 10 人，一般为 30 多人，而规模大的有 100 多人。如黄流日军机场军人乐园慰安所有 21 人，多的如红沙市欧家园慰安所有 52 人，崖县所辖的 14 个慰安所中共有 400 多名慰安女。在鼎盛时期，那大市有"慰安妇"150 人（赵家园 45 人，李家院 105 人），感恩县八所市的"慰安女"有 200 多人，昌江县 3 个慰安所有 400 多人。在日军占领的 16 个县 1 个建制市中，仅上述 4 县、地就有"慰安妇"1300 多人。估计日军在占领海南期间，先后逼迫当地妇女数千人充当"慰安女"，她们大部分死于非命，幸存下来的而至今尚健在的只有几十人。这些历经沧桑、受尽折磨的妇女们，带着身体和精神的双重创伤，艰难而苦涩地生活着。

九、香港和西南的慰安所

香港　1942 年 2 月 20 日，日军成立香港总督部，由中将矶谷廉价、平野茂分任正副总督。为满足日军官兵的兽欲，总督部下令设立慰安所，此事由平野直接筹划。平野首先选择在海旁街的湾仔圈定一块长 800 米的地方，逼迫居民在 3 天内迁走，不久，一个特大型的慰安所便在湾仔出现了。里面有数百个房间，每日来此的日军官兵川流不息。

香港的湾仔区在战前是日侨的主要居住区，香港沦陷后，这里就成了日本人的天下，日军企图将这里营造成日本人的专区。尤其是湾仔区的骆克道，完全变成清一色的日本人的街道。所有的店铺全采用日本式，如用纸窗、松木、灯笼等，最触目的自然是到处高悬的太阳旗，使骆克道几乎变成了日本本土上的一个街区。该区域内稍为考究点的楼宇，被日本人改

---

① 符和积编：《侵略日军慰安妇实录》，载《抗日战争研究》，1996 年第 4 期。

作妓院或酒馆，其中当然有慰安所。原来富丽堂皇的中华旅馆被改作军妓院，浓妆艳抹的妓女，约有200人。日军的香港总督部军医部专派台湾人林正富到该慰安所当翻译。除了慰安所以外，香港中区的高级舞厅也是日军军官出入的场所。在日军的残暴统治下，舞女与"慰安妇"一样，也被迫出卖色相，性病和私生子如孪生兄弟一般地，与这些可怜的女子结下了不解之缘。

日军在九龙旺角弥敦道原沦智中学内设立了慰安所，使得香港、九龙两地的日军都有了发泄淫欲的场所。

日军香港总督部为了解决"慰安妇"的来源，派出汉奸以"招工"名义，四处诱骗中国女子，然后将被骗女子用汽车运至慰安所内。一旦进入慰安所后，有日军严密监视，无法逃出。不甘受辱的妇女，有的在慰安所内撞头自杀，有的大声呼救，被日军毒打至死。在慰安所附近的居民，经常听到慰安所里妇女凄厉的惨叫声，而且还经常目睹慰安所内有尸骸抬出，用汽车运走。[①]

日军占领香港后，犯下了难以计数的暴行。令人发指的还有日军强奸圣斯蒂芬学院女医生和女护士并迫使其充当"慰安妇"的事件。参与这一暴行的主角是日军第38师团的229、230联队，以及18、51、104师团。据原38师团的23012大队34小队的宫本见二口述，1941年12月，38、18、51、104师团在田中久一中将的指挥下，向守卫香港的英军发起攻击。英军在坚守18天后，撤出防线，日军占领了香港。时属于38师团的"慰安妇"们，在太平洋战争爆发前被上级紧急征调到云南去慰问刚刚胜利的23师团，原来说好立即返回，但是已经过去45天了，仍不见回来。有人说也许又被哪支凯旋的部队中间截留了。忍耐不住的第230联队的士兵冲进了圣斯蒂芬尼学院，搜捕出90多名英军伤员，中队长吉田大作下令，士兵挑死了64名英军伤员。这时，229联队也进入了学院，两个联队即为占有学院

---

① 李秉新等编：《侵华日军暴行总录》，第1275页。

内漂亮的女医生、女护士而展开较量。最后，整个操场变成了强奸的场所，日军打死了 14 名反抗的中国女人，把 64 名中国女人拉到郊外的一个别墅里囚禁起来，建立了慰安所。而担任慰安所守卫的就是回忆者宫本见二所在的小队。后来，这些不幸的女子还被日军运至新加坡，编入第 44532 号慰安营，继续其不堪忍受的"慰安妇"生活。在战争即将结束的 1945 年 9 月 2 日，正当她们即将熬到解放时，却被 34 师团用毒气弹和炸弹结束生命，以杀人灭口。1988 年 8 月，在日本召开的"追悼亚洲太平洋地区抗战死亡将士"纪念会上，幸存者李淑华联络死者的亲属，展开要求日本政府向被屠杀的华人"慰安妇"补偿的运动。1989 年 10 月，李淑华向日本首相海部俊树致函，要求向被该慰安所屠杀者进行赔偿，后来，李又致函日本天皇，指出："日本屠杀华人慰安妇是不正当的，这种屠杀违反国际法，日本政府向死亡者亲属补偿是完全出于人道之事，我的不高明倾诉希望得到您的同意。"但是，所有信件皆石沉大海，没有任何答复。

贵州　1944 年 11 月底，日军第 3、13 师团突破中国军队的黔贵边境防线，侵入离贵阳 130 公里的八寨、独山一线，日本"慰安妇"也随军进入了贵州。

日军第 13 师团进入独山境内后，沿途杀人放火，无恶不作。在城郊，日军将几十名妇女关入一间屋子，作为临时慰安所，供其奸淫。[①]

四川　据日军第 110 师团 163 联队的一名老兵回忆，他们当时进占四川南部的高县，就有"慰安妇"坐着卡车跟随，她们都穿着军装，一直在第一线与士兵在一起。当时一个大队有 4 个中队，差不多有 1000 人，配备的"慰安妇"大约有 10 人，都是朝鲜人，因此，一个"慰安妇"要接待 10-20 名士兵。慰安所多设在中国人的房子里，因为是在前线，士兵们不付任何钞票。[②]

1945 年，日军投降后，西南各地的日本、朝鲜籍"慰安妇"被集中到

---

① 李秉新等编：《侵华日军暴行总录》，第 1244 页。
② 【日】《性と侵略》，第 164-167 页。此条史料尚需进一步证实，根据中国方面的记录，日军并未侵入四川。

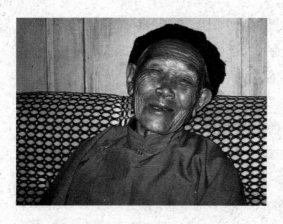

云南原"慰安妇"受害幸存者李连春老人。（苏智良 1998 年摄）

重庆，送入收容所。后来，成立不久的朝鲜民主主义人民共和国，派出干部来中国接回朝鲜"慰安妇"。这些朝鲜"慰安妇"与日本"慰安妇"拥抱告别，个个泪流满面：这些被欺骗、被强征的朝鲜妇女，终于盼到了回国的这一天；但作为"慰安妇"被日本兵蹂躏的历史将永远烙在她们的身上和心中，尽管回到故乡，但这种耻辱却终身无法抹去。1946 年 6 月上旬，重庆收容所的日本"慰安妇"乘卡车经洞庭湖到汉口，然后又经南京到上海登船回国。

云南 拉孟、腾越、龙陵、芒市等地的慰安所最多。腾越（今腾冲）是日军的中心据点，因此日军早在 1942 年占领该地后，就设立了一批慰安所。日军行政班本部命令伪县长钟镜秋、维持会会长李子盛等强拉当地妇女包括汉族、傣族妇女等充当"慰安妇"。1944 年 2 月 3 日的《新华日报》在"昆明通讯"一栏中报道："敌寇去岁屡次犯我腾北，遭到打击后，大部分敌兵都感觉厌战。敌寇无法可想，只得以强拉民间妇女供士兵娱乐来提高情绪。在腾城西华街设立俱乐部一所，由汉奸强拉我妇女同胞 14 人，凡敌兵入内取乐，每人每时收军票 5 元，战地负伤者免费。该妇女等不堪蹂躏，等愤而自尽。"[1]当时，腾越城内有个慰安所，有朝鲜女子十四五人，名字叫花子、梅子、竹子、松子、广子等。城外也有一个慰安所，有朝鲜女子 8 人，名字叫明美、音丸等。在孟连的慰安所里有朝鲜女子四五人。[2]

---

① 《昆明通讯》，载《新华日报》，1944 年 2 月 3 日。
② 【日】西野瑠美子：《從軍慰安婦與十五年戰爭》，第 139 页。

在拉孟（今称松山）的日军慰安所里，有日本女子 4 人，朝鲜女子 10 人。[1] 实际人数比这些统计数字更多。时日军的拉孟守备队有 1300 人，除了朝鲜"慰安妇"之外，还有 15 名日本"慰安妇"。在战斗激烈时，"慰安妇"们被强迫到壕沟里来满足士兵们的性欲。

1944 年 9 月，中国远征军发动反攻，一举消灭守城日军，夺回腾越。在最后的时刻，日军残酷地将日本、朝鲜和中国台湾的"慰安妇"集体屠杀。[2] 尽管如此，最后仍有 18 名（台湾 2 人，朝鲜 2 人，日本 14 人）"慰安妇"被中国远征军解救。[3] 在龙陵和芒市即将失守之时，日本"慰安妇"或被日军杀死，或自杀；而朝鲜"慰安妇"经千辛万苦活了下来。[4] 中国军民占领拉孟时，有 20 多位"慰安妇"还活着。[5]

---

[1]【日】西野瑠美子：《従軍慰安婦と十五年戦争》，第 128 页。
[2]《腾冲文史资料》，第 1 辑，第 143 页。
[3]《腾冲文史资料》，第 1 辑，第 296 页。
[4]【日】千田夏光：《従軍慰安婦》，162 页。
[5] 丁善懿：《追忆滇西战役前后》，载《云南文史资料选辑》，第 39 辑。

第 4 章

『慰安妇』制度
的展开（二）

——中国北方的日军慰安所

文水县公署训令，差字第一号令：南贤村长副，为训令事。查城内贺家巷妓院，原为维持全县良民而设，自成立以来，城乡善良之家，全体安全。唯查该院现有妓女，除有病者外，仅留 4 名，实不敷应付。顷奉皇军谕令，3 日内务必增加人数，事非得已，兹规定除由城关选送外，凡 300 户以上村庄，每村选送妓女一名，以年在 20 岁左右确无病症、颇有姿色者为标准，务于最短期内送县，以凭验收。

——文水伪政权强征"妓女"的训令

日军自侵入中国之后，也随即在占领地开设了大量的慰安所。1938 年 3 月 4 日，日本大本营给华北方面军、华中方面军参谋长发送《陆支密 745 号》秘密文件，内容就是募集"慰安妇"、建立慰安所。规定"慰安妇"的征募工作一律由派遣军一级进行"统制"；各军要选派合适的专门人选来负责此事；征募女性时要与当地警宪取得联络。① 这一文件得到陆军省次官梅津美治郎的

①【日】吉見義明编：《従軍慰安婦資料集》，大月書店 1992 年版，第 105 页。

批准。1938年6月，华北方面军参谋长冈部直三郎向所属的几十万部队发出了设置慰安所的指示。到1941年7月，关东军在司令官梅津美治郎、参谋长吉本贞一的率领下，制定征集2万名朝鲜"慰安妇"，并运至满洲的计划，至于强征战地中国妇女的行为则更是普遍。从此，日军慰安所更加普遍，几乎有日军驻扎的地方，就有慰安所，就可以看到"慰安妇"的身影。

一、平津地区的"军人俱乐部"

日本华北警务部1939年7月1日曾作过一次大规模的调查，所得的华北地区和内蒙古的"艺妓、娼妓、酌妇"人数为"天津1204人，北平1185人，青岛910人，济南801人，石家庄734人，太原724人，张家口425人，临汾297人、大同267人，徐州235人，保定217人，包头193人，彰德170人，厚和149人，新浦145人，阳泉127人，山海关106人，塘沽105人，枣庄102人，沧州81人，秦皇岛68人，榆次65人，顺德59人，坊子56人，唐山53人，张店49人，丰台43人，定县40人，德州37人，芝罘33人，潍县30人，青州25人，宣化24人，通州、古北口各21人，南口18人，南苑17人，长辛店15人，马兰峪14人，兖州12人，龙口11人，威海卫、高密各10人，博山8人，廊坊、康庄各4人，昌黎3人，滦州2人，胶州、淄州各1人，共计8931人。①当然很难确定这8931人全部都是"慰安妇"，但其中相当多的数量为"慰安妇"是毫无疑义的，另外这一统计也没有包括中国人"慰安妇"。因此，整个华北的日军"慰安妇"的人数要比这一数字多得多。

北平　1937年7月30日，日军占领了古都北平，立即命令汉奸们让关闭的妓院重新开张，日侨还设立不少日本妓院，以接待日军。有史料指出："在北平，敌人开设了不少妓院，那妓女是在华作战阵亡士兵的妻女，被

---

① 【日】日本外务省外交史料馆藏：《在外邦人职业别人口表一件》，第15卷。

强暴的军阀征调出来，慰安在华作战受了辛劳的皇军。"① 这就是说，这些日本妇女本身也是日本"慰安妇"制度的受害者。当然，北平的"慰安妇"更多的是被掠来的中国妇女，"宣武门内六部口人民俱乐部的成立，想起来这是进步的组织吧，那里有我们几百个姊妹，'快乐'地生活着，只有她们的皇军可以自由出入，去一次两角钱，但平均每人每日可以赚到十数元！"② 也就是说，中国妇女在这种"俱乐部"内每天要遭受数十个日军的蹂躏。据李兆鹏的回忆，"七七"事变后不久，在绒线胡同西侧的宣内大街上，有一座高台阶的洋房，门口挂着"皇军俱乐部"的木牌，当时 12 岁的李兆鹏在绒线胡同的崇德中学上初中一年级，每天路过这个慰安所，只见日本军人进进出出，十分热闹。晚上，经常有喝得醉醺醺的日本士兵到周围的中国居民家前打门，大喊"花姑娘的有"。③

日军在华北地区掳掠中国民女充当"慰安妇"的事例是相当多的。在天津，第一个慰安所设在槐荫里 1 号，门口挂牌称"军人俱乐部"。最初征集的是妓女，后来，因来源太少，而掳掠中国良家女子充当，也有一些是朝鲜女子和日本妓女。

天津 天津是日军在华北的重要基地，日军在天津设有防卫司令部，这个司令部为了满足前线部队的要求，积极征用"慰安妇"，手段之一就是强迫中国妓女充当"慰安妇"，这种方法延续了很长一段时间。1942 年 5 月，日军天津防卫司令部命令伪天津特别市政府警察局，征用妓女前往河南协助"大东亚圣战"，于是，警察局在 30 日指示天津市乐户联合会，迅速招募 150 名妓女去前线"慰劳"日军。乐户联合会不敢怠慢，立即要求各妓院提供一批妓女，在 31 日至 6 月 3 日之间，共召集了 229 名妓女，然后去警察医院接受梅检，结果竟有 118 名妓女被查出患有梅毒、淋病和其他重病，这样剩下 101 人，当日，日军又派出军医山崎再做复查，结果

① 华棠：《魔手下的北平》，载《半月文摘》，第 3 卷第 4 期，1939 年 2 月 15 日。
② 朱未央：《铁蹄下古都妇女的哀啼》，载《日寇燃犀录》。
③ 李兆鹏致笔者的信，1997 年 6 月 18 日。

又有 12 名害怕去日军部队而逃亡。6 月 4 日下午，日军派中井进曹长带领 10 名士兵到警察医院，将所剩的 87 名妓女装上 4 辆卡车，这时，有一妇女突患重病，被留下，下午 5 时，妓女们到达天津火车站。其时当地的伪警察已将车站戒备森严，以防妓女们再有人逃亡。其中有 86 名妓女被日军和伪警押往河南，随行的还有 11 名家属和乐户联合会的 7 名人员。这些妓女平均年龄为 23.1 岁。尽管中井进曹长保证说 1 个月就可以返回天津，但妓女们仍想方设法逃跑，至 6 月 24 日，又有 43 名妓女与跟随着的家属们一起跑掉了。在留下的 43 名妓女中，还有 8 人因患病而回津治疗，1 人在郑州被火车的挂钩砸伤，被送至北京陆军第二医院。①

1995 年 7 月 4 日，北京市档案馆曾公布了一份档案，载：1944 年 5 月，日军天津防卫司令部强行命令天津妓业联合会（即天津乐户联合会）征集 150 名体格健壮、年轻美貌的妓女前往河南开封一带慰劳日军。一时人心惶惶，全市妓女罢业，日军见状而大怒，派伪警察到妓女家中强征，结果捕获 80 名中国妓女，然后将她们押送到河南前线去慰问日军，其中之痛苦不可名状。直到 2 个月后才放回，回到天津后，这些妓女不堪回首，从此不再涉足娼业。1946 年，当时的国民政府曾对此事立案调查。②

1944 年 7 月，日军又命令天津选送"慰安妇"，为此，天津警察局保安科第五股股长于是月 31 日就此事向局长报告说："29 日例假之便，在乐户总会召集总分会长某某某等 16 人，商研劝集办法，并将军方待遇

① 林伯耀：《关于日军在占领区强迫中国女性做"性奴隶"的一个事例的剖析》，载苏智良、荣维木、陈丽菲主编：《罪孽滔天——"二战"时期的日军性奴隶制度》，上海学林出版社 2001 年版。
② 根据天津市乐户联合会提供的名单，这 80 名被征的"慰安妇"是：李凤琴、赵艳芬、陈珠姬、王嫣娥、侯淑芬、何美容、虞娟娟、张凤楼、周俪俪、高姗姗、唐霞君、王素琪、安秀雯、冯苔芳、杜芷云、赵淑娃、季凤仙、贺小兰、马凤兰、蒋艳茹、华翠花、郑贵花、李筱红、夏贵兰、尤爱霞、苗彩霞、蔺凤喜、庞红宝、朱素琴、葛翠娥、魏雅茹、吕贵卿、张金宝、刘芳茹、霍双喜、翟凤霞、崔爱卿、佟爱乔、林小兰、薛荷花、杨桂花、韩素兰、阎爱茹、白雅琴、左小青、毛秀琴、罗宝卿、曹红喜、刘淑芬、赵红霞、许小龄、姜雅乔、石俊卿、武秀贞、谢春兰、陆宝红、谭霞霞、宋淑卿、陈小茹、张贵仙、金翠乔、徐贵芬、贾兰花、冀翠莲、常小凤、张俊霞、米俊珍、冯桅红、秦小卿、史玉龙、沈爱卿、孔红宝、魏秀云、孙美容、高艳霞、陶月仙、窦玉芳、乔又琴、陈月樵、于宝龄等。（《日军强征"慰安妇"史料一件》，载《北京档案史料》，1995 年第 2 期）。

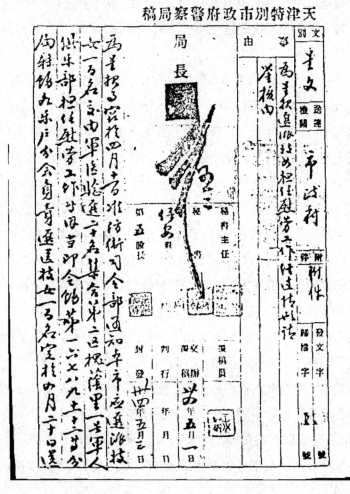

1942年天津伪警察局致伪市长的呈文。（天津市档案馆藏）

一一说明。"当以本市妓女全数为2736人，以每一百人饬选一人，共计25人。续又于30日上午时，偕同乐户代表某某某，应防卫司令部高森副官召赴听训，略谓："'此次选派妓女赴鲁慰军，系为协力大东亚圣战成功，不能拘于某一地区，希望速办'等语。乐户分会方面预拟每一妓女之家族特别津贴仍照前例，每月给予5万元，三个月共计15万元。"这25名妓女在 8 月 1 日体检后被立即送到山东省莒县的日军第 1437 部队。"慰安"的时间是 8 月 1 日到 10 月底，共计 3 个月。从上述文件中的"选派"、"劝集"等字眼可见，这些妓女的"慰军"活动决非出于自愿，而是被日军和伪政权强迫的。

1945 年 5 月，伪天津市警察局向伪市长报告日军选派妓女的情形：4 月 11 日，日军天津防卫司令部命令伪政府"选派妓女一百名，交由军医验选二十名，集合第二区槐荫里一号军人俱乐部，担任慰劳工作"，实际就是充当"慰安妇"。接到命令后，伪警察局"当即饬令第一、六、七、八、十一、十二等分局，转饬各乐户分会，负责选派妓女一百名，定于 4 月 20 日送往警察医院，作初次检验"。4 月 25 日又作第二次检查，在 93 名妓女中，有梁树梅等 34 人合格。于是，这 34 名妇女在 28 日又作第三次检验，然后日方的德本文官和警察将检验合格的 20 名妇女押至天津第二区槐荫里 1 号的军人俱乐部，开始她们的"慰安妇"生涯。据日方说，每月的 8 日和 20 日是这些"慰安妇"的"公休日"，其待遇是每人"每月由军部发给白面 2 袋；有家族者，每日另给小米 4 斤"。这样低廉的待遇自然引起"慰安妇"们的抗议，此后，增加了一些津贴，但这增加的份额是由天津妓女均摊的。在呈文的后面还附有选派慰安妓女名簿和各乐户分会应摊款项数目表。计二等妓女每名应摊 200 元，三等妓女每名应摊 100 元，三等以下妓女每名应摊 70 元。又因为南市地区的二等妓女太少，三等妓女较多，故三等者每人应摊 114 元。共计有妓女 2904 人，摊款为 400208 元。[①]

从中可以得出结论，"慰安妇"是日军最高层命令汉奸政权直接负责征集并押送的，伪天津特别市市长承担了选送中国妇女并献给日军的任务；由于妓女并非自愿去前线"慰劳"日军，因此有日军和伪警察严加警卫，

---

① 林伯耀：《关于日军在占领区强迫中国女性做"性奴隶"的一个事例的剖析》，载苏智良、荣维木、陈丽菲主编：《罪孽滔天——"二战"时期的日军性奴隶制度》，上海学林出版社 2001 年版。

尽管如此，妓女们仍设法逃跑，有的则故意乱吃东西以弄坏身体，以避灾难。这些妓女尽管只是被日军短期内征用去前线"慰问"日军官兵，但毫无疑问，她们既是日军的"慰安妇"，也是日军的性奴隶。

日军在天津的最高军事机关防卫司令部也设有慰安所，它由当地臭名昭著的大恶霸王士海[①]统率的武装行动队负责抢劫、绑架年轻妇女，定期献纳给日本防卫司令部，充当"慰安妇"。每批约20—30人，以3个星期为期，实行轮换。1944年7月3日，伪天津市政府警察局特务科核发的情报上记载：驻天津日军防卫司令部慰安所"迩来办理征集妓女献纳于盟邦驻津军队，每批二三十名。以三星期为期。于征集之际，流弊百出。""近更变本加厉，在南市一带有良家妇女被迫征发的事情，致社会舆论哗然，一般良民忐忑不安。"[②]

当然，在天津也有日本和朝鲜的"慰安妇"。朴必琏当年就被日军强征到天津，在车站附近的一幢4层大楼里充当性奴隶。每天接待士兵10多人，连例假期间也不能休息。[③]

二、冀鲁豫的日军慰安所

河北 "七七"事变后，日军侵入河北，到1937年底，日军占领了河北全境。日军所到之处，奸淫烧杀，在万全县制造了"万人坑"事件，槁城县梅花镇屠杀无辜平民千余人，在宁晋县日军一次就掳掠妇女400多人，有的被轮奸致死，有的被抓走杳无音信。此后类似的大规模侮辱中国妇女的事情时有所闻。这里仅举一例，1943年6月，日军3500人侵入八路军易县狼牙山地区进行大扫荡，在"菜园沟另一山庄，敌围住妇女百余，

---

① 原为脚行把头，被日军委为陆军少将，1952年被人民政府枪决。
② 转移自李泰：《新发现的日军强征中国妇女充当军妓史料析》，载《近代史资料》，第85辑。
③ 【韩】韩国挺身队问题对策协议会、挺身队研究会编：《中国に连行さにた朝鲜人"慰安妇"》，第135页。

均迫令将衣服脱去，投火焚之；赤身为敌担水、挑菜、背鸡、抬子弹数十余里，敌则一旁侧目观笑，兴之所至，山坡道上，随处掳住强奸，夜晚并分配兽军，每班妇女几个加以轮奸。此种万恶滔天之残暴罪行，遍及敌寇所到每一个村庄"。[①]1938年1月，日军占领张家口后，即开设慰安所，同样，驻扎在河北其他地区的日军也遍设慰安所。如日军第14师团第79大队驻扎在易县时，就利用中国的民居改造成慰安所，他们接来4名朝鲜"慰安妇"，年龄在20—25岁，她们充当"慰安妇"的经历已有2—6年了。为了满足部队的需要，接着，该大队又委托在易县活动的日本人再开设一家慰安所，新设的慰安所由日侨经营，并全部用中国"慰安妇"。在承德的第16师团的大野部队驻地，也有慰安所。在石家庄的慰安所前，通常有士兵持枪站岗，以严防中国"慰安妇"逃亡。

在日军前线的据点里，常常只有一个中队甚至小队，他们在八路军游击队的打击下濒于绝望，唯一的愿望就是乞求上级派"慰安妇"来巡回一夜，以满足其官能的快乐。1945年3月，日军独立警备步兵第39大队奉命换防到河北易县，到达易县后，该部队的第一件大事就是尽快建立慰安所，大队本部责成伍长高桥大治郎负责此事。高桥首先开设了"大阪屋"高级慰安所，里面全是日本"慰安妇"，为日军将校军官服务；接着又开设了一家朝鲜和中国"慰安妇"的普通慰安所，供日军尉官、士官和士兵使用。这里的价格是日本"慰安妇"每次5—8日元，朝鲜"慰安妇"每次2.5日元，而中国"慰安妇"每次仅2日元。

日军占领了河北新镇县等地后，与汉奸政权狼狈为奸，强掳民女进行侮辱。[②]据《抗敌报》1938年1月13日报道，日伪强迫各村出15—25岁女子10名。在保定，日军第110师团控制区也设有各种慰安所，"慰安妇"按照国籍分开。朝鲜人的慰安所通常有20—30人，大多数很年轻的女孩子，

---

① 晋察冀边区第三专区各界抗日救国联合会、晋察冀边区第三专区行政督察专员公署：《为狼牙山周围七十余村被敌寇烧杀抢掠奸淫之灾难同胞提起控诉书》，载《晋察冀日报》，1943年6月6日。

② 北京市档案馆编：《日本侵华罪行实证》，人民出版社1995年版，第573页。

还配备了翻译。慰安所由野战医院进行管理。有些慰安所设在农村，条件简陋，没有电气，没有自来水。①

在唐山市，驻有日本陆军航空兵第17327部队（1943—1945）。这支部队拥有不少慰安所，有个被称作"稗子院慰安所"的，建在中国人的民居里，约有15名朝鲜人，进去要支付储备券或军票，但是如果没有钱，递上2支香烟也可以。

在蓟县（今属天津市）的城关镇的西大街东侧，有一木屋，门口挂着一个小木牌，上书"犒军馆"三字，这里日本兵进进出出，穿着上衣下裙的日本、朝鲜女子迎来送往。晚上，常可听到女人的哭声。在西大街的西头路南，住着一个曹姓的日军翻译官，在他家的东边有一幢房子，里面住着一群中国妇女，每天晚上这些中国妇女被迫花枝招展地去对面路北的日本宪兵队"慰安"，直到第二天的早晨才从宪兵队回去。翻译官经常站在大街中央指挥。②在邯郸驻扎的日军士兵们，最向往的事情就是去慰安所，一有空闲，他们就会互相发问："怎么样？去P屋吧？""好的，去！"

现住日本行田市的78岁老人田口新吉1942年9月入伍，被编入第14师团，直到战败，一直驻扎在河北。他回忆过两件有关"慰安妇"的事情，一件是日军设有巡回"慰安妇"。他说：

> 当时，各中队都至少要向前线地区的两个地点派出分遣队，第二中队也向大黄河镇和双望镇派出了分遣队。大黄河镇分遣队的队长是望月少尉，辅助官是太平军曹，分遣队一共23人。
>
> 1944年12月中旬，中队本部来电说，要给大黄河镇分遣队送一名"慰安妇"来，要他们做好准备。分遣队长立刻向下属队员发出这

---

① 【日】《性と侵略》，第81–84页。
② 全国爱国卫生委员会离休干部郑幼德给笔者的来信，1997年6月15日。

样一个紧急通告："慰安妇的房间设在炮楼的一层,凡希望者,今晚6时,从值班站岗者开始,每人值班站岗30分钟,下岗后,立即脱去军装,进入'慰安妇'之房间,至少要在下一岗哨兵下哨后10分钟前完事,走出'慰安妇'房间。"也就是说,一个人才15分钟,真像是上阵冲锋一样。值班站岗虽然说是30分钟一换,但深更半夜的,在零下15-20度严寒的炮楼上站完岗后,一个下岗就脱了军装缩着直打哆嗦的身子,钻到没有暖气设备的炮楼的冷屋子里去抱浑身冰凉的女人,那滋味也真够受的!

第二天,听到那个女人哆嗦着说:那天晚上一共接待了21人,这倒没有什么,可怕的是老得一个又一个抱那些冰凉的身子,真有点忍受不了。那真是一个残酷的性地狱,而有的"慰安妇"就是要这样一个分遣队、一个分遣队地进行巡回慰安。

另一件是用40元买来一个中国"慰安妇":

这是一件发生在第二中队双望镇分遣队的事情。这个分遣队一共有25个人,队长是坂田军曹。时间大概是在1945年的正月左右……一天,大队本部给这个分遣队送来一个看起来大约有40来岁的中国妇女,分遣队便拿出40元钱,将这个女人买了下来。

当时中国的通货膨胀很厉害,一盒大婴孩的中国香烟要10元钱,一盒大前门要15元,洋烟则高达20—25元一盒。但是就是在这种物价飞涨的情况下,这个女人才要40元,虽然她岁数大了一些,但40元这个价钱也太让人吃惊了。我感到这实际上是一种掠夺,出点钱只是为了掩人耳目。

那个女人被带来的那一天,我正好在大队的医务室里。军医说:"你们中队要给双望镇分遣队送一个'慰安妇',要进行一下诊断检查,你来当我的助手。她被送到分遣队后,每月也还要进行两三次检查，那时就由你去检查了。"我一看，卫生兵室的里屋蹲着一个穿棉衣的女人，她微微有些胖，就在医务室隔壁的屋子里给她进行了检查。检查台是从慰安所里临时借来的……①

日军第 59 师团第 54 旅团第 110 大队的伍长富岛健司曾回忆亲身经历的掳掠中国妇女为"慰安妇"的事情。那是 1943 年 12 月，两个小队日本军在渤海湾搜索时，发现了 8 名年轻的中国女子。日军士兵们高兴地狂叫："这回可见到好东西啦，杀了她们太可惜了，这是妇女慰问团。"边说边开始强奸和殴打这些女子。②

在河北的前线据点中，关押着许多被俘女兵，她们大多是八路军的游击队或正规军女战士，被俘后便押到据点充当"慰安妇"。"这些妇女被送到据点之后，一般不让她们住在据点里面，怕有危险，多是在据点外面用土坯盖的仓库里开辟一个角落，改造成慰安室，里面用在扫荡中抢来的衣服、被子什么的垫一垫，然后再放上一个也许是抢来的尿盆，慰安室就算准备好了，然后就是让这些妇女不分昼夜地遭受大兵们的蹂躏了。这种仓库往往只在靠近屋顶的地方有一个用来通气的小窗户，那里的白天也像黑夜一样，刚刚能模模糊糊地看到对方的面孔。晚上虽然可以有油灯照明，但煤油供给很紧，干事时才允许点一会儿，事一完就得赶紧吹灭，在黑暗中等待第二个士兵的到来。分遣队一般没有配给卫生套，因此有很多妇女怀了孕。但是，只要还能受得住，怀了孕也得被使用，实在使用不了了，便拉到壕沟外面去，绑在木桩上，作新兵练习突刺用的靶子。当这名'慰安妇'连同腹中的不知是哪个大兵的胎儿一同被杀死之后，马上就地埋掉。在长达 14 年的战争中，这两三千个据点里被暗中杀掉、埋掉的中国妇女

①【日】日朝协会琦玉县联合会编：《随军"慰安妇"——日本旧军人の证言》，转引自何吉：《日军强逼中国妇女为"慰安妇"资料摘编》，载《抗日战争研究》1993 年第 4 期。
②【日】富岛健司：《野狗》，载《战犯的自白》，第 107 页。

是数也数不清的，恐怕不下几万，乃至几十万人。"①

山东 日军侵占山东的时间较长，范围较广，所设之慰安所几乎遍及全省，如青岛、曲阜、淄州、高密、德州等地均设有慰安所。日军进攻时一路掠夺中国妇女，"一抓到年轻的女性，日军就让她伸开双手，看她的掌心。如果是农民或劳动者的手，就当场将她当作玩物，然后带到县城，卖作'慰安妇'；有钱人家的小妾或女佣。白手心的女人，就被怀疑为是八路军的人，交给宪兵。经过拷问后，大多被虐杀了"。②青岛一市的慰安所有多少虽不得而知，其中日军第16师团一部驻地附近就有3个慰安所，慰安女计60人，其中朝鲜人40人，中国人和日本人各10名。每天慰安所前排着长队，以致每个士兵的"慰安"时间限定为5分钟。一个老兵回忆道："1939年5月，（青岛）登陆后的我们，结伙去慰安所。那是一处像医院般的大房子，一条走廊横在中间，左右都遮着门帘，里面是窄小的床，大约50张吧，女人们横卧在上面。士兵们排列在门帘前，有的门帘上印有红色的标记，表明里面的女人有病。每人可用五六分钟的时间，稍有超过，帘外就喊'还干哪！'也有老兵为了寻找自己喜好的女人，而到处掀帘窥视。"③

日军占领曲阜后，随即指使汉奸设立维持会，规定他们每日必须提供100名妇女充当"慰安妇"，而其还有逐日轮换。④

日军占领济南后，经常侵入民宅，以检查为名，侮辱妇女。日军还指使汉奸为其提供"慰安妇"。原济南澡堂业公会会长魏寿山等为献媚于日本主子，搜罗妓女供日军泄欲。在日伪的"合作"下，济南的慰安所也日益增多。据史料记载："群魔乱舞的济南，有几条广阔的大街，昼夜一样繁嚣，那里有咖啡馆、妓女馆，这区域是不让中国人到的，每个门前拥坐

---

① 【日】日朝协会埼玉县联合会编：《随军"慰安婦"——日本旧军人の証言》。
② 【日】浜崎富藏：《满身是泥的士兵》，转引自矢野玲子：《"慰安妇"问题研究》，第109页。
③ 【日】水野靖大：《与日本军作战的日本兵》，白石书店1974年版。
④ 管雪斋编：《抗战一年》，汉口华北图书公司1938年7月版。

数个花枝招展的神女，专供寇兵兽欲的发泄，这种神女听说比从前增加了三四个。"①魏寿山等汉奸在经二路小纬六路设"皇军招待所"，强迫中国妇女轮流值勤，供敌奸淫。②日军第59师团占领蒙阴、博山等地后，官兵们"除了擦枪，向后方运送病人外，我们的乐趣就是把讨伐中抢来的东西到街上去卖，卖的钱用来洗澡、理发、嫖妓、喝酒"。③在胶济铁路沿线的坊子，日军也设有慰安所，其建筑是L形的；慰安所对军官们实行优惠，军官付1日元20钱就可找日本"慰安妇"，而日军找朝鲜"慰安妇"也要1日元50钱。④在兖州，日军设立过一个全部由朝鲜女子冲当"慰安妇"的慰安所。老兵津山章作回忆说："一个朝鲜女子独坐在煤油灯昏暗的光线中，与日本女人的做法不同，她们是伸开腿坐着，墙壁上贴着像是从杂志上剪下来的女电影演员的头像。隐约闻到一股大蒜的气味。'请进'，她说的日语带有特别的口音，脸部平板、圆眉、细眼，是一张典型的半岛人的脸。……'几年了？' '两年。'她挪动了一下身子，在火盆旁边给我让出了一块我刚好可以坐下的地方。……"⑤在招远县城北门外，也有日军的慰安所，日军士兵天天光顾那儿。⑥

此外，日军还要求各级伪政权，在日军过境时，必须设立"皇军慰安所"和"皇军供应处"，向匆匆奔赴战场的日军提供"慰安妇"和粮草鸡鸭。⑦日军某部的第19大队由于高度分散，无法设立慰安所，因此其在芝罘、龙口驻防时，完全利用中国人的妓院来解决性问题。据老兵回忆，当时不仅在芝罘、龙口，即使在一些乡镇上，也有为日军提供性服务的"P屋"。由此想见，这种临时设置的慰安所的数量是十分惊人的。

---

① 抗争：《群魔乱舞的济南》，载《半月文摘》，第3卷第4期，1939年2月15日。
② 苗兰亭口述、王昭录记：《抗战时期我在济南伪商会的经历与见闻》，载《文史资料选辑》（山东），第4辑，第90页。
③ 转引自【日】森山康平：《南京大屠杀与三光作战》，第56页。
④ 【日】《性と侵略》，第78页。
⑤ 【日】金一勉：《天皇の軍隊と朝鮮人慰安婦》，第108页。
⑥ 【日】桑岛节郎：《華北戦記》，图书出版社1978年版。
⑦ 安作璋主编：《山东通史》，现代卷上册，山东人民出版社1994年版，第277页。

河南 1937年11月5日，日军攻陷安阳，侵入河南，次年又攻占新乡以南地区。"河南作战"的主力是第3师团和第5独立旅团，他们部队的尾部都有一支"慰安妇"的队伍。"她们身穿着军服，跟在辎重队的后面，默默地走着"。[①]如果缺少"慰安妇"，日军便纠合一小撮当地的汉奸，掳掠中国女子。他们推行"治安强化"运动，在各个城市，均设立供日本人和军队玩乐的妓院，如安阳一个小小的县城内，仅前街一条路上就有妓院100多家。[②]此外，日军在安阳街头还劫走两汽车的妇女，以充当"慰安妇"，[③]就这样，日军在河南普遍设立了慰安所。

河南舞钢尹集镇的这三间旧瓦房，就是当年日军的"慰安所"。（张国通2001年摄）

---

① 【日】金一勉：《天皇の軍隊と朝鮮人慰安婦》，第118页。
② 《抗日战争时期的河南》，河南省地方史志编纂委员会，河南省地方史志协会1985年版，第322页。
③ 《侵华日军在河南的暴行》，河南人民出版社1989年版，第23页。

日军到处抓捕中国妇女充当"慰安妇"。1938年冬，日军侵占豫南重镇信阳，"日军每到一处，对未及逃走的妇女，除先行强奸外，还将青年女子带到县城内，开设了近10个慰安所，'花乃家'以供日军发泄兽欲。不仅县城里设有'慰安所'、'花乃家'，连日军占领的集镇上也设有'营妓'"。①1940年4月13日，日军第35师团突袭新乡地区，抓走妇女82人，在遭受百般凌辱后，有9名妇女上吊自杀，19名妇女在长时间蹂躏中，相继被虐杀，其余的54名妇女被押送至山西大同，关入"慰安营"，继续供日军发泄兽欲。②1941年12月13日，日军队长小林率队夜袭朱仙镇的大律王庄，抢走男女青年240多名，运至开封，16日，其中的部分美貌姑娘分配到"芙蓉队"即慰安所供日军淫乐，男子则运往抚顺下井挖煤。③

1942年夏，日军第59师团驻守河南，当时，菊池义邦担任分队长，他们的部队驻在虞城、夏邑和永城等地。刚到虞城，中队长便打算到随军的日本处女"慰安妇"那儿去过一夜。这需要70元钱，因此中队长命令菊池等人去设法弄钱。于是，菊池冲进了一家中国肉店，抢了一头猪卖掉，完成了任务。菊池还回忆道："离虞城约10里（日里）地有个叫侯庙村的村庄，那里派去一个十五人的分队。分配给这个分队一个'慰安妇'。不仅解决性欲问题，还帮助做饭、洗衣等家务劳动。不久，这个村庄遭到袭击。我们接到无线电报告后，立即前往增援……但看到那个'慰安妇'蜷缩在旮旯里颤抖的时候，有一种奇异的感觉。"④

日军占领洛阳后即由师团的后方参谋主持将中国的民居改作慰安所，并掠抢中国女子充当"慰安妇"。⑤1945年4月，日军占领河南邓县县城后，在县城东河街设立一个慰安所，外面挂着一块牌子"慰安团"，里面全是被日军抓来的中国妇女。不仅如此，日军还任意在夜间到街上奸污妇女。

---

① 李秉新等编：《侵华日军暴行总录》，第944页。
② 江浩：《昭示：中国"慰安妇"》，第29页。
③《开封县文史资料》，第一辑，第40页。
④ 转引自森山康平：《南京大屠杀与三光作战》，第54页。
⑤【日】吉見義明、林博史：《共同研究　日本軍慰安婦》，第84—85页。

仅4个月的时间里，日军在城关地区共奸污妇女达500多人，甚至连50多岁的老妪也不得幸免。①曾是日军吕集团重炮兵队的伍长回忆道，战时他所属部队正在河南南部与国民党军队对峙，他因伤而到信阳休养，在信阳接受了"慰安妇"的"慰问"。"慰安妇"有日本人和朝鲜人，而中国人最多，在慰安所，付1元军票后就排队等候，进去后要赶快干。到1941年左右，付费增加到2元，士兵们把慰安所称之为"大众厕所"：需要时进去，"用"完出来便可，下一次需要了再进去就是了。②

三田和夫战时是第117师团的一个少尉，他的部队驻扎在河南的考城县（今属兰考县），部队设有规模很大的慰安所。各部队由上级指定日期到慰安所去，里面都是日本妇女。他回忆说："长期的驻屯生活中，和同一个'慰安妇'一起过日子，觉得就像是自己的老婆一样。士兵们也不再那么贪婪了，他们感到随时可以解决问题。她们因此也像成了驻屯部队的一员。还可以比作装饰品吧，而没有'慰安妇'的驻屯部队，就像没有点心的孩子似的不像样子，因此，士兵们都很珍视她们。"③

20岁的日本"慰安妇"高岛惠子曾与她的4位同伴在郑州，担任日军第12司令部的专职"慰安妇"，她们在军官俱乐部，她回忆说："第一次是被迫与带着师团参谋肩章的少校睡觉，接着要我'为国一身同体'的是参谋部的军官。就这样我在日本政府政策下被迫从事军官'慰安妇'这个下贱的工作。……在河南郑州会战时，各师团的大人物，都要从我的身上送出去。"④

直到日军即将战败的1945年春夏之交，日军仍在鲁山县城、张良等地抓捕青年妇女10余人，组成"慰安队"，供日军奸淫。⑤

---

① 《侵华日军在河南的暴行》，第253页。
② 《性と侵略》，第115-118页。
③ 【日】千田夏光：《從軍慰安婦》，第85页。
④ 《悲愤·血泪：南京大屠杀亲历记》，第198页。
⑤ 《鲁山县志》，中州古籍出版社1994年版，第303页。

兵力輸送の途次のスナップ。この兵士たちが慰安所へ……。

中国北方：大批的日军士兵正准备坐汽车赶往慰安所。

三、山西、内蒙的慰安所

内蒙古 内蒙古的生活条件比较艰苦，为了慰安驻屯在草原上的士兵，日军自1940年起，先后在铁路沿线地区设立了若干个慰安所。这些慰安所与其他地区慰安所的区别是，这里几乎全都使用中国籍"慰安妇"，只有极少数是朝鲜女人。中国"慰安妇"中有不少是女战俘和被掳掠的当地妇女，数量极少的日本"慰安妇"仅供军官们使用。其价格是朝鲜"慰安妇"2日元，中国"慰安妇"1.5日元。这里的慰安所的设施极其简陋，多是利用中国居民的土房子改建而成，又冷又湿。中国妇女被整天关在破屋子里，终日不见阳光，再加上营养不良，很多"慰安妇"患病死亡。

住在日本大宫市的小平喜一回忆当年在内蒙古的经历道：

从昭和十四年（1939 年）起，我在驻蒙古的一个中队里待了大约 3 年零 7 个月。昭和十五年至十六年左右，在铁道沿线地区开始设立慰安所，那里总是满员。

在一般士兵用的慰安所里，有许多中国"慰安妇"。朝鲜"慰安妇"比中国"慰安妇"少，主要给士官们使用。另外有少量的日本"慰安妇"，主要是给将校军官们使用。

从价格上来说，当时上等兵每月的薪饷是每人每月 10 元 24 钱，朝鲜"慰安妇"的价钱是每次大约 2 元，中国"慰安妇"每人每次约 1 元 30 钱。

慰安所多是利用中国人的房屋临时改造的，士兵们就脱了裤子在外边排队等着。当然，他们手里都攥着"突击一号"和许可证。我是基督徒，不去慰安所。

当时日本的大部队都带着"慰安妇"一起行动，"慰安妇"们的食粮也是由部队供给的。当时，日本在海外的军人有 100 多万，现在这些人都对"慰安妇"问题闭口不言，我认为这是很奇怪的。特别是那些军医们，应该积极地站出来讲话。①

从这则史料来看，日军在内蒙古的铁路沿线设立了大量的慰安所，由于地处偏僻，"慰安妇"大多是中国妇女。这些慰安所，自 1940 年建立起，尽管其设施、条件与上海、南京的高级慰安所不能相比，但营业依旧十分兴隆，"那里总是满员"。

1940 年 1 月 5 日，日军攻克绥远重镇五原，为稳定留守五原日军的军心，不久就从山西运来 54 名中国"慰安妇"。慰安所设在一个空粮仓内。由于太匆忙，来不及做一些隔板，只好是大通铺，从而形成了集体奸淫的

---

① 【日】日朝协会琦玉县联合会编：《随军慰安妇——日本旧军人の証言》。

环境。为了避免她们怀孕，日军先令汉奸叫阉猪的王二楞给她们全部作了绝育手术。这些妇女结扎的伤口刚刚长好，便开始慰安日本士兵。最繁忙时，一人一天要接待 87 个日本兵，完事后女人们都坐不起来，大腿流血不止。"慰安妇"菊花遇到一个性虐待的军官，这个军官用一把刮胡子的刀，一刀一刀地割菊花的乳房、腹部和背部，最后菊花竟被活活地割死。有一天，"皇协军"王福森见 8 个日本兵在轮番糟蹋一个只有 15 岁的中国"慰安妇"，少女见到他向他磕头求救。日本小队长见状，给了王福森两个耳光，随即当着他的面调来一个班的士兵，继续作恶。最后，用刺刀挑开已奄奄一息的少女的腹部。这 54 名"慰安妇"，在日军败退撤出五原时，被推入一口井中，然后用炸药炸塌井口，以掩盖罪证。① 据说，前几年还有几个原日本兵到故地重游，曾在井口的地方焚香谢罪。

山西 1937 年秋，日军攻入了山西，此后，第 20、108、109 师团等部驻扎于此。在太原，日军山下兵团于 1938 年初进入城市后，便设立了慰安所，士兵们把"慰安妇"称作"女招待"。士兵福田博正后来回忆这一情况时说：

> 令人吃惊的是进城的两天之后，很快"女招待"就来了。好像汗流浃背地跟在作战部队之后追上来的。几乎全是朝鲜人。②

为对付八路军的游击战和实施统治，日军设立了大量的炮楼据点，这些据点通常只有一个中队甚至一个小队守卫。由于日本"慰安妇"数量有限，这里几乎没有日本"慰安妇"光顾，于是，这些残暴的日军便就地掳掠中国妇女。最初，日军征集当地的娼妓，但这里是穷乡僻壤，娼妓只寥寥几个，根本满足不了日军的需要。于是日军又命令伪政权提供良家妇女

---

① 江浩：《昭示：中国"慰安妇"》，第 45 页。
② 【日】千田夏光：《從軍慰安婦》，第 223 页。

供其泄欲。被抓入炮楼的中国妇女总数极其惊人，据研究，每个地区的据点和炮楼里有几十个甚至几百个"慰安妇"。例如在盂县一地，被抓入炮楼充当"慰安妇"的不知凡几，至今尚在人世的原被迫充当"慰安妇"的老人就有 23 人。①1937 年的 10 月，日军第一混成旅团一部侵入宁武县城，掳掠大批中国妇女，把他们关押起来，圈成临时慰安所，每日奸淫虐待，当日军撤退时，便将这些妇女全部杀死。②

在日军指使下，各地的傀儡政权竟公开征集妇女供日军蹂躏。1939 年，中国记者在由晋逃陕的难民处获得山西文水县汉奸当局颁布的征集"慰安妇"的文件原件，这可谓"慰安妇"史上的奇文了，特存录于此：

> 文水县公署训令，差字第一号令：南贤村长副，为训令事。查城内贺家巷妓院，原为维持全县良民而设，自成立以来，城乡善良之家，全体安全。惟查该院现有妓女，除有病者外，仅留四名，实不敷应付。顷奉皇军谕令，三日内务必增加人数。事非得已，兹规定除由城关选送外，凡三百户以上村庄，每村选送妓女一名，以年在二十岁左右确无病症，颇有姿色者为标准，务于最短期内送县，以凭验收。所有待遇，每名每月由维持会供给白面五十斤，小米五升，煤油二斤，墨（原文如此——引者注）一百余斤，并一人一次给洋一元，此外游客赠予，均归妓女独享，并无限制，事关紧要。……③

除了城镇要送外，连村庄也要送，村庄何来妓女？没有妓女那只能送上良家妇女。但日伪还有条件：一、选送者的年龄必须是"二十岁左右"；二、"确无病症"，否则会将性病传染给日军；三、还要"颇有姿色者"。

---

① 《焦点》双周刊，1995 年 9 月 15 日。
② 李秉新等编：《侵华日军暴行总录》，第 344 页。
③ 《文水汉奸"通令"强征妓女》，载《文献》，第 5 卷，1939 年 2 月。

1940 年后，日军连续在方山县进行长期扫荡，并设立大量据点，据点一建立，他们便命令伪政权召"花姑娘"。于是，伪政权便将"花姑娘"的数量摊派到各村各户，日伪宣称有姑娘的交姑娘，没姑娘的交大洋，然后再由汉奸去雇佣娼妓，送到日军的碉堡里。有时，日军还自己到各村抢姑娘，看见有点姿色的妇女就抢到碉堡里。1942 年，峪口村一个 17 岁的女孩正准备第二天出嫁，结果日军闻讯将其抢入碉堡，从此这个可怜的女孩未做新娘却做了"慰安妇"。①

　　即使在战场上，日军也离不开"慰安妇"。为了对付八路军，日军曾专门训练了一支精锐的作战部队，即第 59 师团的第 111 大队。每个小队由 15 人组成，独立切入中共抗日根据地。在转战过程中，各个小队都配备着一名兼做做饭、洗衣等杂活的"慰安妇"。②

四、白山黑水间的慰安所

　　东北　从辽宁到黑龙江，日军在广袤的黑土地上设立了大量的慰安所。日第 16 师团一个师团就曾在长春、沈阳、旅顺、大连、满洲里、齐齐哈尔等地广设慰安所。1938 年，17 岁的朝鲜少女洪江林被日侨卖入奉天（沈阳）的日军慰安所。③吉林的延边地区也设有很多慰安所，许多朝鲜女子被强掳为"慰安妇"。如光明街慰安所，几乎都是朝鲜的女子，还有"京城慰安所"里也多是朝鲜女子。在大连市也设有不少慰安所，仅一条逢坂町上，就有 20 个妓院，主要是日本人和朝鲜人，她们均穿着和服。第 16 师团第 29 联队驻地，就有日本老鸨经营的慰安所，日本、朝鲜和中国的妇女都有，尤其是中国女子很多，看上去只有 10 多岁，完全是孩子，她们还要干打

---

① 李秉新等编：《侵华日军暴行总录》，第 441 页。
② 【日】《朝日艺能周刊》，1971 年 11 月 4 日。
③ 【韩】韩国挺身队问题对策协议会、挺身队研究会编：《中国に连行された朝鲜人慰安妇》，第 37 页。

大连市的一面街,是日军慰安所的集中之地。(苏智良2001年摄)

水等杂活。在黑龙江的日军炮兵部队也设有各类慰安所,一般士兵一次进入的价格是 1.5 日元。①齐齐哈尔的日军慰安所数量不少,多建在木屋里,有些门口挂有"军慰安所"的木牌;每个慰安所有 10 至 20 名"慰安妇",有日本、朝鲜和中国人,年龄在 17 岁到 30 岁之间。每周有日本军医对她们进行身体检查,以防止性病流行。一个原第 5 军的一等兵战后回忆说,在黑龙江的勃利驻地,设有军队慰安所,大约有十四五名朝鲜妇女,但都取了日本名字,并且穿和服,还有 5 名日本妇女。那已是战争后期的 1944 年,慰安所的建筑像个电影院,门票要 5 元满洲票,"慰安妇"一天要接待 20 名左右的士兵。京都的一名老兵 1943 年驻扎在牡丹江以北的东安,他清楚地记得,当时有不少"慰安妇"随军行动,中国人、朝鲜人和日本

---

① 【日】高木健一:《從軍慰安婦と戰後補償》,第 93 页。

人都有，每次需要 5 日元，他们把慰安所称作"P屋"。在阿城，关东军的重炮兵部队强掳当地女子随军充当"慰安妇"，均是年轻貌美的姑娘，士兵进去"慰安"一次只需 1 日元。[①]

渡边健一是 1945 年作为见习士官到中苏边境的阿尔山去的。令他吃惊的是，就是在这样偏僻的地方竟然也有日军慰安所：

> 在这样荒僻的地方，也安排有妓女（"慰安妇"）。在阿尔山和伊尔设有妓院，朝鲜人和满洲人，一次 5 角到 1 元钱。日本人妇女专接待下士官以上的军官，一次 5 块钱。士兵的薪金，每月才 11 元 5 角。要说日本妇女贵，那可真贵。[②]

在中苏边境的孙吴，日本北满第 4 军驻地，至少在 1941—1945 年，有 3 家慰安所，门牌写"陆军军人慰安所"。每家至少有 10 个"慰安妇"，有的年龄很小，像小学三四年级的学生。慰安所的经营者经常打电话到各部队，以协调士兵去"慰安"的时间，士兵要去慰安所时，内务班长便发给避孕套。当士兵数量与"慰安妇"的数量保持平衡时，日军内十分"和平"，而一旦失衡就有可能发生冲突。在孙吴，2 万人的日军面对 50 个"慰安妇"，于是，日军之间就发生了"慰安妇"的争夺战，甚至双方拔刀战斗。也有些士兵在演习时溜走，去嫖妓或抢夺当地妇女。[③]据日军老兵回忆：1943 年 4 月，"在东满的东宁镇一角，也有朝鲜女性的设施，其数目不详。但不仅有朝鲜女性，还有日本女性，确实是以军官用的饮食店名义'营业'。……这些朝鲜女性是为堂皇的'随军护士募集'广告所吸引而来的，但万没想到是在设施内'营业'。这就是她们被送到满洲各地，成为所谓士兵们处理排泄道具的命运。或许我是一名理想的伤感家，我对由

---

① 参见【日】《性と侵略》，第 24—30 页；本小节未注明出处者，均引自该书。
② 转引自【日】森山康平：《南京大屠杀与三光作战》，第 109 页。
③ 【日】千田夏光：《従軍慰安婦》，第 89 页。

北满黑河市街北方四里的山神府日军兵舍里，也设有慰安所，里面有20名"慰安妇"，这些关东宪兵队文献收藏在吉林省档案馆。

于战争而导致的人这一动物的排泄处理，从心底泛起一种幻灭感"。[1]1943年，在延吉有第一、第二兴亚馆等慰安所，里面主要是朝鲜"慰安妇"，士兵每次为1.5日元，下士官为2.5日元，军官为5日元。此外，还有个叫"银水"的料亭，是个军官慰安所。[2]

---

① 【日】长尾和郎：《関東軍軍隊日記》，转引自矢野玲子著，大海译：《"慰安妇"问题研究》，第106页。
② 参见【日】今井现治：《赤紙兵隊記》，径书房，1987年。

此外，在温春、东亭、龙镇、石头、兰岗、佳木斯、密山、哈尔滨等地也设有数量不等的慰安所，据第 28 师团的一名宪兵回忆，他在佳木斯一地所见的慰安所就有五六家。"慰安妇"的国籍除了中国、朝鲜和日本的以外，还有俄国人。

如果有"慰安妇"怀了孕，野蛮的关东军常常就把这个怀孕的"慰安妇"扔掉，说："随便你到哪里去，到你自己想去的地方去吧！"连 1 元钱也不给。[①]尽管日军在东北各地设立了大量的慰安所，但日军的强奸案并没有因此而减少。至今，东北各地仍残存着不少慰安所的建筑，1992 年，尹贞玉等在珲春发现了原慰安所的建筑，她记载道：

> 那里是只有两个半榻榻米（约 4 平方米）的狭小房间，有着很粗的铁栏杆的窗至今残存，"慰安妇"们像动物一样被囚禁在此，充当日军的"公共厕所"，我感受到了"慰安妇"的痛苦。[②]

---

①【日】千田夏光：《從軍慰安婦·庆子》，第 252 页。
②【日】《女たちの 21 世纪》，第 3 期，1995 年 6 月。

第 5 章 『慰安妇』制度的扩大
——东南亚和日本的慰安所

日军慰安所是随着战争的进行而扩展的，在日军驻扎过的地方，到处都有过慰安所的开设。为数众多的资料证实，在菲律宾、新加坡、马来亚、印度尼西亚、太平洋诸岛等地都有过慰安所。

——《对女性施暴的报告书》

1941 年 12 月太平洋战争爆发后，日军利用美、英力量被牵制在欧洲和北非战场的机会，采取多路同时出击的战法，向东南亚各地和西太平洋岛屿发动进攻，到 1942 年 6 月，日军已占领了菲律宾、印度尼西亚、马来、新加坡、缅甸和泰国等地。日军本部为鼓舞官兵的士气，立即将慰安所有计划地推广到东南亚各地。通常日军首先选择占领地的上等房屋设立慰安所。后来，为规范慰安所的建筑，他们研制了一种简便慰安所房子。这种房子用轻型木材制作，运输方便，拼装简单。这种房子在日本建造，由军舰运往前线，然后拼装成慰安所。于是到 1942 年初，东南亚各地都出现了日军慰安所。

一、东南亚各地的慰安所（一）

日军在东南亚的慰安所与中国战场上的慰安所形式迥异。日军多是占领一地后，即将西方殖民者在当地的最豪华的住宅和别墅据为己有，而白人原来的妻女们，也在"从欧美人的统治下解放出来"的口号下成了军官们的专用"慰安妇"。这里的慰安所主要是日本海军的慰安所。

菲律宾　1941 年 12 月 8 日，日军第 14 集团在本间的指挥下开始进攻菲律宾群岛。由于菲律宾军队装备不足很快就崩溃了。次年 4 月，美军也在巴丹半岛投降。日军一面作战，一面设立了慰安所。最早在菲律宾开设的日军慰安所大约在 1942 年 5 月。保存至今的一份档案是日军在菲律宾中部的班乃岛对依洛依洛第一慰安所"慰安妇"的体检记录，时间是 1942 年 5 月 12 日。而日军登上班乃岛是在 1942 年的 4 月 16 日，可见日军是在登陆后不到一个月就设立起慰安所来的。这里的"慰安妇"是菲律宾女子。

另一则史料表明，1942 年 6 月 6 日，日军独立守备步兵第 35 大队制定了有关慰安所的规定，并在普安设立了只有 3 名"慰安妇"的一个慰安所。接着该大队还于 11 日在卡客仰开设了慰安所，"慰安妇"的人数是 4 名。到 1943 年的 2 月 14 日，该大队的第三个慰安所也正式开张了。在班乃岛东北部的玛斯巴特岛，驻岛守备队也于 1942 年 8 月制定了《军人俱乐部规定》。

稍后，慰安所的管理日趋正规，由日本陆军或者政治机关来负责管辖。1942 年 11 月 22 日，日军政监部比萨雅支部依洛依洛派出所向宪兵队发送了《送呈慰安所（亚细亚会馆、第一慰安所）文件》，其中规定："关于依洛依洛派出所管辖区域"的"慰安所之监督指导，由军政监部掌管。"为了有效管理慰安所，还组织了"班乃岛事业统制会"，下设班乃岛接客业联合会。现存的日军档案记载，该接客业联合会"置于军队领导监督之下"，严守军政监部所实施的法规。该联合会从事的业务名义上是酒店和娱乐场,实际是慰安所。这样,慰安所实质上已置于军队政监部的管理之下。同样,宪兵队与慰安所也有着密切关系。1943 年 8 月,根据巴迪奥宪兵分队的要求,荣特岛塔库洛班宪兵分队对塔库洛班的慰安所情况进行了调查,在塔库洛班街有一家慰安所,内有菲律宾妇女 9 人,经营者也是菲律宾女性,但由当地的日本人担任监督和翻译,并督促"慰安妇"们到塔库洛班以外的各警备地区的日军据点进行不定期的"出差"慰安。1942 年 5 月,日军船舶工兵第 1 联队奉命将 200 名娘子军运往马尼拉。这 200 人中,有艺妓 50 人、舞女和女招待 150 人。

马尼拉的一个慰安所十分豪华,由原来当地著名的莱纳乌德饭店改建而成的,名叫"浪速庄"。卡萨马尼夜总会也改作了慰安所。"慰安妇"除了部分为日本女子外,还广泛征集菲律宾女子。此外,还有大量的中国女子和少量的西班牙、俄国、美国、印度尼西亚等国的女子。也许是物以稀为贵,这些白人"慰安妇"的价格竟比占领军同族的日本"慰安妇"的价格还要高。一个从战火中归来的日本兵这样说:"在马尼拉的慰安所,已经是不顾一切地泡女人,只要有钱就行。记得一晚上,朝鲜人是 3 元 5 角,日本人是 5 元 5 角,西班牙人是 11 元,美国人 13 元。不管怎么说,自抱上女人后,才使人想到:'啊,我活下来了。'"①

1944 年 7 月美军占领玛利安那群岛后,即着手进行菲律宾决战。日军军部为此也增兵菲律宾,并将第 14 军升格为第 14 方面军。侵入菲律宾的日军各部,均独自设立了慰安所,如日军第 126 野战飞机场建设队,是为建筑米达纳欧岛机场而到前线来的,他们到达后首先做的事,就是修建慰安所。为征集"慰安妇"他们买通了当地的权势者,最后得到 6 名当地的女子,从而开通了军队直营的慰安所。

当然"慰安妇"最直接的来源是在对占领地的"扫荡",日军强行绑架妇女充当"慰安妇"。尽管日军公布各种慰安所规定,但实际上各部队均自行其是,设立各自的"性公共厕所"。宋村乔 1944 年时是《每日新闻》

---

① 【日】金一勉:《天皇の軍隊と朝鮮人慰安婦》,第 208 页。

2001 年香港日军暴行见证会，来自武汉（袁竹林）山西（李秀梅）台湾（卢苗妹）和韩国菲律宾的受害者控诉日军罪行。（苏智良 2001 年摄）

的记者，他曾发现在马尼拉的一座 3 层建筑内，一到晚上就会有许多年轻女子时隐时现，好像都是当地女子，后来一了解，原来是个日军慰安所。①

据 1992 年 11 月的调查，在被调查的菲律宾的 30 名原"慰安妇"被胁迫时，年龄最大的为 26 岁，年龄最小的仅 12 岁，她们是在家中或在路上或在河边洗衣时被绑架的。这些被掳掠来的"慰安妇"曾有过极其痛苦的经历。"慰安妇"A 因卖米而去马尼拉并探望姐姐，发现姐姐被人拉到萨·阿古丁教会。于是，A 又去教会寻找，终于找到了姐姐，那里有 50 多位妇女。日军不分昼夜地从那里带走年轻的女子，就在 A 到教会的第五天，她也被日军带到附近的一所女子大学，在那里，两名士兵强奸了她。事后，她从

---

① 参见【日】《落日的马尼拉》，鳟书房 1956 年版。

开着的房门望去，门外又有两名女性被拉进大楼，不久就传来了惨叫声。第二天晚上，A又遭到另外两名日本兵的奸污。

"慰安妇"B是在马尼拉的市场上购物时，被日军绑架的，她和其他女子一起被拉到现在动物园入口处的一幢大房子，这里就是日军的一个慰安所，从此她开始了苦难的生活。

关于在菲律宾的慰安所和"慰安妇"的状况，有些回忆录记载："售票处如同电话亭大小，有十七八名士兵排在那里。到了另一间房子，只见有六七张床，分别用布遮着。听说其他地方使用朝鲜人，可是这里全是菲律宾岛的女性，我瞅了瞅其中的一人，她把脸侧向一旁，在躺着吃面条，两条大腿还分开着。士兵们真是只五六分钟就结束，让给下一位，好一幅繁忙的景象。巡视的卫生官们的任务之一，就是强调士兵们带卫生套。"[1]同样，在战败时日军俘虏对在菲律宾设置慰安所一事也供认不讳。在盟军的审讯报告中有不少这样的记载，如："该俘虏没有疾病。由于慰安所的'慰安妇'们定期接受检查，近来患病士兵并不多见。慰安所在军队监督之下，遍布各主要城市。该俘虏出入的只是马尼拉的慰安所。这座城市有5-6家慰安所，内有朝鲜、菲律宾、中国女性10人左右"。[2]"军队设有慰安所，他在达包奥目击过慰安所里的朝鲜人、'台湾'人和当地的女子。"[3]"在一定的场所，只要有大批驻扎的士兵，就不失时机地设立慰安所，不仅是陆军，海军也一样如此。大致是雇佣朝鲜和中国女子，有时也征用当地的妇女，所获利益成为军队的收入"[4]"马尼拉的慰安所，一部分慰安所在军队管辖之下……民间人经营的慰安所的女子，通常是西班牙人与菲律宾人的混血儿，利用金额为10—20元；军队监督下的慰安所的费用，日本女性和朝鲜女性为2—3元。尽管费用差别很大，但民间人经营的慰安所

---

① 【日】铃木俊雄：《回忆菲律宾战线》，转引自矢野玲子著、大海译：《慰安妇问题研究》，第115页。
② 【日】《審訊報告》第28号，转引自吉見義明编：《從軍慰安婦資料集》。下同。
③ 【日】《審訊報告》第31号。
④ 【日】《審訊報告》第37号。

受欢迎，因为那儿人不太多。"①

马来亚 当日军准备突袭珍珠港时，山下奉文也率领第25集团军开始向马来半岛挺进。经过54天的战斗，以伤亡4600人的代价攻下了马来亚。日军在占领马来半岛后，立即设立了大量的慰安所。据1942年7月20日日军宪兵队的调查，马来亚与苏门答腊的日本人、朝鲜人和"台湾"人中，有"慰安妇"194人，其中多数是朝鲜"慰安妇"。1943年10月，马来军政监部制定《慰安设施及旅馆营业遵守规则》以及《艺妓、陪酒妇雇佣契约规则》。据日本学者从各种史料分析，马来半岛上日军慰安所分布在30多座城市。凡是日军大队规模的驻地周围，几乎都设有慰安所，中队规模的驻地周围则或有或无。曾参加战场报道班的寺崎浩是1941年12月到达贝纳的，他回忆海军部队立即接受了几幢海边的旅馆，第二天就带回了一些会英语的年轻的中国姑娘，开设了慰安所。地处海岸边的高雅上海饭店，成立军官的慰安所。②

在印度支那半岛上，越南是最早被设立慰安所的地区，尤其是海防市的慰安所最多。

泰国 日本海军在万隆河边设立了从"台湾"开来的民营慰安所遥地亭。此外，还有朝鲜、缅甸、越南等妇女的慰安所，以便让日军可以按其所好，各迷酒色。一名日军军官回忆在泰国的见闻说：曼谷"也有随同部队进行的女人们。这里不是帐篷和板房，而是住在像样的妓楼里。由受军方指挥的经营者实施监督，连女人们上街都不行。""这儿也有关于随部队行进的女性们的传闻。尽管大名是叫'慰安妇'，可当地人却认为日本军人是妻子陪着来打仗。""那天夜里，我看见很多随部队行动的女性，从衣服的不同可以判断出她们有日本人、朝鲜人、中国人。女人们谁都不说话，默默地在兵营外面踱步，或坐在长板凳上，表情都很阴暗。""女人们以

---

① 【日】《审讯报告》第573号。
② 【日】《战争景象》，太平出版社1974年版。

或30人或50人搭集团形式，在战场的后方阵地巡回，以满足士兵们的性欲。那一天是预防性病体检的日子，驻地的所有女人们都被集合起来，5个人、5个人地分批走进房顶上写着红十字的大帐篷里，过5分钟或10分钟走出来。她们一边小声地议论着，又走进附近的帐篷。就这样从一个个帐篷出来后，进到稍离营房处建造的木屋里。木房有10间，每扇门上都写有顺序号码，号码下或划一道横线，或划着二道横线。""进木屋里去的女人们再也没有出来。门外仍有20人左右，排着顺序在等候。这等同于轮奸。门上所写数字下面划的横线，表示下士官与士兵的区别。据说，军官们还有另外的俱乐部。"①

缅甸 1941年12月8日，坂田率领第15集团军从克拉底峡登陆，攻击缅甸，于次年3月占领仰光。日军来到缅甸后不久，缅甸各地便出现了各种各样的日军慰安所。"慰安妇"的民族比例大约是50%的朝鲜人，20%的缅甸人，10%的中国妇女和10%的印度女人，还有少量的日本和白种妇女。当日军于5月占领曼德勒、仰光等地后，士兵的日记中就出现了去狎"慰安妇"的记载。如"仰光市内有基督教青年会馆，朝鲜的女子部队到达后，那里成了妓馆。费用是士兵50钱，尉官1元，校官1.5元"。士兵去慰安所的日子是周三和周日，一个朝鲜"慰安妇"一天要接待40—70名士兵。②在仰光，久留米师团设立高级慰安所粹香园，里面有150名从业人员。曼德勒是日军后方兵站基地，在这个与华军、英军作战的前线基地，有9家慰安所，其中日本人慰安所1家，广东人慰安所1家、朝鲜人慰安所3家，缅甸人慰安所4家。还有一家规模最大的，里面的"慰安妇"有缅甸人、朝鲜人、中国人、印度人和当地土人等，被日军戏称为"多国娘子军"。这些慰安所分为军官和士兵两种，每个房间的房门上都有"慰安妇"的名牌，名字却都是"健康良子"、"健康春子"、"健康纯子"等，

---

① 转引自矢野玲子著、大海译：《慰安妇问题研究》，第147页。
② 参见【日】神山润：《缅甸日记》，南北社1963年版。

大多是朝鲜女子。每日晚上，大厅里就放一种奇怪的唱片，女人们穿着长裙，在各个角落发出漫语，撒酒疯的军官，拖着不会跳舞的女人狂跳乱舞，舞曲未终，军官们已迫不及待地拉着女人们进入各自的房间。在中部城市梅克特拉，1942 年 6 月开始的慰安所就达 3 家，"慰安妇"来自日本、朝鲜和中国。

日军第 15 军在避暑胜地眉苗开设了被叫作"酒馆"的慰安所。军司令官牟田口亲自给这个很大别墅取名为"清明庄"。里面有很多小客厅和房间，专门给将校提供酒色服务，烫着长发的日本女人们脂粉扑面，身穿漂亮的丝绸和服，不停地叫："请来一杯。"很多用品包括女人，都是从日本运来的。

中国远征军军官与美军军官一起审问日军"慰安妇"。这些"慰安妇"多数为朝鲜籍。战役初期，慰安妇基本着日军夏季制式军服；日军覆灭前，不少慰安妇换着裙服便衣，以便寻找机会逃命。照片原件藏于美国国会图书馆。

在缅甸的日本"慰安妇"人数是很多的。一个士兵曾回忆说："朝鲜人和日本人有公开的区别，冲绳人介于这二者中间，价格依次有别。朝鲜'慰安妇'多为年轻姑娘，与她们相比，从日本来的'慰安妇'则都是变着法子多挣钱的滑头。"[①]据盟军战后对朝鲜"慰安妇"和日侨的审讯报告，1942年5月，日军曾派妓业经营者到朝鲜去召集"慰安妇"，到8月约有703名朝鲜"慰安妇"被押至仰光，即被送到缅甸各地的慰安所。记者小俣行男曾在仰光遇见过一名原是教师的朝鲜"慰安妇"，当他问到："学校的老师，为什么要到这儿来？"她悲痛地说："我们上当了。募集时说是去东京的军需工厂，因为我们很想去东京，于是报了名。谁知上了停泊在仁川港的船后，就没去东京，而一直往南开来了，结果就到了新加坡。在那儿扔下有一半人，又把我们带到缅甸。真是回去不得，逃走不得。我们都死心了。最可怜的那些不知世事的孩子，这里有8名十六七岁的小姑娘，她们哭着说讨厌这种日子。您有什么办法帮助我们吗？"[②]

目前发现的有关日军在缅甸经营慰安所的唯一一份文件，就是缅甸中部地区曼德勒日军司令部于1943年5月制定的《驻地慰安所规则》，它对慰安所的经营作了详细规定。

二、东南亚各地的慰安所（二）

1942年1月，日军对荷兰所属的东印度、婆罗洲岛、苏拉威西岛等地发动了第一次攻击。3月8日，荷属东印度投降，到4月间，苏门答腊岛、圣诞岛等以及新几内亚岛几乎全为日军所占领。

荷属东印度　当地的日军认为设立慰安所是理所当然的事，因此立即着手建立。驻爪哇岛的日军第16军司令负责兵站的军官，具体承办慰安所、

---

① 【日】金一勉：《天皇の軍隊と朝鮮人慰安婦》，第199页。
② 转引自【日】高桥隆治：《慰安所，男人の本意》，梨之木舍社1984年版。

发放许可证。

当时的荷属东印度有36万欧洲人和大约7000万印度尼西亚人，他们大多住在爪哇岛。

苏门答腊有很多的日军慰安所，"'慰安妇'也有等级，最上层的是日本人，其下是'台湾'人、朝鲜人"，[①]再下边是中国大陆人，更下边是马来人，最低等的是当地的女人。日本第二方面军司令部设在离婆罗洲以东的西里伯斯岛，当军官们要求开设慰安所时，遭到司令官阿南大将的否决，后经过参谋们反复陈述慰安所的"妙用"后，阿南才同意。这在笔者见到的大量史料中是个例外，其结果是慰安所的业务十分兴旺，阿南当然十分得满意。后来那里的"慰安妇"数量相当多，仅一个万鸦慰安所内就有100多名"慰安妇"，为陆、海军共同使用。

在棉兰，设有数家民间经营的慰安所，据一名女性的证词，日军宪兵军官们曾将3名欧洲女性监禁在本部附近，进行奸污，强迫她们卖身。

在南部的苏拉威西，当地的慰安所有23家，其中的200多名"慰安妇"几乎全是印度尼西亚人。除此之外，第2军司令部、巴列巴列与肯达里两处，都是由将校军官亲自负责，由军队直接管理。还有两处表面上由民间人管理，实际上由日军为后盾。

万隆、雅加达、泗水等地均有慰安所，也有由军政机关和各部队双方各自管理的两种。担任"慰安妇"的除了日本、朝鲜的女子外，还有少量的荷兰女子和欧洲混血姑娘。后来由于美军实行潜艇战，日军的运输越来越困难，从后方送来的"慰安妇"也越来越少了，于是，日军就大肆征用当地妇女充当"慰安妇"。

在巴达维亚，1943年6月，一个日本料理店的经营者，接到该地日军少佐设置慰安所的命令，当月，他就在甘费尼克建立了樱花俱乐部，内有不少欧洲女性。战后，这个慰安所老板因此被判处10年徒刑。在1943年

---

① 【日】金一勉：《天皇の軍隊と朝鮮人慰安婦》，第211页。

的下半年，巴达维亚的第二个慰安所也出现了。慰安所的经营者时常到班顿的拘留所，以离开拘留所为诱饵，诱使被关押的欧洲妇女充当"慰安妇"。在班顿，还有由欧洲妇女组成的军官慰安所，战前这里是家旅馆。在班顿近郊的卡利雅奇机场附近，有家拥有 30 名服务员的餐馆，实际上，它是个慰安所。布卡伦坎慰安所附属于凯甘餐馆，内有 23 名欧洲"慰安妇"，至少其中的 16 人是被强迫而来的。

在有大量日军驻扎的哈马黑拉群岛上，也有若干日军的慰安所，"慰安妇"有的来自新加坡和爪哇岛，有的是日军从马六甲群岛中的巴巴尔和莫阿等岛屿找来的女人。在新几内亚也有慰安所，主要"慰安妇"是巴布亚人的女性。

由此我们可以确认，在日军占领荷属东印度的所有大岛屿上，日军均设有随军慰安所，欧洲妇女与亚洲妇女一样，曾在爪哇岛、苏门答腊岛、苏拉维西岛、安汶岛、佛罗勒斯岛以及契莫尔岛上被迫提供性服务。在这里有 200—300 名欧洲女性充当"慰安妇"。还有中国台湾、冲绳、韩国、日本和中国大陆的女子被迫充当日军的性工具。一名中国台湾老人回忆：1943 年，我只有 16 岁，被日本人以到南洋军部福利社做服务生为名，骗到南洋。我们被送到一个椰子树叶盖的大屋子，外面挂着慰安所的牌子，里面共有三四十个女孩子，工作时间从早上 5 点到下午 5 点，主要接待日本军官和台湾士兵，每天 3—5 人。其他女孩比我大两三岁，我因为无法忍受那里的生活曾经自杀两次。[1]

在东南亚的爪哇，日军开设了"将校慰安所"。爪哇宪兵队司令部的《宪兵月报》记载了不少官兵违纪去慰安所的情况。如 1944 年 1 月 25 日，部队奉命转移、在码头待命时，陆军一等兵冲野孝次竟也擅自去慰安所，等他回到码头，部队早已开拔了[2]。3 月 5 日约克加卡尔塔

---

① 《烽火下母女的悲歌，战争性奴隶的告白》。

② 【日】爪哇宪兵队本部：《现役陆军军人、军属非行表（一月）》，《爪宪高第六九号别册》，昭和十九年（1944 年）三月五日，吉林省档案馆藏。

的铁道工厂日军雇员酒后冲入慰安所，殴打"慰安妇"①。同日，爪哇27飞联的士兵1人借着酒兴到军队慰安所殴打"慰安妇"，并对其施以暴行②。飞行第五战队的两名陆军士兵，11月12日，外出酩酊大醉，进入将校慰安所及混血居民私宅，对3名混血女性殴打20多次，并将其中的两名女士强行带出。③众多的违纪记录也表明，在东南亚的日军占领地，慰安所是相当普遍的。

新加坡 新加坡在"二战"中是日军的南方战略基地，是其联结与缅甸、荷属印度（印度尼西亚）、马来半岛的中枢，由日本或中国方面前往东南亚的日军官兵，大多经新加坡送往各地。因此，在新加坡的日军数量十分庞大，根据日本学者林博史的研究，新加坡的慰安所数量也不在少数。1942年2月8日，日军登上新加坡岛，15日，英军投降，东南亚要冲新加坡就此陷落。日军随即屠杀了数万名有中国血统的居民，当这一清洗刚刚结束，3月5日，由日军宣传班管辖的当地的中文报纸《昭南日报》，就刊出了一则"征集接待妇"的广告，广告称："募集各民族的接待妇数百名，年龄17—28岁。被采用者每月报酬至少150元（每月休息一天）。此外，应募时给本人3元，予介绍者2元。应募接待处设在拉夫尔宾馆。有娼妇（暗业）经历者亦可应募。"这个广告虽没有写明刊登者，但报名地点的拉夫尔宾馆是日军兵站管理下的军官宾馆，由此可见，广告显然与日军有密切关系。于是，慰安所便雨后春笋般地开设起来。日军不仅将当地妇女和白人妇女掠为"慰安妇"，还从本土运来大批的妇女，称为"大和部队"。当地的老人指出："英国人一占领殖民地，首先整修道路，法国人建立教会，西班牙人引进教会却拿走金银，而日本人则带来了料亭和

①【日】爪哇宪兵队本部：《现役陆军军人、军属非行表（一月）》，《爪宪高第六九号别册》，昭和十九年（1944年）三月五日，吉林省档案馆藏。

②【日】爪哇宪兵队本部：《现役陆军军人、军属非行表》，《爪宪高第六九号别册》，昭和十九年（1944年）三月五日，吉林省档案馆藏。

③【日】爪哇宪兵队本部：《现役陆军军人、军属非行表》，《爪宪高第六九号别册》，昭和十九年（1944年）一月，吉林省档案馆藏。

女人。"1942年2月27日，在近卫师团通信队无线第2小队的驻地附近，曾开设慰安所。亲历者总山孝雄在《南海的曙光》一书中记载，士兵们迫不及待地排在"慰安妇"的小房间门前，如果前面的人稍费了时间，就会引起众怒："干什么呀？快点干完，后面接上来啦！"边说着，还"砰"、"砰"地打门。后来"慰安妇"们累得趴在地上，苦苦哀求："已经不行了，身体受不了。"值勤的士兵也说："今日到此为止了。"士兵们立即扑上前去，争斗起来。值勤士兵只得将"慰安妇"绑在床上，然后对士兵们说："请进来吧。"[①]战后，在第53师团的联队长高见丰太郎的日记中发现了这样的记载："4月16日9点半，到达新加坡。登陆后，住在没收的英国人的大饭店里。来到浴室，让软禁在饭店里的一名英国少女搓背，并解决了在海上生活了半个月的生理欲望。下午叫法国妓女陪酒并夜宿。"[②]肯西尔慰安所是日军用椰子叶修建的简易房子，门口有宪兵持枪守卫，规定当地人不得靠近。"慰安妇"则有朝鲜人和马来人。在《独立汽车第42大队第1中队阵中日志》中记载，1942年4月30日下达的《会报》第4条"关于慰安"中规定，"禁止进入非指定的慰安所"。而在7月4日的《军会报》中则有"为严肃风纪，并防备间谍及预防恶疾，禁止去非我军设置的慰安所，特别是去私娼窟等处寻求慰安"。[③]新加坡的小学校、女校、教堂等，统统被改造成日军专用的酒馆和茶馆，实际就是慰安所。

下崎吉三郎原是近卫师团步兵第5联队的士兵，他所在的部队曾驻扎在新加坡对岸的约霍尔巴尔。1942年3月的一天，他被叫到大队部，接受开设"酒馆"的命令，并出任负责人。于是，下崎带领士兵确定了山坡上的一幢2层建筑，并运来毯子、床布和消毒液等。接着3名日本"慰安妇"、一批中国广东"慰安妇"和朝鲜"慰安妇"来到了，日本女人要"慰安"军官，

---

① 【日】总山孝雄：《南海的曙光》，丛文社1983年版。
② 【日】能村恭：《将军と女たち》，载《真相》，1946年第6号。
③ 转引自【日】矢野玲子著，大海译：《慰安妇问题研究》，第136页。

因此住在 2 楼，其他人住在底层。第二天。慰安所就开张了，时间是 4 月。①
当时，还有很多日本人到新加坡开设料亭，这种名义上只是饮食店的料亭，
实际上都成为变相的慰安所，料亭女就成了"慰安妇"。当地最有名的是
占据新加坡住宅街山坡上的南华学校后设立的东京的"鹤家"料亭，成了
日本军官的游乐之地，每日莺歌燕舞，通宵达旦。由伊豆长冈温泉来的一
家料亭老板，与第 25 军军政总务部长渡边合作，设立了"图南俱乐部"，
后来因生意兴隆又设立了"南海旅馆"。日军将校的慰安所往往是最豪华、
最奢靡的，那里面的"慰安妇"都是从日本本土来的"大和部队"。这些"受
当时最流行的南方热带风光所吸引的几十名姑娘，在类似于联队旗子的队
旗上，写着'大和部队'醒目的名字，堂而皇之地结成队伍开往新加坡。'大
和部队'登陆后立即展开，其势不可当。朝一处，晚一处，新加坡的宾馆、
饭店、饮食店不知不觉就变成由'大和部队'来经营了，并大量安顿了部
队的娘子军（'慰安妇'）。'大和部队'在新加坡游艺区的进攻，丝毫
不逊于山下奉文将军的马来作战。"②

　　在新加坡岛南方 5 公里的布克姆岛上，曾设立由印度尼西亚女性为主
的慰安所，历经折磨的这些"慰安妇"曾表示，与其拖着肮脏的身体返回
故乡，还不如死在他国。与该岛比邻的申特萨岛上，日军建立了一些商店，
商店的一角是用铁丝网圈起来的慰安所，里面多是朝鲜人。1942 年 11 月，
有十二三名朝鲜人"慰安妇"被送到该岛，开设了又一家慰安所。这些受
骗妇女曾哭诉说："人家跟我们说，是到新加坡来做餐厅服务员，并给我
们一百元的补助费。谁知来了一看，竟让我们当'慰安妇'！"在市街的
晋江会馆大楼，日军曾利用这一建筑设立慰安所。在新加坡东北部的军港
塞莱塔，那里也有海军慰安所。在利根巡洋舰上服役的佐藤隆一回忆，每
次登陆前，值勤的军官就给士兵们发上"上路卡"、"卫生套"和"慰安

---

① 转引自【日】矢野玲子著，大海译：《慰安妇问题研究》，第 139 页。
② 【日】金一勉：《天皇の軍隊と朝鮮人慰安婦》，第 191 页。

所利用券"等。由于有时是 4 艘军舰同时进港，因此慰安所前排起了长队，"慰安妇"均是朝鲜和中国的女子。士兵返回军舰时，需象征性地报告："某某一等兵，使用了卫生套了。"①在加东的慰安所里，有不少印度尼西亚的"慰安妇"，她们都是从印尼被抓捕运送来的。

战争结束时，有大量的朝鲜"慰安妇"被日军抛弃在丛林和农村。战后 50 多年来，人们在东南亚各地经常发现能讲日语的朝鲜老妇。1996 年，路过柬埔寨金边北方磅湛省偏僻的石刚村的韩国商人黄基尹，意外地发现了一名原日军"慰安妇"。这位人称"洪祖母"的老人，原名伍妮，家住朝鲜半岛的真同村。1943 年她才 17 岁时被日军用船由釜山押至柬埔寨，充当"慰安妇"，她忍辱负重，要不是信仰佛教，她也许早就自杀了。日军战败后，她被遗弃在柬埔寨，她无法返回家乡，只好在当地继续活命，曾与一名男子结婚，育有两女一子，只是好景不长，在柬埔寨的政治冲突中，其子被杀。她在世的唯一愿望就是希望能回故乡去看一看。②

马里亚纳群岛　1942 年底运输日本"慰安妇"的船只到达马里亚纳群岛，由于只有 120 名"慰安妇"，每个岛只能配备 20 名。有个叫昭子的"慰安妇"，人长得十分漂亮，她的最大理想是回国后开一家小小的料理店，在这个小岛上熬满两年的苦难生活后，昭子终于怀抱着钱财回国了，然而半途遭遇美军潜水艇的鱼雷攻击，葬身鱼腹。在塞班岛上的"慰安妇"们在战争的最后时刻，其命运也是极为悲惨的。

东加罗林群岛　该群岛由雅浦岛、特鲁克群岛、波纳佩岛、帕劳群岛等 900 多个岛屿组成。日本联合舰队在太平洋上重要基地东加罗林群岛的特拉克岛，有好几家慰安所，"慰安妇"总人数达 300 多人。很多日本的少年兵在此第一次接触到女人。在提尼岛上，慰安所设在并排的 3 幢平房里，共有 60 间小房间，地上铺着麦草，当从日本本土来的"慰安妇"到达时，

---

① 转引自【日】矢野玲子著，大海译：《慰安妇问题研究》，第 137 页。
② 香港《明报》，1997 年 6 月 17 日。

日军蜂拥而至，由于"慰安妇"过少，规定每周的一、三、五接待士兵，二、四、六接待军官，又因为士兵太多，只能通过抽签来决定顺序。这些"慰安妇"原来与军队签订工作一年的合同，但是结果却与士兵们一起全部阵亡在这座岛上了。日本前首相中曾根康弘战时担任海军第二设营班的主计长，在米达垴岛和波卢内尔岛上构筑飞机场，为了使3000官兵能情绪激昂地完成任务，他曾负责设立慰安所。[1]

布干维尔岛　日军最南端的根据地是布干维尔岛，布干维尔岛（Bougainville Island）西南太平洋上所罗门群岛中的最大岛。其中心是腊包尔，约有17万名陆海军人。当然，也有分属于陆海军的慰安所。1942年1月，日军占领腊包尔后，首先凌辱了澳军撤退时留下的一些军属和地方官员的家属。随之，后勤部门行动迅速地用运输船从日本运来组合式的简易慰安所。每幢有10间3张榻榻米的大房间，共建立了3幢。取名为"科科波慰安所"。海军则没收澳大利亚人的别墅，设立"拉皮安山庄"、"布纳卡庄"等作为海军专用慰安所。接着，"慰安妇"比无线电监听班还要早到来。当第一批朝鲜"慰安妇"到达后，科科尔慰安所的门口便排起了几列长长的队伍。这批"慰安妇"整天整夜地受到日军官兵的蹂躏。据一名朝鲜"慰安妇"后来回忆，一天要接待90多名士兵，连吃饭的功夫也不给。管理部搞来点饭团，就让"慰安妇"们一边被士兵骑在肚皮上，一边吞下饭团。因为没有时间去厕所小便，便一直忍着，结果躺在那里小便就失禁流了出来。尽管这时的"慰安妇"的下身被士兵的精液和小便搞得像泥潭，又脏又臭，但士兵们竟全然不顾。[2]也有从日本国内运来的妓女和良家妇女。当这些妇女被检查下身时，军医问道："为什么要当'慰安妇'？"女子们惊讶地反问道："什么？不是当打字员吗？"1943年5月29日，阿图岛的2000人守备队被盟军全歼后，腊包尔到处弥漫着"最后一夜"说法。

---

①【日】中曾根康弘：《私は苦心して、慰安所をつくってやった》，载松浦敬纪编：《终んなき海军》，文化放松开发出版部。
②【日】金一勉：《天皇の軍隊と朝鮮人慰安婦》，第218页。

士兵们拼命地找"慰安妇"发泄，"慰安妇"的门前如同银座。连盟军空袭时，走向深渊中的士兵也不放开"慰安妇"。即便是到了防空壕内，性行为仍不中断。在拥挤着的数十名士兵面前，士兵与"慰安妇"的性行为照常进行。因为，在士兵看来，反正是要死了，干了好事再死吧。这里已经疯狂到没有一点人性的地步了。[①]

前文提到的麻生彻男复员后回到福冈，但太平洋战争爆发后他又被征召，作为高射炮部队的军医而来到了腊包尔。在这个岛上他曾为怀孕的"慰安妇"做过绝育手术。

三、日本本土的慰安所

日本本岛　日军在日本本土也设有慰安所。通常而言，日军在国外设立慰安所的主要目的是防止日军对妇女的暴行。那么，日军在其国内设立慰安所的目的又是什么呢？日海军第三鱼雷艇队《战时日志》中的"兵员劳动慰安并休养之概要"记载说："该队兵员颇少，又为特殊部队，兼之担负作战警备及整备任务，相当劳累。因此，为使之充分睡眠或入浴，需指定食堂，指定慰安所。本月有慰安演出一次，且有该市女子青年团之慰问，适当进行休养。"[②]因此可见，日军在国内因任务紧张，力不从心，负担过重，从而将妓院改作慰安所，以示慰问。

日军在国内设立慰安所始于中日战争开始时期，且多是将妓院改建而来的。到太平洋战争爆发后，由于军方的强烈要求，日本国内也建立起慰安所来。1944 年 2 月 25 日，日本颁布《决战非常措施要纲》，大部分高级餐馆、艺妓馆、青楼等被迫停业，妓院的设施被用到战时生产方面去，当然包括转变为军队慰安所。千叶县的木更津是日本航空队的基地，1941

---

①【日】金一勉：《天皇の軍隊と朝鮮人慰安婦》，第 225 页。
②转引自【日】矢野玲子著、大海译：《慰安妇问题研究》，第 153 页。

年，该地航空队便在六轩町设置了专用慰安所。北海道的钏路市，海军第三鱼雷艇队于 1944 年 7 月，将该处的 6 家妓院改建为海军慰安所，征集来的"慰安妇"约有 50 人，每个慰安所约有 7—10 人，除了日本"慰安妇"外，在朝鲜人经营的慰安所里，还有朝鲜"慰安妇"。这些朝鲜"慰安妇"是从铫子胁迫来的，有的妇女不甘凌辱而跳海自杀。当地的三轩町的烟花巷，虽然不是日军专用的慰安所，但经常有航空队的官兵混杂在民众中间出出进进，每小时的价格是 2 日元，住宿则是 2.5 日元，妓女们和"慰安妇"一样，每周检查一次性病。是年的秋天，海军在千叶县的茂原设置了 7 家慰安所，每个慰安所约有六七名妇女，非军人是不准入内的。在奈良的机场的工地上，大和海军航空队委托大林组设立军人慰安所，这个慰安所设在一幢楼房里，楼内共有 28 间房间，这里有 25 名 17—24 岁的朝鲜"慰安妇"被迫充当日军的性奴隶。1944 年 4 月开始动工的四国观音寺市的海军飞机场里，也设有慰安所，均是朝鲜"慰安妇"。"慰安妇"的人数虽不清楚，但从该所用有 30 多间小屋这一点来看，人数不会少于30 人。

在日本慰安所里的朝鲜"慰安妇"，过着悲惨的生活。1944 年，朝鲜晋州高一学生、16 岁的姜德顺被骗征入"女子勤劳挺身队"，被带到日本，押入一个日军的帐篷，从此每天要遭受 10 多名士兵的凌辱，部队转移时，"慰安妇"也得跟着转移。这样一直熬到战争结束，而姜德顺在返乡途中，发现自己已经怀孕了。现居住在韩国的崔明顺 1945 年 19 岁时被胁迫到日本国内，在广岛的军人之家，她连续被强奸达 2 个多月，然后被带到一个不知名的军队慰安所里，每天被迫对军人"慰安"，连星期日也要接待 20 人，慰安所的门口有军人监视，"慰安妇"完全处于被监禁的状态。

冲绳 冲绳的日本慰安所又与日本本岛的不同。

日军是在 1944 年 3 月 22 日开始加强西南群岛的防卫力量，并组建了第 32 军。在第二次世界大战的末期，冲绳是最惨烈的战场之一。冲绳的日军达15万人，包括岛上17—45岁的男子，还有大量中学生组成的义勇队，最后有9万日军阵亡，非战斗人员的伤亡达10万以上。因之在战争后期，慰安所也突然大增。在伊江岛，要塞勤务第6中队于1944年5月紧急建造了慰安所的临时房子，但更多的是利用民居来作为慰安所的场地。

最初，日军计划将著名的红灯区迁町的妓院全部转移到军队去，但遭到了妓女和鸨母的反对。结果，日军从朝鲜征用了大量的朝鲜姑娘。尽管这样，还是不能满足军队的需要，有些朝鲜女子便作为巡回"慰安妇"而穿梭于各部队之间。"从朝鲜带来的姑娘都是20个人一起行动，在各个部队巡回。在极为简陋的栅栏当中，一个接一个地接待列队等候的士兵。最后，听说把筋疲力尽而不能动弹的'慰安妇'硬装进开往下一个部队的卡车。"①

同时，日军仍没有放弃将当地娼妇充作"慰安妇"的打算，他们派遣部队长官集合妓女训话说："现在是国民总动员体制，不分前方后方，女人也是最厉害的武器。女人激励、慰安士兵关系到战争的胜利。遗憾的是，我们部队没有来过一个冲绳的妇女。我们是来保卫冲绳的，可是却得不到冲绳妇女慰问，这使得我们没有情绪为你们保卫冲绳……相反，倒是朝鲜人干得很好，专心致志地慰问士兵。你们冲绳县民与朝鲜人相比不觉得可耻吗？"②于是，在日军的强逼之下，当地妇女也加入了"慰安妇"的行列，并形成了"慰安妇"系统。这个系统中身份最高的，自然是日本本土的"慰安妇"，其次冲绳人，最后是朝鲜人。

据有关调查，在冲绳的西南群岛至少有130处慰安所，其中有61家是使用民房开设的，其他多是临时住房、旅馆、饭店、艺妓公民馆、诊疗所等。在冲绳的慰安所中，有42家使用冲绳本地女性，有40多家使用朝鲜"慰安妇"，有5家是朝鲜人和冲绳人混杂的，有2家是冲绳人和日本岛人混杂的，另外，冲绳人与日本本岛人混杂的、冲绳人和"台湾"人混

---

①②【日】金一勉：《天皇の軍隊と朝鮮人慰安婦》，第214页。

杂的各一家。还有 33 家情况不明。慰安所的"慰安妇"人数少的只有两三人，最多的达 50 多人，平均约 12 人。但有 60 多家慰安所人数不明，因此，总数较难计算，估计为 1600 人左右。

战争后期，冲绳成为日本抵挡盟军进攻的主要防线，日军动员了上万民工和其他人员投入最后一战的准备，给予这些民工们的报酬与刺激之一就是可以使用"慰安妇"，连"小学高等科刚毕业就去搬运弹药、发放食品的小雇员，也每月领到一张慰安所的入场券"。① 这些高小毕业的少年还刚刚发育，甚至有的还没有发育。

尽管慰安所遍及冲绳各个角落，但日军对冲绳妇女的暴行却不见减少。日守军第 32 军的大部分士兵，是从中国战场上调回的，到达冲绳时，军参谋长就命令部队"严防性侵犯行为"，"军司令官决心对强奸处以极刑，并处分其直属上级军官"。② 但是，由于这些士兵在中国已习惯于军纪涣散的生活，所以强奸、抢劫等事件屡屡发生，即使在美军登陆，处于激战的时刻，仍有强奸事件发生。还有证言指出，在美军已经逼近南部战壕时，仍有 2 名当地女性为日本兵所强奸。

小笠原诸岛是位于日本东南太平洋中的一个群岛，战时这里的日军兵力达 17700 人，这里也设有慰安所，"慰安妇"是由军队直接从东京的洲崎和吉原等地弄来的，慰安所受东京军部直接指挥。③

---

① 【日】金一勉：《天皇の軍隊と朝鮮人慰安婦》，第 216 页。
② 转引自【日】矢野玲子著、大海译：《慰安妇问题研究》，第 151 页。
③ George Hicks：《性の奴隷：從軍慰安婦》，第 98 页。

第6章 「慰安妇」制度的运作

> 每名"慰安妇"大约一天要接客 29 人次，多者接客达 100 人左右。
>
> 日本军人认为，打仗前如能玩玩女人，就会交好运，不会受伤。随着对中国侵略战争的扩大，仗越打越大，日军对性的要求也越来越强烈，因而越来越多的"慰安妇"被送上前线。……凡是有日本军队作战的地方就有"慰安妇"。
>
> ——韩国梨花女子大学教授尹贞玉

南京大屠杀前后，日军高层决定在军队中建立慰安所，这表明日本陆军已承认短期击破中国的战略失败，为了进行长期艰苦的作战而不得不面对现实，给各部队普遍配备"慰安妇"。于是，日本军部为了维持军队秩序，激发官兵的士气，防止性病的蔓延，对军队慰安所和"慰安妇"的管理体制作了规定，从"慰安妇"的征集到慰安所的运营，从安全套的发放到"星秘膏"的监制，逐渐建立起一整套的慰安所管理系统和运作模式。

一、"慰安妇"制度的指挥管理系统

如前所述，关于最初的"慰安妇"征集，是在松井石根为首的日军华中方面军司令部命令下完成的。此后，华北方面军甚至日本中央军部、朝鲜总督府、"台湾"总督府以及外交机构等均参与了"慰安妇"的募集与运输。

在战争的初期，"慰安妇"的征集一度十分混乱，有些日侨利用军队的名义，强行征集民家妇女，从中谋取暴利；有些部队则通过随军记者或"慰问者"在日本进行私自征集，引起不少混乱；有的部队所委派进行征集工作的人选使用绑架手段，有的人甚至被当地的警察扣了起来。有鉴于此，后来，日本陆军省兵务局发布了《关于募集军慰安所从业妇等的通牒》一文，规定今后凡有此类招募，一律由派遣军一级进行"统制"；各军在征集"慰安妇"时，一定要选择适当的人来担任这项任务；而且进行招募时，要事先与当地的警宪取得联络。[①] 尽管有此规定，实际上日军对"慰安妇"的征集仍经常是野蛮、无序的。

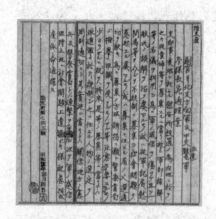

日本军部关于征集"慰安妇"、建立慰安所的文件。（引自吉見義明：《從軍慰安婦資料集》）

1938 年 3 月，陆军省在《关于军队慰安妇从业妇募集等的通牒》中要求："在募集时，应周到确切地在派遣军统一管理下，选定适当人选"。在 1938 年 5 月 25 日，日陆军省的教育总监部向部队发出《战时服务提要》，共分为

---

① 【日】陆文密第 745 号：《副官给北支那方面軍及中支派遣軍参谋长的通牒》，1938 年 3 月 4 日。该通牒是由陆军省次官梅津美治郎及兵务局长今村均签发。藏于日本防卫厅防卫研究所。

八章，在第八章《人马的卫生》中规定：关于性病要有积极的预防办法，军队慰安所的卫生设施必须完备，并严禁官兵接触军队指定以外的娼妓、土民等。①1940年9月19日，陆军省副官川原直一向陆军部队下发了一个机密文件，题为《由中国事变的经验观测军纪振作的对策》。文中承认，日军在中国战场出现很多的"掠夺、强奸、放火、杀害俘虏"的事件，因此，要求对慰安所进行有效的管理。据该文件记载，1937年至1939年底，日军在中国共发生放火惨杀事件420件，强奸并致死伤的事件312件。这一数字显系大大缩小，颁发此文件的目的不是在于杜绝这类事件，而是担心强奸案的频发而导致日军中性病的流行，从而影响其战斗力。②这在下面这份文件中也得到了印证。1942年6月18日，陆军省医务局卫生科起草了《关于大东亚战争中官兵的性病处置文件》。该文件的背景是由于战场日军中性病流行，一些老兵回国后，将性病也带回到日本，从而引起了日本内地和军部的极大恐慌。因此，文件规定，第一，必须对作战部队的性病防治进行切实的指导，尽量避免感染的机会，执勤地的慰安所等的管理应得到加强。第二，在官兵返回内地前，须在现地进行严格的性病检查，发现患者须由医院收容治疗，治愈后才能返回内地。第三，如性病患者在治愈后仍有复发可能者，须由医院院长在病人返乡之际通知其出生地的地方长官。文件要求有关各方从民族的前途着想而严防性病在日本国内蔓延。③

为了加强对慰安所的管理，在华日军指挥当局经常召开各种会议，研究措施。

慰安所事宜通常由派遣军的参谋部负责，特别是后方参谋，他们根据陆军省的指示展开工作。战时日军的战略单位是师团，师团中枢司令部以下，设有参谋部、军医部、兽医部、兵器部、管理部等，慰安所由军医部和管理部共同负责。军医部主要在卫生方面确保"慰安妇"的正常工作，

①【日】吉見義明編：《從軍慰安婦資料集》，第163页。
②【日】吉見義明編：《從軍慰安婦資料集》，第165–170页。
③【日】吉見義明編：《從軍慰安婦資料集》，第171页。

它负责招集军医对慰安所进行检查，防止性病的流行。由于军队内妇科医生较少，因此，这一任务多由内科或外科医生来完成。军医部掌握着整个师团所有"慰安妇"的档案。在健全的师团内，每个"慰安妇"都有一本户籍本，上面贴有该"慰安妇"的照片，记录着她的征用、体检等基本情况。军医部还有权命令患病的"慰安妇"停止营业。而管理部则负责慰安所的建立、运行和转移等事情。

有些部队在酒保部或兵站下专门设立慰安所科，以具体管理慰安所事务。如驻上海的日军第 7331 部队，就设有慰安所科。① 在汉口，每逢"慰安妇"到达时，兵站慰安所科即协同慰安所的老板一起调查"慰安妇"的照片、户籍抄写本、警察的许可书、地方政府颁发的身份证明书、病历等。② 一般的慰安所都要让卫生兵给"慰安妇"拍照，然后分送军医部和宪兵队等，军医部将她们的半身照贴在制作好的花名册上，这就是"慰安妇"的户籍册。而宪兵队则依照"慰安妇"的档案进行警卫和监视。在大城市及部队的通过地，由兵站部负责建立和管理慰安所。

在南京、上海、武汉等主要城市，日军对慰安所系统更为重视，由多方协调管理。1938 年 4 月 16 日，驻南京的日本陆军、海军和领事馆方面举行联席会议。对"慰安妇"问题做出如下决定：一、陆海军专属的军队慰安所与领事馆无关；二、关于一般人也能利用的慰安所，其老板方面由领事馆之警察管理，出入其间的军人、军属则由宪兵队负责；三、在必要的时候，宪兵队可以对任何慰安所进行检查、取缔；四、将来军队也可把民间的慰安所编入军队的慰安所；五、军队开设慰安所时，须将"慰安妇"的原籍、住所、姓名、年龄、出生及死亡等变动情况及时通报给领事馆。③ 同年的 7 月 5 日，上海的日军和领事馆也达成协议，其内容与南京基本相同，

---

① 【日】吉見義明编：《從軍慰安婦資料集》，第 271 页。
② 参见【日】山田清吉：《武漢兵站》，图书山版社 1978 年版。
③ 【日】吉見義明编：《從軍慰安婦資料集》，第 179 页。

一般的慰安所由领事馆负责，而军队慰安所由军队监督、统制。①

日军对慰安所的管理包括：

第一，卫生方面。"慰安妇"都要定期接受性病检查，患性病者将随时淘汰；慰安所须经常保持清洁，有些地区还对慰安所的接客室、走廊、厕所、盥洗室、被褥、床单、枕套等的清洁消毒制定了评分标准，并定期进行检查评定。②

第二，慰安所的使用方面。为了维持慰安所的秩序，维护"皇军"的威严，日军各部都制定了各种慰安所的使用规定。如规定各分队去慰安所的时间、使用慰安所的价格、一次使用的时间、必须使用的工具（安全套）等。有的还规定在慰安所内不得饮酒、不许有粗暴行为、将校和士兵的出入口要分开等。有的部队为了维持慰安所的秩序，发明了一种"号牌制度"，即规定到慰安所去的军人每人每次只能买一枚"号牌"，一次有效，由慰安所回收，无牌者一律不得入内。③

第三，"慰安妇"的管理方面。"慰安妇"在慰安所中受到严格的监督限制。首先是训练刚刚担任"慰安妇"的妇女掌握各种技巧，以便能让性欲旺盛的士兵在三两分钟内解决性问题，不能做到这一点的"慰安妇"将受到处罚。还有规定"慰安妇"必须随时接受宪兵的监督检查，必须定期由军医检查身体、不许随便外出、不许与当地居民接触、要将所得收入的部分上缴军方等。在这些方面，中国的"慰安妇"往往所受到的限制最多。

第四，生活管理方面。在大多数日军慰安所内，"慰安妇"的饮食、衣物、化妆品以及日常用品等，原则上由军队供给的，不过要收取费用。"慰安妇"一旦生病，一切费用由"慰安妇"个人承担；如患重病，日军多将其一丢了之。如"慰安妇"怀孕，日军往往是杀子留母，因为对于他们来说，只有女人才有用。当危急时刻或濒临失败时，日军常常将"慰安妇"杀死，然后

---

① 【日】吉見義明编：《從軍慰安婦資料集》，第 181 页。
② 【日】《马尼拉认可饮食店 慰安所规则》（1943 年 2 月），藏日本防卫厅防卫研究所。
③ 【日】防衛厅戰史部编：《支那事变陆军作戰史》，朝云新闻社 1976 年版。

撤退。

从现存的各种慰安所规定来分析,菲律宾日本军政监部颁布的亚细亚会馆、第一慰安所的规定最为详细,全文如下[①]:

一、本文规定由菲岛军政监部比萨雅支部依洛依洛出张所长管理的慰安所的有关事项。

二、慰安所之监督指导由军政监部掌管。

三、警备队医官负责监督并指导有关卫生事项,每星期二的15时起为慰安妇检梅。

四、本慰安所的利用者,只限于穿制服的军人及军队之附属人员。

五、慰安所之经营者,必须遵守下述事项:

1. 保持房间、寝具清洁,并日光消毒。

2. 完备洗涤消毒设施。

3. 禁止不使用安全套者享乐。

4. 禁止患妇接客。

5. 严格禁止慰安妇外出。

6. 实施每日洗澡。

7. 禁止规定以外之享乐。

8. 经营者须向军政监部报告每日的营业状况。

六、利用慰安所者须严守以下事项:

1. 绝对严守防止间谍规定。

2. 不得有对慰安妇和业主施暴或胁迫行为。

3. 费用以军票交纳,事先支付。

4. 使用安全套,并且确实洗澡,预防性病,以期万全。

5. 无菲岛军政监部比萨雅支部依洛依洛出张所长之许可,严禁

---

① 【日】吉見義明编:《從軍慰安婦資料集》,第325页。

携带慰安妇外出。

七、慰安妇散步限于每日上午8时至10时间，除此之外，须经依洛依洛出张所长之许可。散步区域根据附图（图略——译者注）。

八、慰安所的利用仅限于携有外出许可证（或可代替之证明书）者。

九、营业时间及费用如表6-1所示。

表6-1 菲律宾两个日军慰安所营业概况

类别	营业时间	游兴时间	费用	
			第一慰安所	亚细亚会馆
士兵	9：00－16：00	30分钟	1.00	1.50
下士官军属	16：00－19：00	30分钟	1.50	2.50
见习士官将校	19：00－24：00	1小时	3.00	6.00

各部队去慰安所的时间与顺序，则由部队的后勤参谋和副官负责。"补给副官"的使命就是安排各中队轮流去慰安所。慰安所的外出证由各中队长发给，故士兵们经常出入于中队部，举手报告说："某某一等兵，现在想去慰安所，请发给慰安所出入证。"

日军尽管在全军推行"慰安妇"制度，但他们极端害怕国内外知道"慰安妇"制度的真相，将"慰安妇"作为军事机密。不管是士兵、军官还是新闻记者，严令禁止议论与报道。据当时菲律宾报道班队员今日出海的回忆："从台北乘飞机回国，当时房子被烧，家人疏散到逗子去了。然而东京的报导部马上与田浦的宪兵队取得了联系，宪兵来到我家严肃地向我宣布：'在菲律宾的一切，谁也不能告诉，当然也不能写，和朋友交往也要谨慎。'并命令町会长、邻组等监视出入我家的人。"①

---

① 【日】金一勉：《天皇の軍隊と朝鮮人慰安婦》，第215-216页。

二、"慰安妇"的征召

被日军强征的中国"慰安妇"。（采自伊藤孝司：《白飘带噙在嘴》）

日军对"慰安妇"的征集方法，因国籍和战争的前、后时期有所区别。首先，是着眼于日本国内的妓女。因为，在军方看来，理论上日本女人是士兵最合适的"慰安妇"。当时日本国内约有25万—30万名妓女，从中募集三四万人应不成问题。但不久军方就放弃了这一做法。其原因是，这些被征集到战场去的日本妓女多是疲惫不堪的、患有性病的女子，作为"慰安妇"并不适当。而在日本国内大规模地募集良家妇女，又会成为国内的社会问题。在此情况下，日军把目光转向了殖民地的朝鲜和中国战场。

在日本和朝鲜，"慰安妇"主要由日军差遣一些妓业主、商人、流氓等出面招募。军方之所以不直接出面或尽可能地少出面，是因为这样可尽量避免引起民众的反感与厌战，使战争能按他们的要求继续进行下去。同时，万一东窗事发，他们可以推卸责任，逃脱罪责。但即使在日本国内，由商人、流氓等出面招募"慰安妇"，并不是无所顾忌的。于是，他们先是把本来就以出卖肉体营生的日本妓女当作目标，后来又由于日妓资源有限，而把目标转向殖民地朝鲜。朝鲜"慰安妇"的征集主要有三种手段：第一是胁迫。通过村长、警察、流氓等逼迫年轻女子跟随他们。也有被日军等抓捕后，投入慰安所的。第二是欺诈。以护士、洗衣、烧饭、杂活等就业为名，诱骗女性。在目前出庭作证的51名韩国"慰安妇"中，有31

名是被就业欺诈招募的。第三是人身买卖。这里主要不是父母卖女儿，而是人口贩子所从事的人身买卖。

早在战争初期，迫不及待的日军便开始在战地大肆掳掠中国妇女充当"慰安妇"。随着战争的扩大和升级，侵华日军的增加，日军更残暴地掳掠中国女子充当"慰安妇"。在中国战场，日军主要通过以下手法来进行"慰安妇"的征集。

第一种是在战场或占领地，通过暴力强行掳掠当地妇女。日军在上海掳掠中国女子后，当众"剥掉衣裳，在肩上刺了号码。一面让我们的女同胞羞耻，不能逃跑，一面又让满足他们的兽欲。"①日军占领海南后，即派兵下村强捕女子，供其蹂躏。或者在强征的劳工中，挑选美貌的汉族、黎族女子投入"快乐房"慰安所。②在山西新占领地，日军直接到村庄抓捕当地姑娘充当性奴隶。

第二种是设下种种圈套，诱逼妇女坠入陷阱。日军占领上海后，便在市中心的"孤岛"租界里诓骗妇女："他们放出野鸡汽车，候在娱乐场所前面，等顾客上车后，汽车飞也似地驰着，到了僻静地方，将男子抛下或干掉，女客便从此无影无踪。"③日军占领香港、广州后，以招募赴海南当护士、医务人员为名，骗招300多名青年女子，其中相当部分是大学生，小的仅17岁，大的20岁；她们被运至海南昌石县投入石碌慰安所。④在海南岛，日军组织所谓的"战地后勤服务队"，他们鼓吹说其任务是给日军官兵洗衣服、照顾伤员、打扫营房卫生的，诱使妇女参加。实际上是强迫良家妇女供日军官兵发泄性欲，任其蹂躏。这种"战地后勤服务队"的人员，绝大部分是即地强征。

第三种是占领一地，形势稳定后，依靠汉奸组织协助，挑选妇女充当"慰

①宋美龄：《抗战建国与妇女问题》，《妇女共鸣》，第8卷第56期，1938年，第3页。
②符和积主编：《实录》，第547页。
③《孤岛近讯》，《妇女生活》，第5卷第12期，1938年。
④何十里：《三百慰安妇惨死石碌铁矿慰安所调查实录》，载符和积主编：《实录》，第748-750页。

安妇"。他们常常借口登记"良民证"，挨家挨户地挑选年轻貌美的女性。在南京陷落时，日军除了经常到国际安全区强奸妇女外，也利用发放"良民证"之际，从中拉来数千名中国妇女，这些妇女没有一人逃过被强奸或虐杀的厄运；其中的一些人被运至东北去充当"慰安妇"，并从此一去不复返，没有人知道她们的下落。1942 年，日军在海南陵水县要汉奸挨家挨户，强选美女，供其使用。有陈金妹、卓亚金等 20 多人被押入慰安所，长期遭受凌辱。①

在战争初期，朝鲜"慰安妇"被拐骗后，先被带到汉城的日本旅馆，由日本女人带她们一起去洗澡，从中挑选出最漂亮的姑娘奉献给级别最高的日军军官。她们给这些姑娘穿上和服，然后带上二楼，逼迫姑娘们为日本军官敬酒，当军官们个个喝得酩酊大醉时，便一人搂着一个姑娘进入房间进行奸污。这种事情一般要持续 3 天，然后把这些姑娘送往前线。太平洋战争爆发后，由于战线扩展，前方急需"慰安妇"，于是便把朝鲜女子直接送往前线。

三、"慰安妇"的输送

在"慰安妇"被征集到其他国家去，或者军队到另一国度换防、驻防时，有一个符合法律的出入境的手续问题，目前所发现的历史资料表明，所有根据日本军方的旨意募集、调动的"慰安妇"，都获得了日本外务省、陆军省等政府机构的批准，在输送方面动用军队的运输工具，并由军队提供方便。

"台湾"、朝鲜和日本等地的"慰安妇"是由海路乘船或陆路列车运入中国大陆的。

"慰安妇"由日本本土或朝鲜、"台湾"征发到前线，需要日本政府

---

① 符和积主编：《实录》，第 467 页。

的许可，这一职责是由警察担当的。警察对申请者进行审查，并记录其姓名、本籍、住址、出生年月、出国理由、时间等。这种出国证明书至今在日本警视厅、各道府县厅的警察部门仍有保存。

在日本外务省外交史料馆的档案里，保存着 1937 年 12 月 15 日福冈县知事赤松小寅致内务大臣和外务大臣等的公函，编号为"外旅秘第 79 号"，内为发给去中国的人员的身份证明书。其中 11 月 30 日，曾发给 2 个朝鲜女子证明书，据记载，是根据一名叫间狩源治的日本人的要求，批准这 2 个朝鲜女子去上海，到达后担任上海北四川路海军慰安所的"酌妇"，日期为 1 年和 1 年 9 个月。①1938 年，大分县知事为征集济南"皇军慰安所"之"慰安妇"，向外务省请示发放身份证明书，外务省的美国局局长回答说，按内务省警保局长的通牒处理。据这份由内务省、警保局长发给各厅、府、县的《处理赴中国之妇女有关文件》（1938 年 2 月 23 日）称："以色情服务业为目的渡航之妇女，需本人亲自去警察署申请发放身份证明书"。②1940 年由台湾向驻广东钦县日军输运了 6 名"慰安妇"，均是14—18 岁的少女。实际上，有身份证明书的"慰安妇"，只占其总数的极小部分。例如，朝鲜"慰安妇"到中国去的场合，一般到东北不需要任何出入境证明书，到其他地方去才需要证明书。

按照日军的规定，军方的船只所能载运的"动物"，仅限于以下 5 种：军人、军方聘用人员（日本语称"军属"）、军马、军犬和军鸽，连日本红十字会招募来的护士，也必须补办聘雇手续后才能上船。军方往往不愿意正式履行聘用"慰安妇"而徒留罪证，于是，"慰安妇"就作为"军用品"而暗度陈仓。所以在船上，可怜的"慰安妇"常被扔在底舱而与军马等动物为伍。此外，朝鲜女子有很多是乘坐日军的专列运输车从东北进入中国的。

---

① 【日】吉見義明编：《從軍慰安婦資料集》，第 101 页。
② 【日】吉見義明编：《從軍慰安婦資料集》，第 103 页。

四、慰安所的名称与类型

日军的慰安所有的设在军营，有的设在城市中，有的设在农村，有的设在山区，甚至有的设在日军的前沿据点或阵地。就其所属关系、性质和经营方式而言，慰安所大致分为以下五种类型。

第一种是军队直接经营的固定的专供日军使用的慰安所。如1938年初在上海设立的杨家宅慰安所，就是日本华中方面军东兵站司令部设立的。从现有的资料分析，军队经营的慰安所是慰安所最普遍的形式之一，其主管者从方面军、军、师团、旅团到联队、大队甚至警备队或小队。当军队转移时，不少部队就带着"慰安妇"共同转移。

第二种形式上是日侨民营的，但军队也插手的供军人、"军属"玩乐的"军督民办"式的慰安所。如上海江湾的一些慰安所和"海乃家"等。这类慰安所多是由日本侨民在日军的支持下开设的，其数量不在少数。自九一八事变后，日本的卖春业者便成群地来到中国东北，在关东军周围设立大量的料亭（供将校使用）和游廓（供士兵使用），后来这种花柳街随着战争的扩大而推广到中国各地和亚洲各地。这些日本的慰安所老板往往通过贿赂军官而得到特权，开设慰安所以牟取暴利。

第三种是由日军指定的、专供日军使用的民间妓院形态的慰安所。这类慰安所除了日军利用外，一般的日本人也可以利用。如上海、武汉、北平等地的一些"日本堂子"。上海虹口的海军慰安所，即使在战争时期，也对日侨开放，形成所谓的"军民同乐"的局面。

第四种是军队或民间经营的流动式的慰安所。有的是设在轮船上或火车上的流动慰安所。如日军第11兵站司令部在1938年组织了一批"慰安妇"从上海坐火车前往杭州，途中这列火车便成了流动慰安所。在嘉善、湖州、长兴等地待了很长时间①。在设在军用卡车上的慰安所里，"慰安妇"的吃喝睡觉均在军用卡车上，慰安所的管理者通常用卡车将"慰安妇"运至部队驻扎地，然后用木桩和毛毯围起来，有的是用木板临时搭成像公共厕所一样的棚子，作临时慰安所，士兵们排着队进去接受"慰安"。有的女孩子因为实在太累，躺下后再也没有爬起来，最后像死人一样地被抬出去，而剩下的人则坐上卡车再去另一个战场，做无限期的巡回接客。有的慰安所兼有固定与流动两个职能。如海口市、三亚市的日军慰安所，除了接待当地日军外，还要每月轮流分批到较远的兵营、据点作巡回"慰安"，每批10多人。那大市慰安所则按照日军命令，将"慰安妇"组成几个分队，随时到周围的日军据点去。②

第五种是日军指使伪政权或胁迫中国的娼业老鸨开设的慰安所。这类慰安所尤其在南京、上海、北平、武汉、广州、杭州、哈尔滨等大城市较为普遍。

在中日战争的初期，各地的侵华日军迫不及待地要建立慰安所，军队的上层也希望通过设立慰安所以减少强奸案并维持军纪，因此各地出现了大量军队管理的慰安所，日侨经营的慰安所，以及在日军指使下由傀儡政权协助设立的慰安所也同时存在。同样，在太平洋战争爆发的初期，在东南亚各地也出现了大量由日军直营的慰安所。到战争后期，军方才将建立慰安所的业务转交民间的娼妓业主们去进行，但是尽管如此，这不等于说军队直营的慰安所已经消失。另外，娼业主们设立慰安所的活动，只有在军队的支持与协助下才能成功。

以海南岛的日军慰安所为例，从"慰安妇"的征集到设立慰安所，形成一个完备的运行系统（见图6-1）

---

① 【日】千田夏光：《從軍慰安婦·慶子》，第183页。
② 吴连生口述、林良材整理：《楚馆悲歌，红颜血泪——那大市侵略日军慰安所亲睹记》，转引自符和积编：《实录》。

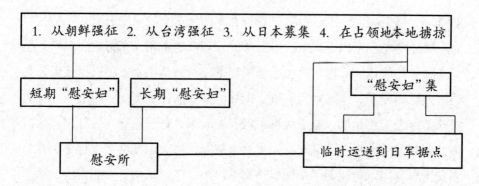

海南岛"慰安妇"管理、流动系统

慰安所就接待对象来区分，主要有军官慰安所、士兵慰安所和官兵混合慰安所三种。军官慰安所里一般是年轻美貌的日本"慰安妇"，有的还分为将校慰安所和士官慰安所。最高级的是负责接待将校的艺妓馆。这种艺妓馆多是口军将关西的艺妓馆整个承包下来，空运至前线开设。而士兵慰安所大多由当地妇女充当"慰安妇"。

"慰安妇"分为长期"慰安妇"和短期"慰安妇"。长期"慰安妇"为较长时期在慰安所里"慰安"的妇女；而短期"慰安妇"则是临时到日军据点或慰安所里"慰安"，时间几个星期，甚至更短，她们是日军与汉奸勒令各村寨轮流提供的，如果哪个村敢违抗，日军威胁将杀死全村老小和烧光全村的房屋。[①]或者是强征妓女充当为期3个月的"慰安妇"。此外，有些慰安所也须定期或不定期地送"慰安妇"到日军据点去"慰问"。

关于慰安所的建筑，可谓形式多样。大部分是日军利用战地老百姓的住房而改建的，有民房、商店、旅馆、食堂等，也有学校、教堂等。如上海江湾、浦东、南市的一些慰安所，江苏扬州、南京等地的一些慰安所。也有把妇女抓入日军据点，充当"慰安妇"，这在山西、河北等前线地带十分普遍。还有日军自己修建新房设立慰安所的，例如上海东沈家宅的杨家宅慰安所，中苏边境如东宁、海拉尔等要塞的一些慰安所。在农村地区，

---

① 符和积主编：《实录》续集，第308页。

则因陋就简，一些土屋、土坯房子门口挂上草帘子即成了临时慰安所。山西孟县西潘乡的日军，在进圭村设立炮楼，他们以炮楼旁的几孔窑洞作为慰安所。15 岁的李秀梅和其他 5 名妇女被关在暗无天日的大窑洞里，如果某个日军士兵被获准接受"慰安"，就挑选一名"慰安妇"拖入一孔小窑洞。而在热带地区，日军常用椰子树木建造可以移动的组合房，这被称作"简易慰安房"。①

慰安所的内部陈设也区别极大。在是团司令部所在的城市或者是铁路沿线的将校专用慰安所里，都铺有榻榻米，设有佛龛。而处在前线的慰安所里，一般只有军队处理的质地坚硬的麦草被褥或薄毛毯，房子也使用木板隔开的。有些更差的只有稻草、草帘子与破门板。

值得指出的是，所谓的"慰安妇"，不仅限于军队内部，这一点仅从日本各地的劳动场所，尤其是军工厂附近发现的大量慰安所就可以得到证明。例如在松代大本营的工地附近，就有"慰安所之家"。在松代町西条有一片木造的平房，大约有 170 平方米。其主人说，这里本来是农家的养蚕房，1944 年 11 月，警察来了，拿出征用命令，要征用这所房子，几天后，宪兵出现了，威胁说不支持国家政策的人就不是国家的公民，实在没有办法我们就搬出去了。后来发现这里成了慰安所，许多朝鲜妇女在这里"服务"，当时名义上是供朝鲜劳工使用的慰安所，但是，实际上真正的使用者是建筑作业队，他们称这些朝鲜女子为"不倒翁"，对其肆意施虐。在冲绳，朝鲜"慰安妇"除了要"慰安"军人外，也要为军队聘用人员服务。同样，在中国的海南岛等地，也有专供日本公司职员使用的慰安所。

五、慰安所的内部管理

日军为有效地管理和利用慰安所，对日军官兵、经营者和"慰安妇"，

①【日】千田夏光：《从军慰安妇·庆子》，第 222 页。

分别制定了各种规定，有《慰安所规定》、《军人俱乐部利用规定》、《有关外出及军人俱乐部规定》等，如前所述上海日军杨家宅慰安所的规定等。其主要内容是，利用者限于军人和军队聘用人员，为了防止性病必须使用安全套，慰安所内禁止喝酒，以及慰安所的利用时间、费用、性病检查等事项。

日军对军队管理的慰安所实行戒严和严格的管理制度。而民间经营的慰安所则要宽松得多。

一般慰安所门口有卫兵站岗，有的还要宪兵巡逻。慰安所还规定，"慰安妇"不能随便外出，甚至散步也被禁止，或只限于附近的范围。因此，有些"慰安妇"在几年中只有奔赴战场的出外机会，以及去军队医院慰问的少数几次。"慰安妇"不得接触非日军的外人，不得私容日兵在慰安所过夜，不准私陪日兵外出留宿，不准与所内工作人员眉来眼去，更不得与军人谈恋爱，产生感情，如有违反，则严加惩罚。

日本军部设立慰安所的初衷之一，是企图让这些在健康方面有保障的"慰安妇"来有组织地解决官兵的性欲问题，以免官兵因难忍性饥渴而冒染上性病的危险去各种妓院或强奸民女。在慰安所普遍建立之后，日军明确规定：严禁不用安全套的官兵与"慰安妇"性交。这一方面是为了进一步确保日军奉行的健康原则得以贯彻实施，另一方面也是为了防止"慰安妇"怀孕。于是，安全套便成了军队必备的军需品。

这种安全套用优质橡胶制成。早在战争初期，安全套就已被作为日本前线急需的战略物资而紧急运输到中国。这些安全套上印着 4 个日本汉字——"突击一番"，意思就是"冲锋一号"。日军士兵又把它叫作"钢盔"，以避免性病的入侵。

日本中国派遣军司令部的副官在 1942 年 9 月提出，军方须保证平均每 2 个月给一位士兵发 1 只安全套。其理由是：一、过去慰安所使用的安全套多是在市场上所购，而且是慰安所无偿提供给官兵使用的，但最近市场上已无法买到安全套；二、上海的慰安所，虽然慰安所的老板将安全套交给来所的官兵，但官兵多不使用，在结束后，他们又将安全套还给了老板。根据他们的测算，仅上海地区每个月就需要安全套4.3万只。① 在有条件的慰安所，日军派出值日官，监督日军士兵使用安全套，如查出不使用者，就取消其进入慰安所的资格。有时战斗部队因安全套不足，所以卫生兵们就到慰安所回收使用过的安全套，用消毒液浸洗后晾干，再撒上面粉，分发到部队去。② 有些日军官兵在面对日本"慰安妇"时，往往很老实地使用安全套，因为，相当多的日本"慰安妇"是性病患者；而面对长着少女脸庞的中国或朝鲜"慰安妇"时，就不戴安全套了，因为他们根本不担心会染上性病。

日军作为军用物资急运的安全套。（引自麻生彻男：《上海より上海へ》）

日本防卫研究所所藏的《陆亚密大日记》中有1942年3月30日陆军省经理局副官给陆军军需品总厂厂长的通牒——《关于整备阵中用品文件》，在"防疫材料"一栏中有安全套等12种，其中安全套为1530万只。根据日本关东学院大学林博史教授的研究，他认为这个数字是"补给基准数量"，只是需要量的80%左右，这样，日军全年的安全套的需要量是1912.5万只。时在国外日军为170万人，因此，在国外的官兵每人每年可获得11只安全套。③ 这种安全套在日军部队配备十分充足，直到日本战败时，日军仍存有大量的安全套，此时的日军在收容所里食物奇缺，因此，常有日军军官将整盒的安全套与中国人交换食品。④

除了安全套外，日军还使用其他的避孕和预防性病的办法。一般规定，

① 【日】吉見義明编：《從軍慰安婦資料集》，第271页。
② 【日】千田夏光：《從軍慰安婦》，第89页。
③ 转引自【日】矢野玲子著、大海译：《慰安妇问题研究》，第235页。
④ 戴芳栋致笔者的信。

在河南某慰安所等待"慰安"的日军士兵，墙上贴着慰安所的规定。（采自伊藤孝司：《白飘带噙在嘴》）

"慰安妇"在接待士兵前后要"确实洗涤"。在一些慰安所的入口处，备有洗涤设备，在一个盛有高锰酸钾溶液的玻璃瓶上，垂下一根橡皮胶管，在性交结束后用以洗涤生殖器。笔者团队在采访南京汤山幸存者雷桂英时，发现了她从慰安所带出的高锰酸钾。在南方一些地区，日军要求"慰安妇"们按规定时间服"预防丸"，实际上，这种"预防丸"的有效率并不理想，因此，一旦中国"慰安妇"怀孕后，多被日军凶残地剖腹杀害。[1] 还有的逼迫"慰安妇"定期服黄色的奎宁药片。有些"慰安妇"由于长期服用奎宁，身体产生严重的副作用，导致一生都无法正常怀孕生子，[2] 在上海等地，日军给"慰安妇"注射一种 606 抗生针剂，以预防性病。这种针剂据说防止梅毒很有效，但这也成为"慰安妇"们终生患不孕症的原因之一。"星

---

[1] 符和积主编：《实录》，下册，第 547 页。
[2] 【日】高木健一：《従軍慰安婦と戦後补偿》，第 25 页。

秘膏"是日军推广使用的另一种防止性病的药品。操作方法是事先涂上药膏，事后再洗涤干净。"星秘膏"曾被大量运往中国和东南亚前线，供日军官兵使用。

军方要求每名士兵在同"慰安妇"接触时，必须使用安全套。当时由于技术较落后，安全套质地比较硬，因此，"慰安妇"使用后疼痛难忍，经常发生炎症，由于得不到休息，遂发展为性病。另一方面，日军官兵也讨厌不舒服的安全套，因此，他们多偷偷不使用安全套，有些部队甚至公开反对使用安全套。尤其是战场上的主力部队，当慰安所的管理者要求他们使用时，士兵们根本不理。其结果，不仅性病上升，而且有时还致使"慰安妇"怀孕。如山西盂县的受害者曹黑毛曾两次怀孕。当时的日本，法律禁止流产手术，如果医生施行流产手术，就会被加上胎罪而取消医生资格，并关进拘留所。这一法律也适用于战场，因此，几乎每个慰安所都有诞生婴儿的记录。日本"慰安妇"所生的，多带回国内。如上海杨家宅慰安所一位日本女子产下一子，曾托周围的中国农民代喂奶，后来送回了日本。中国妇女如果怀孕，其下场往往是十分悲惨的。海南保亭县的黎族少女李亚茜，被日军抓入南林据点充当"慰安妇"，这个据点的日军仅一个小队且没有任何避孕措施，李亚茜不久就怀孕了，日军即以中国人怎能怀日本"种"的罪名，将这位无辜少女绑至庆训村的坡地上，残忍地将其剖腹，致使母子双亡。①

日军对慰安所守备周密，尤其是有中国"慰安妇"的慰安所，戒备更加森严。如海南金江的乐善堂旁边的慰安所，四周用铁丝网团团围住，并设专人管理，关在里面的"慰安妇"无法逃跑，外人也无法进去。海南新盈镇的慰安所由一个名叫川岗的队长负责，他对这个拥有中国、朝鲜、新加坡等女子的慰安所作了极其严厉、苛刻的规定，被日军称谓"川岗制度"，它规定："慰安妇"不得随便走出慰安所，不准逃跑，否则，连同家属立

---

① 符和积编：《实录》，第 549 页。

斩；要无条件地听从日军的使唤和摆布，对日军不得无礼；要绝对服从两个管理员的管制，否则处以重罚；每个"慰安妇"必须每天接待50—60人，忙时须接待70—80名士兵。①

各地的慰安所几乎都做了首先保证将校军官使用慰安所的规定。日军将校还以"初夜权"的形式"训练""慰安妇"。年轻、漂亮、健康的"慰安妇"常常被日军军官占有，如日军18师团1938年占领杭州后，建立了一批慰安所，在师团司令部旁，建立了专为其服务的由日本"慰安妇"和艺妓组成慰安所。②在广东佛山的日军部队长常将"慰安妇"带到自己的驻地去独占，从而引起士兵的不满。③海南的黎族少女郑亚才、卓亚娘等被强征入日军据点后，即成为日军官佐的专人"慰安妇"。④前面提到的新盈慰安所的川岗就经常对年轻美貌的中国女子实行"初夜权"侮辱。⑤

此外，在一些地方，日军迫使"慰安妇"们注射兴奋剂，以保证她们能不知疲倦地为日军提供性服务。1995年9月，在中国怀柔召开的联合国世界妇女大会非政府组织论坛上，来自韩国的郑书云（时74岁）控诉说，她15岁那年，被日伪组织派遣到前线去送"千人针"⑥，结果到了前线被作为"慰安妇"，每日遭受蹂躏，最多时一天遭到近百名日军士兵的蹂躏，经常昏死过去。在这种情况下，被强制注射兴奋剂后，继续再干。郑接着说："在绝望之际曾试图自杀，但是失败了。于是我决定坚强地活下去，把这一事实告诉给全世界的人们。"另外，有资料表明，为了麻醉"慰安妇"的意志，消磨"慰安妇"的反抗意识，并暂时忘却痛苦，日军还给部分"慰安妇"强制使用鸦片或海洛因等毒品。平壤出身的"慰安妇"中有的因鸦

①宋福海口述，陈子明、王吉整理：《我亲睹的新盈日军慰安所》，符和积主编：《实录》续编，第188页。

②【日】西野瑠美子：《從軍慰安婦と十五年戰爭》，第71页。

③【日】西野瑠美子：《從軍慰安婦と十五年戰爭》，第75页。

④胡家仁口述、卓石存整理：《抚黎庙日军自警团据点情况及其暴行》，载海南省陵水县政协文史资料委员会编：《日军侵陵暴行实录》，第116页。

⑤符和积主编：《实录》续编，第189页。

⑥为祝愿出征军人保命免灾，由1000个女人在一块白布上用红线每人各缝一针制成的腰带。

片中毒而死去，在战争结束时，翻译铃木在医院内发现有很多"慰安妇"染有严重的毒品瘾。① 延边的朝鲜"慰安妇"们还须定期参拜神社。② 佛山的"慰安妇"还要在新年时给士兵送"千人针"。

慰安所是禁止喝酒的。日军独立步兵第 13 旅团广东中山警备队的军人俱乐部利用规定上写着：禁止"带浓郁酒气者"利用。还有的写着"不得有酩酊大醉后之暴力行为。"事实上远非如此，这一点连日军军方也不得不承认。华中派遣宪兵队司令部的《昭和十七年 11 月军人军属非行表》中，记载有"公务时外出饮酒，酩酊大醉后，到慰安所登楼殴打'慰安妇'，或拔刀破坏招牌"的事例。而且，在该表的 1942 年 11 月的统计中，这类暴行行为计 34 件，其中有 10 件发生在慰安所内。③ 当时实际情况比这一数字要多得多。

尽管规定"慰安妇"不得与士兵谈恋爱，但仍有一些相互同情的男女成为生死不渝的恋人。他们之间的恋情大多被无情的法西斯战争所摧毁。在河南郑州担任"女子报国队员"的军官俱乐部的日本"慰安妇"美枝子与同乡、参谋部的上等兵伊藤相识了，那时离战争结束只有 7 个月。他俩相爱了，并时常相会，半年内竟没被发现。不幸的是在战争结束前 11 天时，他俩在军官俱乐部的厕所里拥抱，被半夜起来小解的军官发现，伊藤被殴打后押入营房。最后，人们发现伊藤的营房被打破了，伊藤与美枝子双双失踪了，原来他俩在军官厕所上吊自杀了，这时，离日军战败只有 6 天。④ 也有个别的士兵与相爱的女子一起毅然离开法西斯军队，投奔八路军或新四军，后来女的多做护士，而男的参加了八路军。在安徽宜城，一个分队的上等兵与"慰安妇"产生了感情，不幸的是事情被发觉并将受到严惩，于是，他们一起投奔了新四军。后来，这个上等兵成了反战运动的积极

---

① 【日】编辑委员会：《從軍慰安婦 110 番》，第 62 页。
② 【日】西野瑠美子：《從軍慰安婦と十五年戦争》，第 63 页。
③ 该档案藏日本防卫厅防卫所研究所。
④ 【日】高木键一：《從軍慰安婦と戦後补偿》，第 65 页。

分子。①

六、"慰安妇"与日军的性病

日军对性病非常恐惧，因而实施"慰安妇"制度，为此动员大量军队医护人员，定期对"慰安妇"们进行体检，编印有关预防性病的宣传材料。最早参与检查"慰安妇"的军医麻生彻男曾对此提出过建议。

战争的第一年间，麻生彻男是在上海度过的，其主要的工作就是对杨家宅娱乐所和江湾的民营慰安所的"慰安妇"做定期的身体检查。当时持有"皇军"意识的麻生不仅认真工作，而且还在1939年6月26日向军方提出了一份报告，报告的名称是《花柳病的积极防止法》，署名是第11军第14兵站陆军军医少尉麻生彻男。该报告总结了他一年来"慰安妇"的检查工作，并提出了系列意见。报告共包括九个部分，即：1. 序言，2. 娼妇，3. 检查，4. 酒精饮料，5. 禁欲，6. 花柳病的认识，7. 狭义的防治法，8. 患者的处理，9. 结论。

在这份洋洋万言的报告中，麻生向日军高层提出了如下八条建议：一、对军队内进行花柳病的教育；二、厉行士兵的个人预防法；三、对"慰安妇"实行严格的身体检查制度；四、以高尚的娱乐活动来替代喝酒，倡导音乐、摄影、阅读等活动，设立不同于娼楼的军用娱乐所；五、切实实行检证制度，尤其对娼家、鸨母进行必要的监督，患有性病的娼妇必须实行治疗与隔离，为此需要在各兵站地区设立特殊医院；六、选择质量更佳的娼妓，并有必要追究私娼性病的传染源；七、严守防疫军纪，兵站司令部要充实医疗能力，并过渡为卫生、防疫机关；八、以上诸项的总体研究，对将来社会问题具有重要作用。②

---

① 【日】吉見義明编：《從軍慰安婦資料集》，第 275 页。
② 【日】麻生彻男：《上海より上海へ》；千田夏光：《從軍慰安婦》，第 71 页。

透析麻生彻男的这份意见书，他经过一年的实践，已经看到日军实行的"慰安妇"制度尽管暂时解决了官兵的性问题。可是由于部分"慰安妇"是来自日本的私娼，由此导致日军性病的急剧上升。长此以往，将严重影响日军的战斗力。为此，麻生在保留"慰安妇"制度的前提下，要求日军军部改善"慰安妇"制度。细究这八条建议，核心是两条：一是对官兵和"慰安妇"实行严格的检查和防疫措施，二是建议日军选择比日本"慰安妇"更好的"慰安妇"来源，即朝鲜"慰安妇"。

日本军方对这份报告抱有极大的兴趣，连第10军司令柳川也十分注意。其实际的作用是，日本军方由此得出结论，朝鲜女子是"皇军"的最佳"慰安妇"的候选者，因为她们基本没有性病，不会减弱日军的战斗力。当时，日本虽有25万—35万娼妓，但这些人大多患有性病，将这些妓女运到前线来，有可能导致性病流行而减弱日军的战斗力。从此，日军对朝鲜女子的征集、抢夺更加疯狂，从而导致了10多万朝鲜女子沦为"慰安妇"的惨绝人寰的大悲剧。

1942年6月18日，陆军省医务局卫生科起草《关于大东亚战争中官兵性病处置文件》，指出："为了彻底预防驻军的性病，防止战斗力的减退和病毒带入国内，对民族的将来产生不良影响，特通令如下：一、关于派遣部队之性病预防，在严格、适当的指导下，减少感染机会。同时，要毫不疏漏地加强对目的地卫生所的卫生管理。二、对应该返回内地的官兵，应在返回前在当地进行身体检查，有传染之可能者，送就近的医院诊治。待症状稳定且无传染之可能时，方可返回。三、对治愈后有可能复发的性病患者，由所入医院的院长，在患者出院回乡之时，通报其出生地的地方长官。"[1] 有些日军士兵对性病有所警觉，甚至会因害怕感染性病而放弃到手的女子。1943年冬，日军在琼中的新仔村抓住一名妇女，把她带回营房，当天晚上，几个日本兵就提来一壶水冲洗她的阴部，欲加轮奸。一切

---

[1]【日】吉見義明编：《從軍慰安婦資料集》，第171–172页。

准备就绪后，日本兵因怀疑其有性病，害怕传染，才作罢。①

然而，日军中性病的记录仍比比皆是。在《从军慰安妇资料集》中记载着不少这样的例子。如山炮第36联队的一个上等兵，在1943年2月11日去沁县的一朝鲜人慰安所寻欢作乐而患上性病。步兵第65联队某中队的《阵中日记》中，也载有大量的性病记录。在有些部队中性病的比例仍相当高，其原因有多方面。第一，在被征召的士兵中，有许多人在国内就患有性病，参军后在轮奸行动中辗转传染给其他的士兵。第二，日军经常强奸妇女，包括娼妓，从而十分容易染上性病。第三，"慰安妇"中部分人原为娼妓，本身患有性病，如前述上海杨家宅娱乐所的一些日本"慰安妇"，就有不少是性病患者。第四，日本军医只在城市和大部队集中地定期检查"慰安妇"，很多场合这种检查只流于形式。在农村和前线，几乎没有任何检查制度，这样必然导致性病的流行。第五，有些部队的士兵把安全套用来装钞票，并将这一方法视为保护钞票被海水弄湿的最佳手段而在部队中广为流行，当真正使用安全套时，也许已经坏了。②所以，日军——私娼——日军——"慰安妇"——日军，往往交叉感染，致使性病流行。据原朝鲜"慰安妇"沈美子揭露，在她所在的慰安所里，"慰安妇"的性病比例达到70%。③

虽然军方对慰安所制定了定期进行性病检查的制度，实际上，在前线，日军卫生兵由于数量及其他种种原因，无法到达所有的慰安所设置点，因而无法给"慰安妇"做体检和治病；同样，在内蒙古等边地，日军也无力顾及慰安所的卫生状况。因此，"慰安妇"中的性病比例仍是比较高的。日军第15师团军医部1943年2月对南京、芜湖、金坛、镇江、巢县和溧

①【日】高岛惠子：《与官兵的生死恋》，载《悲愤·血泪：南京大屠杀亲历记》，第199-200页。

②《悲愤·血泪：南京大屠杀亲历记》，第159页。千田夏光：《従军慰安妇·庆子》，"在坤甸开店"。

③【日】伊藤桂一：《大陆をきまょう慰安妇たち》，载《新评》，1971年第8期。

水的"慰安妇"进行检诊，结果在2230名"慰安妇"中，有143人患有性病。[①]
日军占领武汉后不久便出现性病大流行，然而，日军非但不检讨其军纪之
败坏，竟说是由于武汉私娼太多的缘故。在东北，关东军士兵患性病也颇
常见。珠河第372部队的陆军上等兵添本悦二，悄悄地将自己拥有的极光
牌香烟10箱以黑市高价卖给中国人，所得全部用于治疗自己的淋病[②]。一
份《支宪高一四一号》的文件，讲述了日本天津宪兵队的报告，富永部队
的士兵伊藤孙七在写给东京市大森区吉田荣茂的信中哀叹道，"我们同年
入伍的士兵们，几乎都患了严重的性病，实在是非常可怜。希望从日本汇
些钱来，以购药治病。"[③]

　　还有一点必须指出，日军高层只注意本国军人的健康和战斗力，为此
制定检查制度以及实施发放安全套等措施。然而日本军国主义根本没有或
完全不考虑由于日军的暴行使战地受害的和平妇女和"慰安妇"染上性病
的事实。在中国战场，妇女染上性病的情况远比人们想象得要严重。根据《冀
鲁豫区山东部分八年抗战损失统计表》的记录，山东根据地被日军奸淫而
染上性病的妇女有10766人。[④]《晋冀鲁豫边区八年抗战中人民遭受损失
调查统计表》载，被奸淫妇女达36.3万人，其中的12.2万妇女患有性病，
痛苦不堪。[⑤]

　　关于日军与"慰安妇"的比例，日军1938年与上海日侨老鸨谈判时，
提出最理想的比例是29∶1。还有一份日军档案材料也颇能说明问题。
1939年4月，日本第21军在向上司汇报的《战时旬报》中对"慰安妇"
作了较详尽的说明。当时在21军的"慰安妇"共1000人左右，该军总兵
力4万多人，其军人与"慰安妇"的比例为40∶1。在21军的1000名"慰
安妇"中，有854人为日军直接控制，其余是各部队从家乡招来的（其配

　　①【日】吉見義明編：《從軍慰安婦資料集》，第173页。
　　②【日】《应召军人犯罪调查表》，昭和十九年（1944年）十二月二十九日，吉林省档案馆藏。
　　③【日】支宪高第一四一号，天津队，昭和二十年（1945年）二月十七日，吉林省档案馆藏。
　　④《山东革命历史档案资料选编》，第16辑，山东人民出版社1984年版。
　　⑤《晋冀鲁豫边区抗日根据地财经史料选编》（一），档案出版社1985年版。

置状况见本书表 3–10）。

七、"皇军"与"慰安妇"

在日本军国主义思想熏陶下成长起来、又被卷入战争的日军士兵和日本"慰安妇"，他们是一个特殊的群体、一种相当特殊的文化现象。

这些日军官兵并不是单纯的男人，他们是一群被军国主义圈养着的警犬，一群"战场动物"。他们一方面处在不知道何时结束战争的生死之中，同时又忍受着像疯狗似的下级士官五花八门的私刑和日常噼啪作响的耳光，毫无生机和兴趣可言，他们在生活中唯一得到的单独行动的"自由"时间，并发泄其蓄积在心底情欲的，就是搂抱"慰安妇"的时刻。他们的性欲也不同于正常男人对于异性的合理欲望，而是动物性的原始冲动的恶性膨胀，在相当程度上带有兽性的色彩。有的日军士兵回忆道："半个月不接触女人，眼睛就会发出绿光，打架斗殴，言语也野蛮火爆。"传说"没有'慰安妇'的军队，士兵烦躁不安，经常为琐碎小事引起口角"。① 有些部队已得到即将派来"慰安妇"的通知，但是士兵们等不及了，便去掳掠中国姑娘，单独开设起慰安所来。

如果说在战争初期，日军官兵把这些"慰安妇"的肉体作为自己妻子或爱人的替身来拥抱、性交的话，那么越到后来，尤其是 1943 年后，日军形势逆转已注定失败的情况下，他们对于"慰安妇"更是极尽性摧残、性虐待之能事。很多日军都把"慰安妇"称作"P"，把慰安所称作"卫生性公共厕所"。白天，他们将子弹疯狂地射向敌方的军队或手无寸铁的百姓，晚上，则带着满身血污和尘土回到"慰安妇"身边，将其变态的性欲倾泻到这些"卫生性公共厕所"里面。日本作家田村泰次郎曾说过：

---

① 【日】金一勉：《天皇の軍隊と朝鮮人慰安婦》，第 101 页。

这里是部队灵魂的洗涤场所。就像脏了要到洗脸间洗去污垢一样，士兵们在这里荡涤他们的肉体和灵魂。不管多么疲惫，士兵们一来到这里，就一下子恢复了元气，像脱了胎换了骨似的，又精力充沛地从事今后的战斗任务了。①

日军士兵和"慰安妇"的合影。（引自华公平：《从军慰安所"海乃家"传言》）

日军部队常常在出发作战前，让全体官兵进行"性交处理"。因此，战斗前夕，慰安所外官兵云集，排成了长长的队伍，其情景如同传染病流行时居民们接受预防注射。由于时间紧迫，每个士兵就像小便一样，不脱裤子，只解开扣子，接触"慰安妇"的阴部射精。一名原"慰安妇"回忆道：

在有大的作战行动前，士兵们蜂拥而至，半天就要接待60—70人。这个时候，我们只是伸腿躺在那里动也不动。排成一长溜的士兵，身穿战斗服装，解开扣子白刃相交。②

①【日】金一勉：《天皇の軍隊と朝鮮人慰安婦》，第98页。
②【日】金一勉：《天皇の軍隊と朝鮮人慰安婦》，第117页。

普通士兵对"慰安妇"是如此，而军官们的态度更为粗暴。他们不用像士兵那样为时间而苦恼，能悠闲地充分满足其色欲，于是他们想出各种无耻的办法来寻找刺激与消遣，对"慰安妇"就像是对自己的性交奴隶一样，威风十足。日军有些部队要求"慰安妇"在迎接军官进入房间时，要用3个手指触地致礼，然后说"谢谢"。完成"接待"后，也要伸出3个手指着地致谢。日军老兵回忆说：晚上，慰安所里传来女人的哭声，那肯定是受到了品质恶劣的军官的袭扰。这是因为他们更加清楚这种女人作为性交工具的性质。到了战争后期，其实这些军官又何尝不知道等待他们的将是怎样的命运。他们已无法改变日军在战场上节节败退的趋势，于是，他们就把这种死一般的绝望连同体内那种兽性的冲动拧成一股罪恶的力量，歇斯底里地报复到这些可怜的"慰安妇"身上。他们拥有"尝处女味道"的特权，他们甚至迷信只要占有处女的身体就可以刀枪不入，"武运长久"。

日军官兵显然对日本政府和军部实行"慰安妇"制度是十分拥护和感激的。海军军官栗日登曾两次负责设立慰安所的工作，可以说他对慰安制度与日军的关系极为了解。他曾无耻地说："我们的慰安所虽然像公共厕所一样，但除了军官们争夺'慰安妇'外，没发生过什么问题。多亏部队开办了慰安所，不然就会发生许多强奸民间妇女等严重问题；不仅如此，由于经常受到空袭，酒和'慰安妇'又成了鼓舞士气的动力。"[①]

而这种生活对于"慰安妇"而言，简直就是十八层地狱般的苦难绝伦的生活。海南岛的吴连生21岁入那大市赵家园日军慰安所做杂工，目睹日军慰安所里鲜为人知的龌龊情景，"慰安妇"们不堪言状的非人遭遇，以及日军官兵恣意蹂躏妇女的残暴兽行，他回忆说：

慰安所开张的头天，早有日军通宵达旦地在门外等待。天刚拂晓，

---

① 转引自彭谦编：《猛醒吧，日本》，第244页。

"樱楼"慰安所的内景，这是第六慰安所，墙上贴着"慰安妇"的名牌。（《村濑守保照片集》）

慰安所前已门庭若市，人头攒动，日军方用 7 辆大卡车接送日兵，人流不息。日兵熙熙攘攘，比肩接踵地排起长队，每人免费领到一个牌号和一个印有"突击一番"字样的卫生袋，袋内装有安全套和清洁粉。按照"巴那个"（日语音译，俗称"龟公"，即慰安所的管事）的指挥，日兵手持牌号依次进入慰安所，川流不息。原定日军每人"慰安"的时间为 30 分钟，由于等候的日军人数众多，吵吵嚷嚷急不可待，结果缩减为 15 分钟。为了抓紧时间加快速度，进入慰安所的日军按照预先要求，自觉戴上安全套，完事出来自行脱下，连同卫生袋一起随手扔进大门侧角的大水桶里。由日军方派遣进行性卫生监督的日军值日官站在一旁逐个检查，若发现未按规定使用安全套和清洁粉者，便上前盘问记录在案，上报所在长官，罚其一个月内停止"突击一番"，目的在于严防日兵患上性病，造成部队战斗减员。开始 10 天，我每天挑出去倒掉的安全套、卫生袋，就有满满 4 个大桶。平时，日军用过的安全套、卫生袋也不少于两大桶。安全套夹杂着粘粘糊糊的腥气精液盈桶欲溢，实在令人恶心作呕。最初一段时间，我胸闷气憋，呕吐难忍，连黄疸苦水都从肚里翻涌出来，足有一个星期餐饮难咽。后来，日复一日闻多见惯，也就习以为常了。[1]

---

① 符和积主编：《实录》续编，第273页。

第 7 章

『慰安妇』制度产生的背景及其本质

慰安所是日本军队为了有效地推行侵略战争的需要而设立的，因此它具有浓厚的军事性质。它是日本军队制度的一个组成部分，它与日本的侵略战争相伴始终，是日本政府战争犯罪的罪证之一。

——作者

日军"慰安妇"制度这一人类历史上空前残暴制度的出笼与实施，有着深刻的历史和现实的渊源：它是近代天皇专制的军国主义武士道精神的产物，也是日本社会男尊女卑的畸形道德观的产物；它是日本法西斯主义发展的必然结果，也是日本"皇军"在发动侵略战争中的一项令人发指的独创。总之，它是日本近代社会中畸形细胞发育后繁殖出来的一个癌瘤。

一、"慰安妇"制度与日本近代社会

在近代以前，日本只是一个默默无闻的漂浮在太平洋中的小小岛国。限于一个小岛，千年以来，它把最靠近它的先进的大陆国——中国的文化当作文明的母体加以全盘吸收，缓慢成长。然而，这种局面随着地理大发现运动的展开和西方文化的武力进入，在19世纪后半叶发生了彻底的变化。被奉为样板的中国悲惨地屈眼于西方的武力，而新开通的海上通道，又使他们意外地发现了一个完全不同的文明。日本的知识分子与政治家们毫不犹豫地选择了新的文明。被称为日本近代精神教育之父的福泽渝吉（1835—1901），在其名著《劝学篇》一书中就说："综观当今世界，有文化、武力都很昌盛富强的文明开化之国，也存在文武都落后、贫弱野蛮、半开化之国。一般来说，欧洲诸国属于富强之国，亚、非洲诸国属于贫弱之国。"他又于1863年发表《外交论》提出：日本的将来"其一是加入吞食别国者之列，与文明国一起寻求食物；其二是与已停滞数千年的亚洲古国为伍，共同守护古代传统，随时面临被文明国吞食的危险。日本只能选择前者，即加入帝国主义国家成为侵略者。"1868年，日本实行了明治维新，从政治、经济、教育等各个方面全面引进西方文化。在这种避免被强者吞食而必须使自身强大成为吞食弱者的强者的理论支配下，日本实行强兵黩武的军国主义政策。1882年，明治天皇颁布《军人敕谕》，确立以效忠天皇为最高原则的、具有浓厚封建杀戮色彩的武士道精神为军队的精神支柱。1886年，又颁布《学校令》，在普通中学校增设了"兵式体操"科目，并强制规定对师范学校的学生进行"准军队教育"，对小学生进行"国民武勇思想教育"。1890年，又颁布了《教育敕语》，强调教育的最后结果，应是修身为国，"忠勇奉公，以抚天壤无穷之皇运"。这种以全民族为对象的偏狭的军奴式教育，以及20世纪初叶开始的日本法西斯主义思潮，是"二战"时期日本军队做出野蛮兽行的思想基础。

法西斯主义是国家与民众的非理性性格结构的表现。日本法西斯主义的精神代表就是被称为"东方戈培尔"的九州帝国大学政治学教授藤泽，这位帝国统治联合会研究部主任曾出版了一部人称"日本版的《我的奋斗》"的小册子。他在小册子中提出：日本作为人类和世界文明的发源地，天皇是处在"绝对的宇宙中心"的太阳女神的直接后裔，而其他的民族已偏离了这个中心，因此，日本正在进行一场"圣战"，以便让那些偏离中心的民族回到这个中心，使互相厮杀的人类重新组合成一个大家族，在这个大家族中每个民族将在日本天皇神圣而至高无上的统治下获得自己应有的地位。[①]这种种族理论是日本法西斯主义的理论核心。按照这种理论，日本为保持血统种族的纯洁并统治世界，是大和民族最崇高的任务。为实现这一任务，第一步是排除一切障碍，利用各种手段，在"大亚洲主义"的口号下，实现以大和民族为中心的亚洲统一体。

1894 年中日甲午战争爆发，1904 年日俄战争开战，日本对华，对俄两次战争的胜利，极大地鼓舞了国内的军国主义势力。这架隆隆发动的战车开始以疯狂的转速驶上了对外侵略扩张的快车道。从 1912 年起，日本政府通过国防基本方案，规定海军方面以英国为假想敌国，陆军以俄国为假想敌国，军备建设一日千里，飞速增长，以致在军舰的持有量、常备陆军的兵员数上，人们已将日本列为与英、法、美、德并驾齐驱的世界五大强国之一。但事实上，日本的军国主义国策的预定的目标，与它作为一个岛国的经济实力、物资资源、文化底蕴，是极不相称的。例如由于扩充军队的需要，日本政府迅速地增加兵员，却无法保证兵员的军队素质教育，日本学者千田夏光在《从军慰安妇·续集》中指出："采取了富国强兵路线的明治末期，到士族阶层以外去寻求士官了，比方说明治时代受过士官教育的士官和大正时代以后受过士官教育的士官之间的国际法知识度的比

---

① 转引自威尔海姆·赖希著，张峰译：《法西斯主义群众心理学》，重庆出版社 1993 年版，第 120 页。

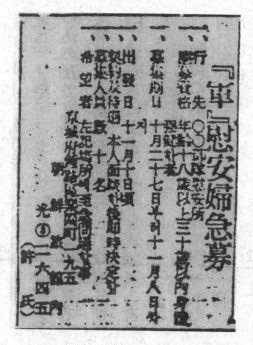

日军在朝鲜《京城日报》刊登的招募"慰安妇"的广告，1944年7月23日。（韩国挺身队研究所编，金英姬、許善子编译：《よくわかゐ韓国の"慰安婦"問題》，第29页）

例是 10：3，到了昭和时代成了 20：1"。除了法西斯主义教育的军奴思想基础，除了先进的炮舰武器，日本政府再也不能提供更多的必备装备给军队了。它所能给予军队的，只能是鼓励掠夺和暴行的国家政策。所以，在第二次世界大战中，日本陆军的给养补充，是在"求粮于敌"的掠夺政策下进行的。千田夏光分析说："所谓'求粮于敌'，就是夺取敌人之粮而食，就是为此而不必作粮秣准备的考虑，就连在那人迹未到、没有一点可以称为食物的新几内亚、打下莫尔兹比的南海支队，所需要的五分之一的粮食都不给就命令他们去进攻，因此而发生了吃人肉的事件，而这在中国战线上，作为'军部方针'、'作战方针'，把掠夺当成了使命。"例如在从上海向南京攻击的途中，日军因后勤供应跟不上而发布"就地筹措"的命令，①于是就有了大规模的抢劫，就有了南京大屠杀。在东京军事法庭受审的陆军中将武藤章曾这样解释："在日清战争以及日俄战争中，在日本陆军中没有过那种残暴行为的尝试。那是1915年，从日本军被遣到西伯利亚的时候起，这种残暴行为的倾向才表现出来，这证明近代日本人的人格素质越来越低下了。"武藤的话只说出了问题的表面。战争，尤其是非正义的侵略战争，本身就是杀戮人性、

---

① 中央档案馆等编：《南京大屠杀》，第968页。

展示人类兽性一面的恐怖机器。是日本政府从明治时期开始的赤裸裸的军国主义政策，而且是竭泽而渔的掠夺性策略，导致了日本以战争、侵略为荣的观念和日本军队的残暴性。这就是日本军队之所以能实施让全世界都感到震惊的性奴隶制度的国家背景。

日军实施性奴隶制度与日本社会严重的男尊女卑的畸形道德观也有关联。日本是个典型的男性社会，无论是在社会上，还是在家庭中，人们的共识就是男性承担国家民族的大任，而妇女没有平等的权利，她们只是一种辅佐男性的力量。组织家庭的目的主要不是追求两性的和谐和快乐，而是在男性主导下的传宗接代。因此，一夫多妻制、妻妾制度和公娼制度的实行便是理所当然的了。在社会生活方面，性作为一种调节剂而普遍存在，如游妓数量极大，艺妓遍布关东、关西，连居酒屋这种大街小巷到处可见的小酒店，也承担着减轻社会压力的性的调节器作用。为了使女子安于这种所谓"生来卑贱"的命运，培养女性隐忍服从的奴隶精神，女子从小就接受着与男子不同的教育。最后使得女性自认只是繁殖后代的工具，只是男子的附属品、男子的玩物，使她们也从内心心甘情愿地为男子也为国家尽力。

由于日本普遍存在着女性蔑视以及将性的发泄作为社会对个人的调节器的心理，因此，它必然会导致将女性"物化"的观念。《远东战事》中曾刊载过一则新闻，在战争期间的1942年，日本首相东条英机接受美国记者约瑟·道格拉斯的采访，其时东条英机毫不隐讳地指出了"慰安妇"对战争的特殊作用。道格拉斯问道："请问首相，据西方一些通讯社披露，贵军在占领区秘密强制当地妇女充当随军妓女，不知此情是否属实，你对此有何看法？"东条英机则回答说："我不能否认军队里不会出现这种事情，就像你不能否定美军士兵能请假去驻军当地妓院一样。至于看法，我以一个东方人观念看，女人是一种战略物资，并且是对胜利不可缺少的独

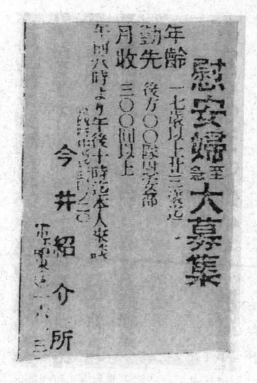

特营养的战略物资。"① 这的确是日本军国主义分子的真实心理状态的自白，只不过东条英机所谓的"东方人"实际就是"日本人"。在日本的军国主义者看来，妇女也是他们实行侵略战争的一支力量。早在 1932 年，日本就成立了"大日本国防妇人会"；当卢沟桥事变爆发时，这个组织已经在日本的每一个城市、镇和村都设立了分会，会员达 800 万人。它实际上是日本在乡军人会的妇女部，负责人是陆军中将武藤彰的妻子。这个组织的使命就是团结妇女为日本赢得战争而竭尽全力。其中的一项任务是组织女子挺身队，到前线去充当军队"慰安妇"。

日军在朝鲜《韩国每日申报》刊登的招募"慰安妇"的广告，1944 年 10 月 27 日。（韩国挺身队研究所编，金英姬、許善子编译：《よくわかる韩国の"慰安妇"問題》，第 29 页）

　　日本公娼制的实行与军队有着密切的关系。日本近代的公娼制是在政府的控制下，业主与妓女签订营业契约，并根据娼妓的意愿决定是否从良，政府从中抽税，并将娼妓集中在一定的区域内，限制其外出，同时在青楼区建立专门的医院，对娼妓实施义务性病检查的一种制度。公娼制下娼妓的主要服务对象是军人。因为军队是由年轻男人组成的团体，长期枯燥、单调的军营生活使得性能量大量地积聚起来，由于官兵们不能过正常的家庭生活，在这种情况下，妓楼便成了他们唯一能够发泄性欲的通道，在日

---

　　① 转引自李正堂：《为什么日本不认账》，时事出版社 1997 年版，第 46 页。

本军队中，尤其是海军士兵，在舰船停泊的港口，与公娼（甚至包括私妓）发生性行为的现象十分普遍。如上所述，日本是一个对性问题十分宽容的社会，士兵们对妓楼的依赖非但不会受到社会的谴责，相反，政府还对公娼实行严格的性病检查，以保护士兵。在公娼区域里，严格限制私妓的闯入；对公娼定期实行义务的性病检查，杜绝军队性病的传染源。对于妓业主们来说，军队是最好的主顾、最大的财源，所以他们竭尽全力去招徕军人的生意。于是，出现了北海道旭川市、广岛吴的瓦石、横须贺的观念寺等主要面向军队的妓楼群。一些军队驻扎地的周围也出现了"神女街"，官兵们在此可以名正言顺地狎妓嫖娼。甚至在上海、香港等海外的日军驻防地的旁边，也形成了繁荣的"日本堂子街"，嫖妓成为日本军人的传统之一。20世纪初，当香港当局准备整顿市容，拟将妓院从日军基地附近移走时，竟遭到日军的激烈反对而只能作罢。当日军到国外去作战时，日本的妓业经营者们也会带着成群结队的妓女队伍不远千里紧紧相随。不仅如此，日本军方还力图将公娼制度导入其殖民地或海外基地。如1896年11月出版的日本《军医学会杂志》对是年台北市允许妓院开业以及台湾妇女卖淫状况提出建议：由于日军青壮年压抑情欲会导致精神忧郁症，而与不卫生的土著妇女交接，则有可能带来性病的蔓延，因此，最好的措施就是实行公娼制度，并严格实施检验性病。1913年的日本陆军《军医团杂志》第49号在谈到作为繁荣殖民地的政策时，提出应设立妓院，同时对其严格管理，还说在济南和青岛的妓院里，已经实行了为妓女检查身体的制度，由警察监督，军医实施。[1] 由此可以说，日军与公娼制度之间有着十分密切的关系，"二战"时期日本政府和军队实施的"慰安妇"制度，正是这种传统的延续与扩展。

---

① 转引自【日】矢野玲子著，大海译：《慰安妇问题研究》，第32页。

二、"军中乐园"实行之原因

日本政府和军队实施"慰安妇"制度的主观动机主要有以下四点。

第一，为了维护军纪，并防止强奸。

日本发动对华侵略战争后，日军所到之处，最骇人听闻的就是大肆强奸当地妇女。这支兽欲肆虐的军队在发扬"武士道"精神完成本国统治者赋予他们的"神圣"使命的同时，也自发地、几乎是情不自禁地兽性大发。1938年6月27日，日军华北方面军参谋长冈部直三郎承认，在驻华日军中发生了大量的掠夺、强奸和放火等不法行为，尽管军方已加强管束，但这些事件仍然频发。在这种情况下，日军高层认为，为了减少强奸事件，只有推行随军"慰安妇"制度，以恢复占领地的秩序。也就是牺牲部分占领地女性、朝鲜女性以及部分贫困的日本女性而维持日军的纪律，让慰安所起到防止日军过分暴行的安全阀的作用。日本陆军省副官川原直一在向部队转发的教育指导参考材料中也承认：日军在占领中国的过程中，军纪败坏，强奸事件频繁，从而引起中国人的仇视以及各国舆论的谴责。日本陆军军医中尉、金泽医科大学教授早尾雄1939年6月在对侵华日军调查后指出，日军官兵因无法压制性欲而对中国妇女进行强暴，因此，宜在华中地区尽快开设更多的慰安所。其主要目的在于预防强奸案的大量发生而使皇军的威严下降，并影响占领地的治安。① 1938年秋，日军准备攻入武汉时，为了防止出现像占领南京时的混乱状况，以及防止出现大规模的强奸事件，因此在部队中普遍建立了慰安所。如日第2军占领汉口、汉阳时，为防止军人自由外出而发生不法行为，因此禁止外出，只允许在军官的率领下前往慰安所。② 同样的事例，当日军第116师团即将进入湖南宝庆时，

---

① 【日】吉見義明编：《從軍慰安婦資料集》，第228页。
② 【日】防衞厅戦史研究室：《支那事変陸軍戦战史》，第2部。

后方主任将宪兵队长山田定招去说："司令部最担心惹起强奸的事件，宪兵队长，为预防这种事故，能不能去募集些'慰安妇'来？"①于是，山田在汉奸的协助下，抢来一批中国妇女，设立了慰安所。1938年底，日军第11军司令官冈村宁次在部队配备"慰安妇"后曾指出："现在的兵团，几乎都有'慰安妇'团随行，似乎成为兵站的一个分队，像第6师团那样，有'慰安妇'团随行，强奸罪就绝迹了。"②1942年，战后担任日本内阁总理大臣的中曾根康弘时任海军第二设营班主队长、主计中尉，他对能为部下设置慰安所十分自豪，他说："（第二设营班）是有3000人的大部队，总是发生袭击当地住居女人的事情。我颇费苦心，为他们设置了慰安所。"③这实际上是以整体的，有组织的国家犯罪来替代军人的个人犯罪。

第二，向官兵提供性的服务而稳定军队、安定军心，并使官兵士气高扬，增强战力。

一、以"慰安妇"来疏导官兵之间的紧张关系。日本发动的是非正义的战争，投入战场的日本官兵多不明了战争的意义，日军方面无法向他们进行有效的政治动员。而且由于日本军队的法西斯性质，内部实行一种绝对的家长制度，上下级关系、士兵之间的关系只有服从，没有温情。而且新兵时常遭到老兵的殴打，长官更是以欺压士兵为职事。这种封建的官兵关系使士兵感情压抑对军队生活产生民恶、仇恨心理，这种人性压制的无序发泄便是强奸案的大量发生，以及反抗长官事件的增加等。于是日军上层企图通过推行"慰安妇"制度，把"慰安妇"作为士兵发泄的对象，起到一种"镇静剂"的作用。1939年6月，日军独立炮兵第3联队的《阵中日记》写到现在，"慰安妇"增加了，"精神上感到很是安慰。"④

二、把"慰安妇"作为奖励官兵的手段，而提高部队的战斗力。军队

---

① 参见【日】山田定：《宪兵日记》。
② 【日】矢野玲子著，大海译：《慰安妇问题研究》，第8页。
③ 【日】松浦敬纪编：《终りなき海军》，文化放送开发中心1978年版，第98页。
④ 【日】《性と侵略》，第365页。

也需要休整，如一次大战时期的欧洲军队，一般有一两周的休假。由于日军陷于中国战场的泥潭之中，没有任何休假，也不知何时是归期，从而导致官兵情绪低下。而且，日军的生活设施也较为简单。毫无乐趣和享受可言。长期的禁欲生活使日本军人积蓄了太多的性能量，因此，军方需要通过提供女性来刺激士兵的士气，以使其在非正义的侵略战争中为日本帝国主义卖命。日军前线军官曾反复指出，为了鼓舞士气，必须要解决性问题。①这一点在不少士兵的回忆录中也得到了证实。老兵曾根一夫回忆当时的情况说："无论是老爷般的老兵，还是童颜般的少年兵，都一致渴望早一点接触到女体的猴急模样，实在是滑稽透顶。"②"志愿兵"水野靖夫则指出："上级号召士兵们首先要去'养精蓄锐'。没有接触过女人的人，就打不了仗。所谓的'养精蓄锐'，就是要去体验女人。我们登陆后，便结队成群地走向慰安所……为了满足性的欲望，不，为了培养一支像样的杀人部队，使之玩弄一下敌国的女人，那简直算不了什么。"③1940年陆军省医务局长三木良英在视察了中国东北的日军部队后写道："第一线的生活，一般都不佳，当考虑精神慰安、给养问题。据部队长所说，原因不明的逃亡、犯罪，接连发生，精神低落。"接着是："土肥原师团长要求派遣慰安团。据说，国境守备队3年间完全没有外出，应该督促爱兵恤士。"④从中可以悟见当年日本军界的苦恼和大规模设置慰安所的初衷。当中国远征军攻击拉孟（今称松山）战斗到了白热化的时候，日本军官还驱赶"慰安妇"们，到战壕中对士兵们"慰安"，以此激励日暮途穷的士兵的战斗热情。因此，日军的后方司令部常常把日本"慰安妇"称作"大和女子SEX特攻队"。

　　三、抚慰战败或对战争恐惧的士兵。士兵在战场上不知何时就会突然

①【日】吉見義明编：《從軍慰安婦資料集》，第58页。
②【日】曾根一夫：《一个侵华日本兵的自述》，载《悲愤·血泪——南京大屠杀亲历记》，第149页。
③【日】水野靖夫：《反战士兵手记》，第13-14页。
④转引自【日】《戰争責任研究》，1993年秋季号，第6页。

死去，他们普遍带有强烈的恐惧心理，在这种恐惧心理的驱使下他们在战场上会干出种种暴行。日军高层认为，让士兵依偎在女人的胸脯，与女人亲近，有利于摆脱这种恐怖，所以"慰安妇"能暂时缓解士兵的恐怖心理。1939 年 3 月，第 124 联队的一个中队在浙江长兴的仁王山遭到中国军队袭击，结果只有几个士兵活着突围回来，这几个士兵回到兵营后，便心急火燎地半夜敲开"慰安妇"的房间，他们抱住"慰安妇"，是为了确认自己还活着，减少战友流血死亡的刺激，并乞求"慰安妇"对他们恐惧的心灵给予抚慰。千田夏光在《从军慰安妇·庆子》一书中这样记录道：日本"慰安妇"庆子深夜被猛烈的敲门声所惊醒，一队从前线归来的士兵冲入了慰安所，第一个带着火药味的士兵把庆子推倒在床上，迅速撕开庆子的上衣，然后发狂地用嘴吮吸着庆子的乳房，一边呻吟道："我得救了，得救了。不会死了！"第二个士兵竟反复亲吻庆子那作为"慰安妇"被无数人玷污的地方，嘴里念叨："孩子他妈，孩子他妈！"① 所以，对于士兵们来说，拥抱"慰安妇"可以证明"今天我还活着"，并祈祷"明天还能够活下去"。

第三，预防性病的流传。即使是在日军中，性病也是不光彩的疾病，军方规定战伤为一等症，内科疾病为二等症，性病是最低的三等症，② 而且，患了性病就很难被提升重用。在日军战史上，最惨痛的一次关于性病的记录是 1917 年出兵西伯利亚的战争，性病患者的人数竟比战死的人数还多，究其原因就是强奸当地妇女所致。由于性病具有较强的传染性和巨大的伤害力，会严重损害军队的战斗力，而且甚至会影响子孙后代，危及国民整体的健康。1939 年 6 月，日军军医中尉早尾雄在其论文《战场的特殊现象及其对策》中，根据日军在华作战的资料指出：日军由于利用民间的妓院而引起性病的流行，从而导致战斗力的下降。一般的性病需要住院 58—91

---

① 【日】千田夏光：《從軍慰安婦·慶子》，第 181 页。
② 【日】金一勉：《天皇の軍隊と朝鮮人慰安婦》，第 129 页。

天，而严重的性病则需住院 1021 天。日军既然不能制止士兵嫖妓，只能通过慰安所满足其性要求，并对"慰安妇"实行严格的体检。一般须每周检查 2 次，有些是 1 周或 10 天检查一次，最低限度是一个月检查一次。不合格者绝对禁止接待士兵。同类资料还有日军华北方面军军医部在 1940 年 2 月颁布的《对干部的卫生教育顺序》中也承认花柳病对日军战斗力的影响。[1]同时，日军还通过使用避孕套、"星秘膏"等字段来预防性病。但是，由于有些官兵仍违反军纪而胡作非为，加之日军对军人的检查十分松散，因此，日军官兵中患性病的仍然为数不少。

第四，治安与防谍。如果日军为解决性问题而直接到占领地民间的妓院去，将会导致危险甚至死亡。日军高层担心，日军在中国及其他亚洲各地作战，与当地民众接触，尤其是与当地娼妓接触，容易暴露日军兵力、作战动向，中国的妓女有可能将日军情报转送给中国军队，因此，为了阻止日军官兵的自由活动，设立军队控制的慰安所，让妇女 "从军"来为军队服务。[2]一个日军老兵曾道出心里话："日本慰安妇可以放心，朝鲜慰安妇也可以放心，她们即便天天和士兵在一起，也不会向敌方泄露情报。之所以不征集中国女性作慰安妇，就是为了防谍。"[3]实际上，由于日本、朝鲜"慰安妇"的数量仍满足不了日军的需要，于是，就大量征集中国女子做"慰安妇"，并控制其人身自由，防止被中国抗日部队所利用。在很多的慰安所内，日军规定禁止使用日本语以外的语言，这既是防止情报外泄、提防逃跑的策略，同时又是日本侵略者对殖民地人民强制实行日语教育的一种手段。

第五，对中国妇女的发泄，这对日军士兵具有特别意义。最初，日军士兵对中国妇女强奸案迭出，但据说他们不太愿意在慰安所内接触中国妇女。但是在进入第二阶段战略相持阶段后则有明显变化，日军大规模使用

---

[1]【日】吉見義明编：《從軍慰安婦資料集》，第 224–239 页。
[2]【日】高木健一：《從軍慰安婦と戰後補償》，第 75 页。
[3]转引自王俊彦编著：《警惕日本——昨天的侵略与今日的扩张》，第 920 页。

中国妇女充当"慰安妇"，据说这样能够抚慰那些因长期战争遭受挫折而产生沮丧情绪的日军官兵。他们在战场上被中国军队打败的心理，在中国"慰安妇"身上得到了最有效的校正。日军情报部的一名军官在给日本陆军本部的文件中指出：这种心理作用，唯有中国"慰安妇"能让日军的士兵产生；她们能鼓舞士兵的精神，能够在中国尽快地建立"大东亚共荣圈"。当武士道精神不能支撑崩溃的士兵时，中国"慰安妇"的肉体却能对复原治疗士兵必胜的信心起到不可估量的作用，能在中国女人身上得到满足，必将在中国领土上得到满足。占有中国女人，便能滋长占有中国的雄心。他建议军方必须更多秘密地征用中国女人做"慰安妇"，从精神上到肉体上安慰日本军人，树立他们必胜的信心。[①] 因此，日军需要征用中国妇女充当"慰安妇"，尤其是在 1944 年后，战争的挫折，使得日军更迫切地需要强征中国"慰安妇"，以便从肉体上和精神上安慰日军士兵，树立他们的信心。因此，日本军方首脑反复强调"军队中的'慰安妇'，对于鼓舞将士的士气，完成圣战，是不可或缺的重要武器。"[②]

日军士兵主要由青、壮年组成，他们许多人参军前已受到老兵奸淫妇女故事的熏陶。上等兵石田幹雄回忆说："入伍前，我曾听到一些从满洲和上海回国的士兵们讲过战场上的经历，当时我就被那些猎奇式的故事所吸引，并且产生自己也要去前线体验一番的想法。后来我在 30 岁时当上了预备兵，总算实现了这个愿望。扫荡村庄时有两三次，每当发现了没有来得及逃出村子的女人，老兵们便总是让我们这些新兵在门外警戒，他们在屋内进行奸侮。我是在城市中长大的，自从 16 岁时懂得了用钱便可以同一个女人玩上一宿的世事以来，曾玩过好多女人，因此老兵们的所作所为刺激着我，恨不能早有一天自己也能如同他们一样。"于是，石田幹雄后来终于干出了为强奸年轻的母亲而把婴儿扔入开水锅这样的伤天害理

---

① 《远东审判案》，备用资料第 103 册，第 51 章，第 342 页。
② 【日】金一勉：《天皇の軍隊と朝鮮人慰安婦》，第 20 页。

的事。①

日军"慰安妇"制度的发展经历了三个阶段。第一阶段是上海"一·二八"事变前，日本为应付中国政府和租界当局的禁娼政策，而导入日本国内的公娼制度，在日本人经营的"贷座敷"（即"女郎屋"）内，设立"乙种艺妓"，即酌妇。

第二阶段是"一·二八"事变爆发后到1937年底。日本海军在虹口基地指定和建立了一批海军专用慰安所，之后在冈村宁次的策划下，陆军从国内征调妓女到战场设立了陆军慰安所。"一·二八"停战后，陆军的慰安所逐渐撤销，而海军慰安所则继续经营。

第三阶段是1938年初直到战争结束。1937年12月，松井石根的华中方面军要求在军中实施慰安所制度，于是，以上海杨家宅慰安所的建立为标志，日军开始正式推行"慰安妇"制度。1938年6月，以寺田寿一为首的华北方面军也向部队发出设置慰安所的命令，接着，梅津美治郎的关东军于1941年7月提出招募2万朝鲜"慰安妇"的计划，从而将"慰安妇"制度推广到所有侵华日军之中。太平洋战争爆发后，又推广到亚洲各地的日军部队。在中国大陆，凡属有日军驻扎的地方，几乎都有过日军的慰安所。太平洋战争爆发后，日军又将慰安所推广到东南亚、南太平洋地区和日本本土，直到1945年8月日军战败。

三、"慰安妇"制度的实质

"慰安妇"问题是日本国家及其军队为顺利实施并完成侵略亚洲的战争而推行的一种制度，②是一种军队集体的犯罪，是战时日本的国家犯罪，其受害的主体是多达40万人以上的日本占领区无辜妇女，她们完全被剥

---

① 【日】中国归还人员联络会编，祖秉和、霍军译：《日军侵华的自白》，群众出版社1985年版，第122页。

② 本小节参考了日本学者吉见义明、矢野玲子和中国学者管宁的研究成果，特此致谢。

夺了精神上、肉体上的自由，整日遭受性暴力和虐待，充当了军队的性奴隶，这是对人类尊严的极大凌辱，也是对人权的极大侵害。

第一，"慰安妇"制度的实质是日本的国家犯罪。

日军"慰安妇"制度的实质是日本的国家犯罪，对此，我们可以从四个方面来加以论证。

其一，"慰安妇"的募集是由军方实施或由军方授意下进行的。关于日军军以上部门下达的设立慰安所的命令，这里仅举以下4起为例。

1. 1932年3月，上海派遣军在上海设立军队慰安所，时副参谋长冈村宁次和高级参谋冈部直三郎下达了建立军队慰安所的命令，然后由参谋永见俊德具体负责设置。

2. 1937年华中方面军司令官松井石根、参谋长塚田攻下达设置慰安所的指示，上海派遣军即令东兵站司令郎在上海设立杨家宅慰安所；并由参谋第二科制订方案，委托参谋长勇在南京负责建立慰安所；而第10军参谋寺田雅雄中佐则指挥宪兵，在湖州设立中国妇女的慰安所。

3. 1938年6月，华北方面军参谋长冈部直三郎中将要求部下数十万大军，各自设立慰安所。

4. 1941年7月前后，关东军（司令官梅津美治郎、参谋长吉本珍一中将）计划征召2万名朝鲜"慰安妇"，为此，原善四郎参谋委托朝鲜总督府，最后集中了8000名朝鲜"慰安妇"，带到中国东北。关于"慰安妇"的募集，在本书第六章中已有大量的事例表明它与军队有密切的关联。

在"慰安妇"的征集与运输方面，日本政府外务省、内务省及其他部门和宪兵，警察予以密切地配合。在朝鲜和台湾募集，输运"慰安妇"时，朝鲜总督府和台湾总督府均参与了此事。而驻朝鲜军队司令部、驻台湾军队司令部直接隶属于天皇，军政关系接受陆军大臣、军令关系接受参谋总长的指示。

其二，各地的日军部队直接参与了慰安所的建立与管理。本书的第三、第四章表明，在中国22个省设置的数以千计的慰安所，其管理大多与日军部队直接有关。第五章表明，日本的南方方面军也与东南亚的大量慰安所密切相关。而民间的慰安所经营者的选定等，也是军队认可的。在上述篇幅中有不少事实的罗列，这里再举一个例子。1944年动员部部长吉田清治以日本各县厅的劳政科的名义转发了陆军关于征集女子挺身队的动员令。于是各县立即下达强征"慰安妇"的动员令，以下是山口县发布的命令全文：[①]

动员命令书（县厅劳政）

根据陆军某某部队的要求，兹发布劳务动员。

一、皇军慰问：朝鲜人女子挺身队百名。

二、年龄：18岁以上、35岁未满（已婚者可以，但孕妇除外）。

三、身体强健（必须接受医生的身体及花柳病的检查，并要诊断书）。

四、为期一年（根据志愿可以延长）。

五、给予一个月30元，作为预付金给与20元，并提供宿舍、粮食、衣服等。

六、派遣日期：昭和十九年4月10日下午1时。

七、集合场所：下关市细江町下关海关楼房前。

八、输送指挥：陆军某某部队委托的长谷川勇。

由此可见，军队与地方政府合作征集"慰安妇"已昭然若揭。

其三，慰安所是由日本陆军、海军以及各派遣军、方面军先后设立的，并由军队的最高中枢统筹策划、决定和管理的。外务省、警察部门等有关政府部门为实施这一计划而不遗余力。

陆军省是日本内阁中的陆军最高机关，同样，它对慰安所也负有责任。陆军省的兵务局要求维护军纪，对慰安所切实管理。陆军省的医务局则着

---

① 【日】金一勉：《游女・からゆきさん・慰安婦の係譜》，雄山阁1997年版，第298页。

眼于卫生管理、防止性病蔓延，也颁布文件，派遣官员要求切实执行。该局科员西浦进元大佐回忆说："支那事变开始之际，即开始设量慰安所。曾经就陆军中央哪一科来承担此事，进行了议论。从军纪风纪来看，属于兵务科；从卫生这一点着眼，归卫生科；如果是抚恤士兵的话，又属恤兵部；如不分属这么细微，当归办公室。最后决定由恤兵部来从事内地的工作。"① 因为无法确定由哪个科负责，事实上是由兵务局兵务科、医务局卫生科、人事局恩赏科和官房大臣根据具体情况而采取协同措施的。

日本中央大学教授吉见义明编辑的《从军慰安妇资料集》，收录大量日本政府和军队推行"慰安妇"制度的文件，这是该书的书影。(大月书店 1992 年版)

在现存的日军文件中仍可以找到不少陆军省与慰安所制度之间的关系。例如，最初由于士兵的性问题无法解决，军队中性病严重。这里笔者仅举日本华北方面军为例。1940 年 2 月 14 日，该军的《军医部长会议状况报告》写道："努力争取将需要特种治疗者，集中到特种治疗卫生机关治疗，性病指定在太原、济南、保定、大同的医院集中治疗。需要在内地（指日本）特种治疗者，集中到天津送回。6 个月间，收容患者 2600 名。"可见问题是十分严重的。② 于是各部队要求派遣"慰安妇"。本章前面引述

---

① 【日】矢野玲子著，大海译：《慰安妇问题研究》，第 214 页。
② 【日】矢野玲子著，大海译：《慰安妇问题研究》，第 218 页。

的 1940 年在中国东北视察的陆军省医务局长三木良英的记载亦说明了这一点。

鉴于这种情况，陆军省积极行动，进一步策划设置慰安所。在金原节三的《陆军省业务日志摘录》中，记载着许多陆军中央部门着手建立慰安所的事实。在陆军省 1942 年 9 月 3 日的科长会议上，恩赏科长发言指出还要在现有的基础上追加，"将校军官以下的慰安设施，拟按以下规模：华北 100 所，华中 140 所，华南 40 所，南方 100 所，南海 10 所，库页岛 10 所，共 400 所"。①

当慰安所开设后，陆军省便要求部队注意对"慰安妇"的性病检查；及时有效地发放避孕套，并实施其他的避孕措施。由于军纪问题严重，1942 年 10 月 31 日，日本首相兼陆军大臣的东条英机忧心忡忡地指出，性病问题依然困扰着军队，各地日军需要大量的避孕套。如新加坡一地每日需要避孕套 5 万只，爪哇则需 7 万只。

当然，日本海军省在慰安所问题上也不落后。事实上最早在上海设立的慰安所，就是海军当局策划的。

同样，政府的其他机关如外务省、内务省、法务省等也参与了慰安所的建立，1937 年 12 月 15 日，福冈县知事赤松小寅曾将《关于向支那渡航者发放身份证明之文件》送交内务大臣末次信正、外务大臣广田弘毅以及各厅府县长官，通报两名妇女去上海北四川路海军慰安所的情况。次年的 2 月 23 日，内务省警保局长发文给除东京府知事以外的各厅府县长官，详细规定了对以"丑业"（卖淫）为目的的"渡航"妇女发放身份证明书的管理意见。为协调军队与政府的关系，使慰安所充分发挥作用，1938 年，在南京的日陆军、海军以及外务省的官员等共同召开了联络会议，对慰安所的监督管理工作进行了明确分工（详见第六章）。1938 年以后，在日军占领的上海、南京、汉口、北平等中国的城市，都建立了慰安所系统，大

---

① 【日】矢野玲子著，大海译：《慰安妇问题研究》，第 220 页。

量的档案表明，在华的外务省、内务省等驻在机构均参与了慰安所的管理事项。

其四，慰安所的一切运行，都在日本军部和军队的绝对监督和管理之下进行的。"慰安妇"运输是陆军或者海军出动船舶完成的。从朝鲜陆路前往中国运输时，则使用了日本控制的京义铁路（汉城至新义州）；进入中国东北后，则使用日本控制的南满铁路。慰安所在中国大陆的运输、转移时，都利用了由日军管理的中国铁路系统；不能利用铁路时，则用日军的军用卡车来完成，甚至有时还动用飞机。

军队管理的慰安所由日军的师团、连队的副官、慰安官员、宪兵队等担任。对于日本慰安所民间经营者较为混乱的情况，日本内务省警保局长曾颁布《通牒》，对其进行统制与监督。在慰安所的管理方面，从早期的上海杨家宅慰安所到菲律宾岛第一慰安所，日军都颁布了详细的慰安所规定，后者更加具体。对慰安所的管理涉及各个方面，这里不再赘述，仅举避孕套的发放为例。为了防止性病蔓延，军方极为注意避孕套的生产，将其列为重要的军需品，分配到各部队，并经常统计部队的需求数量，考察官兵的使用状况和实际效果。由第六章可知，避孕套的发放涉及陆军省高级副官、陆军省经理局官员，大本营陆军兵站总监部参谋长、陆军军需品总厂厂长等。可以说，避孕套的发放与使用，是日军达到通过慰安所制度来解决官兵的性问题并防止性病蔓延目的的重要手段，这也是以军队中枢为代表的国家犯罪的铁证。

第二，"慰安妇"制度也是一种人权侵害。

其一，"慰安妇"制度违反了国际法，侵犯了人权。自西方资产阶级大革命以来，人权被称为人的天赋的、基本的和不可剥夺的权利。著名文件有英国 1679 年的《人身保护法》和 1688 年的《权利法案》、美国 1776 年的《独立宣言》和法国 1789 年的《人权宣言》等。《人权宣言》是法国大革命时期所发表的《人权与公民权宣言》的简称，由法国制宪会议于 1789 年 8 月 26 日通过。全文由序言和 17 条正文组成，包括资产阶级的政治纲领和宪法原则，成为后来资产阶级代议民主制国家所崇奉的经典性政治文件。其主要内容有：人生而平等，享有自由、财产、安全和反抗压迫的权利。具体而言，自由包括言论、著述和出版等自由，其行使以保证社会其他成员能享有同样权利为度。财产神圣不可侵犯，非因合法认定的公共需要，并经公平和事先的赔偿，不受剥夺。主权属于国民。实行分权原则，任何团体和任何个人不得行使主权所未明白授予的权力。法律为公共意志的表现，公民均有权亲自或通过其代表参与制定，在法律面前人人平等，任何人非法定情况下并经法定程序不受控告、逮捕或监禁。动议、发布、执行或扣押者构成犯罪。承认法律不溯既往和无罪推定的原则。随着西方资本主义国家的扩张，本来属于国内概念的人权也进入了国际关系领域。在近代，殖民主义者从非洲大量掠夺黑人运至美洲以高价卖给当地的矿业主和种植园主。15 世纪后，欧洲诸国先后侵入非洲，在 3 个世纪中，自非洲运出的奴隶总数高达 1500 万—2000 万人。在掠夺和贩运过程中，黑人备受虐待，死亡率高达 90%。有鉴于此，国际公约中开始制订谴责和制止奴隶贩卖的条款。如 1815 年维也纳会议的有关文件，1841 年的伦敦《制止非洲奴隶贸易条约》、1885 年的《柏林公约》和 1890 年的《布鲁塞尔公约》等。到 1919 年《圣日耳曼公约》规定，签字国承诺设法完全消灭奴隶制度和海上与陆上的奴隶贩卖（日本为签字国之一）。在国联的监督下，各国又于 1926 年制订《禁奴公约》。1930 年国际劳工组织还制订了《禁止强迫劳动公约》等。

"慰安妇"制度严重违反了上述人权和诸项国际公约，所谓的"慰安妇"制度，就是使妇女沦为军队性奴隶并获取、运送、买卖人身的制度。1926年的《禁奴公约》规定，各签字国承诺禁止奴隶买卖，并逐步和尽快地完全消灭一切形式的奴隶制度。"慰安妇"制度再现了奴隶买卖的残暴与灭绝人性，因此，强制征集和运用"慰安妇"的各项行为都是违反《禁奴公约》[①]

---

① 载《世界人权约法总览》，四川人民出版社 1990 年版，第 1103 页。

的行为。

同样，"慰安妇"制度严重违反了国际劳工组织制订的《禁止强迫劳动公约》。早在1929年，国际劳工组织就许多殖民地国家强制居民离开家园，到偏远地区从事强制劳动一事向第十二届劳工组织大会递交了报告书，呼吁引起国际社会的注意，接着次年通过了《禁止强迫劳动公约》，1932年11月21日，日本政府承诺加入这一公约。在战时，日军采用各种手段强迫妇女们远离故乡、故国，到战火弥漫的战场或占领区，充当日军的性奴隶，受到非人的待遇。胁迫充当"慰安妇"就是一种强迫劳动，上述公约的第11条明确规定禁止女性从事强迫劳动，因此，日本政府实施"慰安妇"制度是难逃责任的。

其二，"慰安妇"制度违反了人道法。人道法是指在武装纷争的行动中保护武装纷争牺牲者的原则，其渊源可以追溯到1864年8月22日签订的日内瓦条约，也就是第一次红十字条约。此后随着战争手段的发展、战争规模的扩大，以及国际间关系的复杂化，形成了更为系统的法律体系。1906年7月6日签订的日内瓦条约（第二次红十字条约）、1929年7月27日签订的日内瓦条约（第三次红十字条约）相继形成，此间的1907年还签订了海牙《陆战法规和惯例章程》。上述的条约与战后1949年8月12日签订的关于保护受难者的4个日内瓦公约一起，被综合称为"国际人道法"。其主要内容包括：在战争中，不实际参加战事的人员在一切情况下应予以人道待遇，不得基于种族肤色、宗教信仰、性别、出身、财力或其他类似标准而有所歧视。因此对于上述人员，不论何时、何地不得有以下行为：（一）对生命与人身施以暴力，特别如各种谋杀、伤残肢体、虐待及酷刑；（二）作为人质；（三）损害个人的尊严，特别如侮辱与降低身份的待遇；（四）伤者应予收容与照顾；（五）未经具有文明人类所认为必需之司法保障的正规组织之法庭的宣判而遽行判罪或执行死刑。①

战前，日本政府虽没有批准日内瓦公约，但在 1912 年宣布加入了海牙公约。1907 年的第二次海牙会议共有 44 个国家参加，通过了 13 个公约和宣言，补充和代替了 1899 年的公约和宣言，同时，还编纂了许多重要的惯例，是限制作战手段和方法的重要条约，在法律上至今仍然有效。如《陆战法规和惯例公约》（第四公约）附《陆战法规和惯例章程》规定：不得以任何方式攻击或轰击不设防的城镇、乡村和住宅；禁止在战争中的强奸、强制卖淫，并指出这是对于生命乃至家庭名誉的侵害。而且，国际人道法作为习惯法的一部分，任何国家，不管它是否是签约国，只要它们违反了国际人道法的原则，就应承担相应的责任。

毋庸多加解释，"慰安妇"制度显然完全违反了上述公约及国际人道法规。

其三，"慰安妇"制度违反了国际惯行的保护妇女儿童权利的法规，违反了关于禁止妇女卖淫的法律。1904 年 5 月，世界主要国家在法国巴黎召开了争取妇女权利、禁止买卖妇女的国际会议，并通过了《关于取缔为经营丑业而买卖妇女的国际协定》。6 年后的 1910 年各国在该项协定的基础上通过了《关于取缔为经营丑业而买卖妇女的国际条约》。到 1921 年 9 月，各国又在日内瓦签署了《关于禁止买卖妇女儿童的国际条约》，1933 年进一步补充制定了《关于禁止买卖成年妇女卖淫的国际条约》。这些条约的主要内容有三点：第一，凡以经营为满足他人情欲的丑业为目的，劝说、引诱或拐带未成年妇女（21 周岁以下）者，虽已得有本人的同意，将构成犯罪。第二，凡以经营为满足他人情欲的丑业为目的，使用暴力、胁迫、滥用权力及其他一切强制手段，劝说、引诱或拐带成年妇女者，将构成犯罪，第三，无论任何人，凡以在别国经营为满足他人情欲的丑业为目的，劝说、引诱、拐带成年妇女者，虽已得有本人的承诺，将构成犯罪。

---

① 参见【英】劳特派特修订：《奥本海国际法》，商务印书馆 1989 年版，第 220 页。

在以上这些协定和条约中，日本政府除了最后一项即 1933 年《关于禁止买卖成年妇女卖淫的国际条约》以国情不同为由未予批准外，对于其他三项国际条约均于 1925 年寄呈批准书，成为这些条约的成员国。不过日本在批准这些条约时，也曾利用这些条约中种族歧视条款和对殖民地国家的歧视等条约本身的漏洞，作了相当大的保留。例如，1910 年条约的第 11 条规定：该条约暂不在殖民地地区实施，如实施时，将以文件形式通告。1921 年条约的第 14 条也规定：缔约国可以宣言的方式将殖民地等地区剔除在外。日本政府在批准加入这些条约的同时，发表了一个宣言，宣布该条约的实施范围不包括朝鲜、台湾、关东租借地、库叶岛南部地区等在内。但是，日本作为国际联盟的创始成员国，理所当然必须遵守《国际联盟盟约》（1919 年 6 月 28 日列入《凡尔赛条约》第 1 部），该盟约明确禁止贩卖妇女、儿童等。

由以上这些国际条约的内容可知，尽管当时世界上还存在严重的种族意识和对殖民地的歧视，但在禁止买卖妇女卖淫问题上已经达成了这样一种共识，即：为了让成年妇女卖淫而买卖妇女的行为，即便是在已经得到妇女自身同意的场合，也是一种犯罪。日本军队在第二次世界大战中使用欺骗、劝诱，绑架等暴力手段强征“慰安妇”，自然属于“经营为满足他人情欲的丑业为目的”而买卖妇女的行为。而且在这一过程中，自始至终都有政府、军队的参与在内，这无疑是一种不折不扣的国家犯罪和国际性犯罪。

这里的成年妇女，1910 年条约中规定为满 20 岁；1921 年的条约规定为 21 岁，日本政府当时以满 18 岁为成年作为保留条件而承诺了上述条约，但因受枢密院有损于“帝国体面”的责难而于 1927 年撤回了保留条件。也就是说仍承认“21 岁为成年”的标准。那么，“慰安妇”们是否都是成年人呢？有大量事实表明，相当部分的“慰安妇”在被征集时均未满 21 岁。据日军的官方文件，曾有 14 岁的台湾少女被运送到中国南部。在菲律宾依洛依洛市的慰安所中，有 15 岁的朝鲜人或台湾人的“慰安妇”。在中国各地几乎都有未成年的日军“慰安妇”。云南和海南岛的少数民族少女被掳掠为日军"慰安妇"时，年龄只有十四五岁。

其四，"慰安妇"制度也是战争犯罪。所谓战争犯罪，是指把战争当作主权国家权利的情况下，交战国军队违反战争法规和惯例的行为，[①]包括使用有毒或其他被禁用的武器，杀害或虐待战俘，攻击、掠夺和屠杀平民等，1928年的巴黎《非战公约》废弃以战争作为推行国家政策的手段，从而扩大了战争犯罪的范畴。第二次世界大战后制订的《欧洲国际解释法庭宪章》第六条和《远东国际军事国际法庭宪章》第五条明确规定战争犯罪包括三类，即（一）危害和平罪，就是计划、准备、发动或实施侵略战争或违反国际公约、协定或保证之战争，或参与为实现任何上述行为而共同计划或同谋。（二）违反战争法规与惯例，此种违反应包括但并不限于对属于所占领土或所占领土内的平民之谋杀、虐待，为使其从事奴隶劳役或任何其他目的的放逐，对战俘或海上人员之谋杀或虐待，杀害人质，劫掠公私财产，任意破坏城市、集镇和乡村，或从事非根据军事需要之蹂躏。（三）在战争发生前或战争进行中，对任何居民之谋杀、灭绝、奴化、放逐及其他非人道行为；或基于任何政治、种族或信仰的原因，为执行或关涉本法庭管辖范围内之任何罪行而为之迫害，不问此种行为是否违反该国之国内法。

自九一八事变到1945年8月日本投降止，日本基于政治（战争）、种族（歧视亚洲各国民族）等目的，劫掠、监禁、蹂躏中国、朝鲜、菲律宾、新加坡、缅甸等占领地区的妇女，剥夺其作为人的尊严，驱使其成为日本军队的性奴隶，明白无误地构成了战争犯罪。而且，日本政府与军队有组

---

① 国际公认的作为破坏作战原则的重要例子有：1. 使用有毒的或其他被禁止使用的武器和弹药；2. 杀害因病或因伤而失去作战能力的士兵；3. 暗杀或雇人暗杀；4. 伪装求降或伪装伤病；5. 虐待战俘或伤病者，占取他们的而不属于公有财产的金钱和贵重物品；6. 杀害或攻击无害的帝国平民无正当理由而占取和破坏他们私有财产，特别是抢劫；7. 亵渎战场上的尸体；8. 占取和破坏属于博物馆、医院、教堂、学校等的财产；9. 攻击、包围和轰击不设防城镇及其居民点；10. 对历史纪念物和供宗教、艺术、科学及慈善之用的建筑物作不要的轰击；11. 违反日内瓦公约的行为……（参见【英】劳特派特修订：《奥本海国际法》。下卷第2分册，第84页）。

织地实施"慰安妇"计划，并使之制度化，从而使这一犯罪性质更加严重，危害更大。

综上所述，对照国际条约，日本政府和军队在"慰安妇"问题上的犯罪事实主要有：

第一，在征集"慰安妇"时使用强制手段。在40万"慰安妇"的征集中，除了初期极少数日本的职业妓女是"自愿"来战场慰安日军士兵外，在绝大多数场合，尤其是在中国（包括台湾地区）、朝鲜以及东南亚等占领地进行征集时，几乎都使用了包括绑架、劝诱、哄骗、滥用权力在内的种种强制性手段。这些征集工作基本上都是在日本军队和政府的参与及许可下进行的。

第二，强迫征集未成年妇女充当"慰安妇"。从本书所引资料和调查来看，日本当时在中国，朝鲜等地征集"慰安妇"中，有相当部分是属于国际条约所规定的未满21周岁的未成年妇女。尤其是在云南、海南等地，大批的中国"慰安妇"只有十六七岁。在这种情况下，不论征集时使用的是何种手段，有任何理由，都违反了禁止未成年妇女卖淫的国际条约。

第三，强迫"慰安妇"在其他国家经营丑业。如日本的"慰安妇"、朝鲜的"慰安妇"大部分到中国的慰安所为日军服务，而中国的"慰安妇"也有到东南亚去"慰安"的记录。这些"慰安妇"是被迫随日军到别的国家去从事卖淫的，即使她们本人曾答应过，那么作为征集者的日本政府和军队，也触犯了1933年的《关于禁止买卖成年妇女卖淫的国际条约》。

第四，关于日本政府加入国际条约时的"殖民地除外"的声明问题，当日本政府在批准加入1921年国际条约时曾宣言将朝鲜、台湾等地区除外，这显然是一种明目张胆的种族歧视，本身就是一种国际犯罪。而且，如果说日本在当时沦为日本殖民地的朝鲜、台湾等地区强征"慰安妇"还可以勉强找到以上"宣言"的借口为自己开脱的话（实际上也是开脱不了的），那么日本在中国大陆强征"慰安妇"就是无论如何也无法开脱的了，因为当时的中国既不是日本的殖民地，也不属于任何与日本有关的特殊地区，而是一个完全的独立主权国家，任何国际法也无法将中国的主权排除在外。因此，日本在中国大陆强征"慰安妇"乃是一种彻底的国际犯罪。

必须承认，关于战时的日本强征各国"慰安妇"的犯罪问题的研究尚处在起步阶段，过去对此几乎没有涉及，连国际公认的国际法权威著作《奥本海国际法》在指出日本在"二战"中的战争罪行时也仅认为："至于日本，它的主要战争罪行在于对战俘的不人道的待遇。"[1]笔者认为，规模巨大，罪行滔天的日本政府实施的"慰安妇"制度，远比此要严重得多。而且深入剖析日本"慰安妇"制度的罪行，也必将丰富国际间关于战争罪、人权侵害的原则与范例。

1944年中国远征军进行滇西反攻，收复被日军占领的国土。并解救了不少"慰安妇"。这张著名的"怀孕的慰安妇"照片中的主角就是朝鲜"慰安妇"朴永心。（原件藏美国国会图书馆）

———————————

① 【英】劳特派特修订：《奥本海国际法》，下卷第2分册，第90页。

第 8 章

各国『慰安妇』：
地狱里的囚徒

就"慰安妇"而言，他们永远是地狱里的囚徒；白天是地狱，晚上同样是地狱；只要不跨出慰安所的门，除了地狱还是地狱。

——作者

当日本政府和军部为确保战争机器的运转而实施"慰安妇"制度后，先是大量的朝鲜女子和日本女子沦为军队的性奴隶，随着对华侵略战争的扩大，数以万计的中国女性被投入慰安所这个人间地狱。到太平洋战争爆发后，日军的铁蹄踏入东南亚各地，当地的各族妇女以及部分白人妇女也沦为"慰安妇"。日军通过引诱、拐骗、胁迫、抢劫等种种手段把大量良家女子变成军队的性奴隶，"慰安妇"的人数从最初的数百人增加到数十万人。

一、"慰安妇"的国籍和数量

就"慰安妇"的国籍而言，除了日本本国以外，主要是朝鲜、中国大陆和台湾地区，也有一些东南亚等各地方的女性，如新加坡、菲律宾、越南、泰国、缅甸、马来亚、荷属东印度、太平洋一些岛屿的土著居民、华人、欧亚混血儿等，还有俄罗斯、荷兰等国的少量妇女。最初，日军征用本国的妓女充当"慰安妇"，因为人数有限，满足不了需要，便强征朝鲜女子和中国女子充当"慰安妇"。太平洋战争爆发后，日军又将"慰安妇"的征集扩大到了东南亚。如在缅甸，日军高层下令征集缅甸妇女来补充"慰安妇"。[①] 战争结束时，缅甸"慰安妇"还有 3200 人。[②]

慰安所的分布地主要在中国大陆、台湾、香港、菲律宾、马来亚、荷属东印度、新加坡、泰国、缅甸、新不列颠岛、新几内亚、库页岛以及日本冲绳、北海道等地。在中国的日军占领区，从黑龙江的中苏边境，到南方的云南、海南岛，包括江苏、浙江、安徽、江西、福建、广东、广西、云南、贵州、湖南、湖北、山东、河南、河北、山西、陕西、内蒙古、辽宁、吉林、热河、黑龙江等省份。只要是日军占领区，几乎无处不在。其总数至少有数千个，如果加上拥有一两个"慰安妇"的日军据点，那达到数万个。

那么，在第二次世界大战的日本军队中，到底有过多少"慰安妇"？目前这还是个有争议的数字。由于日军有关"慰安妇"的档案资料大多在战败时销毁，余下的档案也没有系统公布，而曾被迫充当"慰安妇"的人也多已过世，剩下来的人又大多不愿意回忆这段痛苦的经历，所以缺乏推算从军"慰安妇"总数的依据，至今为止，关于日军"慰安妇"，还没有一个确切的数字统计。

---

① 【日】千田夏光：《從軍慰安婦·慶子》，第 243 页。
② 转引自崔纪敏、张锡杰：《遗孤残妇大寻亲》，解放军文艺出版社 1995 年版，第 29 页。

根据千田夏光的研究，1941 年日本关东军实行特别演习，称为"关东军特别大演习"，根据日本天皇批准的该次演习的《作战动员计划书》，拟带到满洲、西伯利亚去的"慰安妇"总数是："动员为 70 万兵员慰安，使用 2 万'慰安妇'从军。"据制订该计划的关东军司令部参谋三科的精确推算，日军与"慰安妇"的比例是 37.5：1。当时各地日军总人数为 320 万人，"慰安妇"约为 85000 人；再加上在中国南部和东南亚的日军还私征当地女子为军"慰安妇"，估计"慰安妇"的总人数可达 10 万人。

　　金一勉分析说："军队内部的混乱，其起因之一，是士兵们的性处理的不圆满，为此，需要一定数量的'慰安妇'。可是，由于以一名'慰安妇'一天只能满足 29 名男性为限度，所以，认为 29 名官兵对一名'慰安妇'为妥。于是，产生了'二九一'这个隐语。照此推算，如果 100 万日军则需要 34500 名女性；300 万日军就是 103500 名'慰安妇'了。"①

　　日本学者秦郁彦根据日本军队 300 万的总人数，及在日军中流行的 1：29 的说法，再加上"慰安妇"因生病、死亡等的人员更替比例等因素，推算出"慰安妇"的总人数为 15 万人左右。

　　日本中央大学教授吉见义明认为此种计算方法对日军总数 300 万的估计是妥当的，但对新老"慰安妇"的更替比例估计过小，他认为"慰安妇"的更替比例应为 1：1.5—2.0 之间，因此计算为 3000000÷29×1.5=15.5172（万人），或 3000000÷29×2.0=20.6897（万人），"慰安妇"总人数的最高值应为 20 万人左右。他认为"前流传的'慰安妇'大约有 10 万—20 万人的数字是有一定根据的"，而且认为"在这些'慰安妇'中，多数为朝鲜人"。②

　　笔者认为，"慰安妇"的总人数远不止 10 多万或 20 万人。理由如下：

　　第一，日军配备"慰安妇"制度之完备性远远超出人们的估计，从日

---

① 【日】金一勉：《天皇の軍隊と朝鮮人慰安婦》，第 50 页。
② 【日】吉見義明：《従軍慰安婦と日本国家》，参见吉見義明编：《従軍慰安婦資料集》，第 83 页。

军的主力大部队，到警备队、小分队，甚至在前线的碉堡内，也设立了慰安所。尤其在 1941 年太平洋战争爆发后，在世界各地的日军均配置了大量的"慰安妇"，有些日军部队在上级配置"慰安妇"的同时，还掳掠当地妇女设立自己的慰安所。所以，"慰安妇"的人数是相当多的。根据长期研究日军与"慰安妇"问题的金一勉先生的统计，战时死亡的朝鲜"慰安妇"就达 14.3 万人。①据战时当了 7 年多"慰安妇"的日本妇女庆子指出，仅在战争结束的时候，日军各地的"慰安妇"约有 12 万—13 万人。②因此，在整个战争期间充当"慰安妇"的总人数是相当大的。

第二，过去对"慰安妇"的研究都忽略了中国"慰安妇"问题。如战时的一些日本士兵回忆说："战地的'慰安妇'九成是半岛的姑娘，有少量的日本内地女人，数量最少的是中国人。"③寺尾五郎在《日、朝、中三国人民连带的历史与理论》中认为，"慰安妇"中"80% 左右是被强制带出或掳掠来的朝鲜妇女"。金一勉更认为，"在中国战场，'慰安妇'的 90% 是年轻的朝鲜女性，剩下的 10% 是日本女性和极少数的中国姑娘"。④实际上，中国是日军驻扎时间最长，人数最多的地区，慰安所遍及大半个中国，其中主要是中国"慰安妇"，而这些被日军强征的中国"慰安妇"往往任何官方记录也没有留下来。

第三，由于资料不足，过去对中国妇女充当"慰安妇"的情况不甚明了，因此大多低估了中国"慰安妇"的实际人数。从本书搜集的史料来看，人数相当可观。如日军每到一地，便掳掠大量当地女子同行，这些被掳女子下落不明，但大多是做了日军的"慰安妇"。较大数字如 1937 年底，日军在苏州掳掠妇女 2000 人以上，无锡则有 3000 多名良家妇女被带走，在杭州一地被掳掠的妇女竟达 2 万人。海南岛上的日军慰安所有 60 多个，

---

① 【日】金一勉：《荒船暴言》，载《现代之眼》1972 年第 4 号。
② 【日】千田夏光：《從軍慰安婦・慶子》，第 6 页。
③ 【日】金一勉：《大皇の軍隊と朝鮮人慰安婦》，第 109 页。
④ 【日】金一勉：《天皇の軍隊と朝鮮人慰安婦》，第 94 页。

而上海的慰安所更高达 160 多个，两地的"慰安妇"都达到上万或数万人。根据日军的《特务月报》，1939 年 7 月 1 日，日本华北警务部调查华北的艺妓、娼妓人数为 8931 人。1940 年 4 月，仅汉口一地的"慰安妇"就有 3000 名以上。[①]

第四，中国"慰安妇"中，既应包括长期被掳的妇女、日军强征到前线为慰安所服务的妓女（如天津的情况，见第四章），也应该包括短期被掳的妇女，这些被害妇女虽然被迫作"慰安妇"的时间大多比较短，但受害程度却远比一般的职业妓女深，受害意识也比职业妓女强烈。从笔者的研究来看，这部分"慰安妇"人数是相当大的。同样，慰安所的形式也是多种多样的。

第五，从"慰安妇"的死亡率来看，虽然我们还无法拥有普遍的数字，但仅从目前所掌握的资料来看，"慰安妇"的更替率也远高于 1：2.0。其原因一是因为有不少慰安所存在时间长，有的长达六七年之久，在同一慰安所服务的"慰安妇"是相当多的。二是由于生活条件极为恶劣，而且还要每日遭受非人的折磨和摧残，大多数"慰安妇"不是遭到日本兵的虐杀，就是死于疾病和贫困，还有的因不堪虐待而自杀。事实上，"慰安妇"的死亡率是相当高的，如 1938 年 6 月，日军在安徽桐城抓捕大量的中国女子设立慰安所，连 50 多岁的妇女也不能幸免，这些妇女任由日军官兵"猥侮、奸淫、杀害"。[②]1941 年夏天，由于海南博鳌市慰安所的 50 多名中国"慰安妇"不愿接待日军，被日军拉到塔洋桥边，全部杀死。1944 年 5 月，日军在湖南株洲抓获 10 多名妇女，设立慰安所，后来其中竟有 8 名丧生。[③]但是，"慰安妇"在这种高死亡率下人数并没有减少，这是因为日军不断会掳掠各地及各国的女子补充。因此，笔者认为"慰安妇"的更替率应为 1：3.5—4.0 之间。

---

① 【日】《性と侵略》，第 366 页。
② 《安庆文史资料》，第 12 辑，第 117 页。
③ 李秉新等编：《侵华日军暴行总录》，第 10 页。

因此，笔者综合研究了各方面的史料后得出的结论是：在"慰安妇"制度实施的 7 年间，总计"慰安妇"人数大约有 36 万—41 万人。计算公式应为：

3000000 ÷ 29 × 3.5=362068（人）

3000000 ÷ 29 × 4.0=413793（人）

按国籍来分析，"慰安妇"的主体是中国和朝鲜的女子。朝鲜"慰安妇"的人数在 14 万—16 万，日本"慰安妇"的人数为 2 万人左右，台湾、东南亚一些地区的"慰安妇"各有数千人，澳大利亚、美国、英国、荷兰、西班牙、俄罗斯等国的"慰安妇"各有数百人，而中国的"慰安妇"人数最多。

二、"中国 P"

日军官兵轻蔑地称"慰安妇"为"P"。P 是英语"妓女"（Prostitute）的第一个字母。也有日军士兵说"P"来源于中国话中指女性性器官的字眼的读音。朝鲜"慰安妇"被称为"朝鲜 P"，而中国"慰安妇"则被称为"中国 P"，慰安所也被称作"P 屋"。进入中国战场后，日军高层提出"抢粮于敌"的口号，即军队的给养取自战场，于是烧光、抢光、杀光的"三光"政策越演越烈。在"抢粮于敌"的口号下，日军需要的各种物资及补给品均抢自中国，其中当然也包括"慰安妇"。

中国"慰安妇"的来源约有以下几种途径：

第一是掳掠。日军在战场或者在占领城乡时，公开掳掠中国妇女充当"慰安妇"，也有在占领一地后秘密劫掠当地女子，还有通过汉奸组织征用良家女子充作"慰安妇"。这种做法对于日军来说十分便利，既不需要支付任何金钱，也省去了许多麻烦的手续。这种掳掠遍及各地。日军占领芜湖后，首先公开抢夺中国妇女充当"慰安妇"，甚至到尼姑庵中劫掠年

被日军俘虏的中国抗日女战士，时间1939年5月上旬。她们不是被日军杀害，便是强逼为性奴隶。（引自《不許可写真集》）

轻的尼姑，然后在对周边地区扫荡时强抢民女投入慰安所。①同样，在日军占领南京时，也曾大肆掳掠中国妇女，如在难民区，日军"每日至女收容所用大卡车将大批妇女载走，哭号震天，惨不忍睹"。日军还指使自治委员会会长陶锡三等"代觅妇女"。②

　　第二是俘虏。在战争初期。日军将在战场上捕获的女战俘及在扫荡中因躲避不及而被日军抓到的青年妇女充当"慰安妇"。在中国战场，日军极少设立女战俘收容所，女俘虏除部分在审讯后即杀死外，其余的大部分女俘便被日军弄到华北、华中属于偏僻、荒凉的地区和前线去当"慰安妇"，以防止她们逃跑或与八路军等中国部队取得联系。如中共琼崖纵队第四支队第一大队的炊事员周某某，因下村筹粮被日军俘虏后，即被投入慰安所。③

　　① 汪业亚：《凤宜楼"慰安所"始末》，载《芜湖文史资料》第3辑，第120页。
　　② 中央档案馆等编：《南京大屠杀》，第170、172页。
　　③ 符和积主编：《实录》续编，第278页。

这些女俘虏沦为"慰安妇"遭日军侮辱，有的便千方百计寻找报仇机会，慰安所里曾发生过中国女战俘刺杀压在她们身上的士兵或者割下敌人生殖器的事件，因此，日军对充作"慰安妇"的中国女战俘比较警惕。当这些女俘虏作为性工具已无法使用时，通常被日军新兵拖到空地上，做练习胆量用的活人靶子。

曾在日军第14师团当兵的田口新吉回忆说：

日军在作战中、一抓到这些人（指八路军游击队——作者注）立即送到后方的大队本部去。在大队本部里，如果她们受了伤，就由医务室先给她们治伤。如果没有受伤，则由担任情报工作的军官对她们进行审讯，这是通例。但是，这些中国女性就在不知不觉中消失了。虽然士兵们有时也偷偷传说：这些当官的家伙又干好事了，但谁也不会去追查这些中国女人的去向。

当时，日本军队中从来就没有建立过女俘虏收容所，那么这些女人被弄到哪里去了呢？我听到的一种说法是把她们弄去当慰安妇了。但是，那些有特务嫌疑的女人以及在八路军中受过教育的女兵，是不可能让她们进入一般的慰安所的。因为如果让她们进了慰安所，一是她们随时都会逃跑，二是她们万一可以与八路军的工作人员取得联系，这是很危险的，因此决不会把她们送到那种地方去。

那么，她们被送到哪里去了呢？都送到华北、华中一带最前线地区的两三个分遣队据点里去了。那都是些日本或朝鲜慰安妇无法到达的情况恶劣的地区。这些据点四周都建有围墙，盖有炮楼，每个炮楼由一个小队左右士兵进行守备。那些被俘虏来的妇女就是被送进这些据点里去的。①

①【日】日朝协会崎玉县联合会编：《随军慰安婦——日本旧軍人の証言》。

所以，这些被俘女兵的结局是极其悲惨的。

第三是诱骗。常见的是以洗衣妇、女招待等名义诱骗。日军及日侨等经常在占领该地之初，以招工等名义拐骗中国妇女。如1937年底，日军占领上海后，便在各处张贴招工广告。阿珠是个女子中学毕业的19岁姑娘，由于父亲所在的工厂倒闭，家庭生活非常困难。1938年初春的一天，阿珠看到报纸上有张广告"某公司为扩充业务起见，拟添聘女职员数位，凡年龄在16岁以上、25岁以下，略识文字者，均可应聘，倘能粗通国语或日语者更佳，月薪50元，有意者请至某处面洽。"征得父母同意后，阿珠即去应聘，主考者见她长得如花似玉，当即签约。岂料原来这里是个诱骗"慰安妇"的机关，从此，阿珠陷身魔窟，不知所终。日军占领桂林后，也以设立工厂为名招募女工，然后强迫她们充当"慰安妇"，日人在上海孤岛时期，还派出野鸡汽车，将女乘客直接掳为"慰安妇"。

第四是征用妓女。在大城市，日军常常征用现有的妓女来充实其"慰安妇"的队伍。上海、南京、武汉、广州等地，都有不少妓女被迫加入了

战时中国的"慰安妇"（《村瀬守保寫真集》）

日军"慰安妇"的行列。时国民党特务部门为刺探日军情报，曾组织过数批年轻漂亮、有爱国之心的妓女。经过短期训练后，化装成难民或妓女，有意识地成为日军的"慰安妇"。这些负有特殊使命的中国妇女探得情报后便设法传递，有的中国"慰安妇"杀死了日军军官。于是后来日军便加强了警惕。

尽管来源与途径有不同，但是，有一点是相同的，即中国的"慰安妇"均是日本侵略者强逼而成的。这类事例举不胜举。1942年日军在该海南陵水县广设据点后，立即下令汉奸到各个村寨强征民女，17岁黎族少女卓亚扁便被押入军营，她回忆说："白天必须挑水、扫地、筛米、煮饭，干尽杂活，夜间被迫为日军唱歌谣，跳黎舞，而后供日军淫耍泄欲，受尽凌辱。不少姐妹忍受不了日军野蛮粗暴的糟蹋，带着精神创伤去世了。我们几个却带着难以名状的羞愧心情苟活至今。"与她一同被迫沦为"慰安妇"的还有陈金妹、陈亚妹、陈进女、卓理女、陈亚曾、卓亚天、陈毛姊、卓石理、卓毛天、胡有英、卓亚广、陈亚合、卓毛定等。[1]1944年8月的一天，海南保亭县的黎族少女杨（女＋恶）榜在田寮里守田赶鸟。一队日军路过看见后即将杨（女＋恶）榜打倒在地，进行轮奸；然后，押回兵营，编入战地后勤服务队，供其蹂躏。[2]

正因为如此，建立慰安所后，日军对中国"慰安妇"严加防范，多以铁丝网包围，再派军人警戒。"慰安妇"的配置一般也是异地征用，他处调配。

关于中国"慰安妇"的类型，大致有以下四种。

首先是日军正式征用的"慰安妇"。一种是随军队行动的。一种是在日军驻地或农村、城市，由日军管理，军队转移时，慰安所不移动，如上海杨家宅慰安所之类的。还有一种是介于这两者之间的。

其次是日军每占领一地便掳掠大批当地妇女，经过日军的短期蹂躏，

---

[1] 符和积主编：《实录》，第467页。
[2] 符和积主编：《实录》，第533页。

最后或杀或放，如上海横浜桥行乐所。

再次是日军征用的短期"慰安妇"。如天津日军防卫司令部在汉奸的配合下，一度实行"慰安妇"短期轮换制。每批强征 20—30 人，送到慰安所"工作"3 星期左右，然后放回，再征用第 2 批去。一年之中就轮换了 350—520 名天津妇女，而每个妇女得到的报酬却只是 1 袋白面。①

最后是日军警备队在中国各地讨伐扫荡时，强制中国妇女随行，将她们带到日军据点或基地长期奸污。

即使在战争后期，情况也是如此。1944 年，日第 116 师团攻入湖南宝庆后，师团的后方主任参谋立即命令宪兵队长山田定准尉征集"慰安妇"，于是，山田便命令部下强掠了 10 多名妇女，交给了师团副官。②

中国妇女沦为"慰安妇"后，短则数周，长者达 7 年之久。在中国"慰安妇"中，除汉族外，还有各少数民族。如海南保亭县保城日军"快乐房"慰安所的黎族姑娘乌昂扎（时 18 岁，保城西坡村人）、味冬盖（时 17 岁，保城操坑村人）、伍来春（19 岁，保城什笠村人）等 6 人，自 1941 年起直到日军投降才得解脱，长达 5 年。③ 在云南，傣族等少数民族少女也不幸被日军掠为"慰安妇"。

据笔者的研究，日军先后在中国大陆设立的慰安所达数千上万，这些慰安所的存在时间，有的长达 14 年，个别的仅几周；一个慰安所里的"慰安妇"，多的达 300—500 人，少的仅 1 人。而在一个慰安所内的"慰安妇"前后相加，人数是相当可观的。如海南的赵家园慰安所 1942 年 2 月开张时，"慰安妇"仅 21 人，后来增加到 45 人。为了满足日军官兵喜新厌旧的心理，管理者常将"老慰安妇"转送他处，以换旧补新，还有日军还将身患性病，治疗无效或身体衰弱、无力支撑的"慰安妇"杀死毁尸，"慰安妇"时有补充，这里再就其大者强调几个数字。据 1939 年 7 月 1 日，日军华

---

① 李秦：《新发现的日军强征中国妇女充当军妓史料析》，载《近代史资料》第 85 辑。

② 参考【日】山田定：《宪兵日记》。

③ 符和积主编：《实录》，第 532–533 页。

海南是日军实施性奴隶制度的重灾区，近年我们在海南发现了数以百计的受害者，这位林亚金阿婆刚从田地里回家。（苏智良 2009 年 1 月摄）

北警务部的部分统计，"慰安妇"达 8931 人（详见第三章）。根据原日本兵的证言，在河北前线，日军将被俘的中国女兵等押入据点作"慰安妇"，在这 3000 个据点中被日军侮辱和杀害的妇女"恐怕不下几万乃至几十万人"（详见第四章）。再如，1937 年底，杭州一地一次被掳掠的中国妇女就达 2 万人；就笔者的研究，上海的慰安所达 77 个，中国"慰安妇"估计也达数万人。

因此，最保守的估计，中国"慰安妇"总人数在 20 万人以上。这一数字还不包括那些被日军奸淫数日的妇女。这万人中，除了部分在战时已被日军奴役而死外，即使侥幸挨到战争结束，半个世纪的时光蹉跎，环境的重大变迁，自然老衰死亡，千百个在默默挣扎求存的原"慰安妇"，愿意抛头露面再出来向日本讨回公道的人，可以说已经是寥若晨星。

中国妇女不仅被日军掳掠在中国各地充当"慰安妇"，还有不少被押送到国外。如 1942 年 7 月日军命令一周之中上海周围的"慰安妇"到上海集中，于是，约有 1300 名"慰安妇"被集中到上海，其中 80% 为朝鲜人，其余为中国人和日本人。接着她们被送上从大阪来的"阿克拉斯"号轮船，然后运至新加坡，在东南亚各地继续"慰安妇"的悲惨生涯。[①]

从战争遗留的史料来看，日军还强迫居住在海外的中国妇女充当"慰安妇"。据《神户日报》1992年3月报道：在马来西亚，"槟城还有日军从瓜拉垅宾带来的23名华人'慰安妇'"。在印度尼西亚的苏拉威西岛南部地区，有不少日军的慰安所，其中有当地华人被掳掠为"慰安妇"的。在缅甸，日军第114联队所在的密支那，就有3家慰安所，其中的名叫"桃屋"的慰安所里就全部是中国籍的"慰安妇"。1942年6月，日军将在麦克特拉接收的几座洋房改建为3家慰安所，其中的"慰安妇"分别由日本、朝鲜和中国的女子充任。

三、台湾地区"慰安妇"

在中国"慰安妇"中，还有必要提一下来自台湾地区的"慰安妇"。1894年中日甲午战争后，日军占领了台湾岛。1937年中日第二次战争爆发后，日军为增加随军"慰安妇"的数量，也在台湾征集当地妇女充当"慰安妇"。根据日本外务省外交资料馆藏文件，从台湾被征用"慰安妇"的数量是相当可观的，这可以从台北、台南、新竹、高雄、台东、澎湖、花莲港等地地方官的征集报告中清晰地看到。[②]

日军在台湾征集"慰安妇"主要集中在1938年末和1939年，送往地区集中在华南，1940年以后即急剧减少。以下，就这些"慰安妇"被送往的华南、上海、华北三个方面，综述一下征集的数量：

送往华南方面的"慰安妇"，1938年11月至12月共计831名。其中，日本妇女443名（台北州228名、台中州2名、台南州1名、新竹州46名、高雄州166名），朝鲜妇女280名（台北州70名、台中州57名、台南州

---

① 【日】西野瑠美子：《従軍慰安婦と十五年戦争》，第79页。
② 【日】《支那事件ニ際シ邦人ノ渡支制限并取締ニ関係雑件邦人渡支取締スル拓務省報告》，第1、2卷，外务省外交资料馆藏。吉見義明编：《従軍慰安婦資料集》。

22 名、新竹州 51 名、高雄州 80 名），台湾妇女 108 名（台北州 91 名、台中州 16 名、新竹州 1 名）；1939 年共计 1239 名，其中，日本妇女 655 名（台北州 360 名、台中州 1 名、台南州 2 名、新竹州 17 名、高雄州 218 名、澎湖厅 57 名），朝鲜妇女 362 名（台北州 134 名、台中州 76 名、台南州 50 名、新竹州 35 名、高雄州 53 名、台东厅 1 名、澎湖厅 13 名），台湾妇女 222 名（台北州 83 名、台中州 9 名、新竹州 10 名、高雄州 117 名、澎湖厅 3 名）；1940–1941 年共计 54 名，其中，日本妇女 17 名（台北州 2 名，高雄州 15 名），朝鲜妇女 17 名（台北州 10 名、台中州 7 名、台南州 2 名、新竹州 2 名、高雄州 1 名），台湾妇女 20 名（均征自高雄州）。综上，从 1938 年至 1941 年送往华南方面的"慰安妇"总共有 2124 名，其中，日本妇女为 1115 名，朝鲜妇女为 659 名，台湾妇女为 350 名。

送往上海方面的"慰安妇"，1938 年 11 月为 89 名，其中，日本妇女 46 名（台北州 40 名、新竹州 6 名），台湾妇女 43 名（均征自台北州）；1939 年为 33 名，其中，日本妇女 19 名（均征自台北州），朝鲜妇女 4 名（台北州 3 名、高雄州 1 名），台湾妇女 10 名（均征自台北州）。综上所述，从 1938 年至 1939 年送往上海方面的"慰安妇"总共有 122 名，其中，日本妇女为 65 名，朝鲜妇女为 4 名，台湾妇女为 53 名。

送往华北方面的"慰安妇"，1938 年 11 月为 4 名，均征自台北州，其中日本妇女 2 名，台湾妇女 2 名；1939 年为 3 名，均为朝鲜妇女，台南州、台东厅、花莲港厅各 1 名。综上所述，从 1938 年至 1939 年送往华北方面的"慰安妇"总共有 7 名，其中，日本妇女为 2 名，朝鲜妇女为 3 名，台湾妇女为 2 名。

当然，以上所显示的只是官方正式材料中记录的部分"慰安妇"的征集情报，实际上，台湾地区被征集的妇女数量要大得多，送往的地区也不限于上述三个方面。太平洋战争爆发后，她们还被送往东南亚日本占领区。据目前掌握的资料，仅台湾妇女就至少有 1200 名被掠为"慰安妇"。

令人发指的是，日军在台湾不仅征用一般的汉族妇女，还特地到山地强掠少数民族女性。日本防卫研究所有一份当时来不及销毁的秘密文件，是台湾军起草的《关于南方派遣渡航者的文件》，签发于 1942 年 3 月，编号为陆亚密电第 188 号。里面提到"陆密电第 63 号要求派遣慰安人士 50 名，前往南方军的波罗密，现宪兵已确定 3 人"，分别住在台北州基隆市日新町 2 丁目 6 号、同市义重町 4 丁目 15 号，高雄县潮州郡潮州街 267 号，这 3 人的年龄分别为 42 岁、35 岁、51 岁（51 岁的年龄还被强迫到前线充当"慰安妇"！）。[①] 1942 年 6 月 13 日，日台湾军参谋长再度增派 20 名土著"慰安妇"前往南方。[②] 近年的调查发现，在 10 个原住民的族群中，太鲁族、泰雅族和布依族的一些妇女曾被强掳为日军"慰安妇"。[③]

　　为实施调查，1992 年 2 月起，台北市妇女救援基金会设立"慰安妇"申诉电话；3 月，台湾当局成立台籍"慰安妇"专案小组。至是年底时，两处已得到 66 件申诉，其中还活着的原"慰安妇"有 37 人（35 人为台湾人，2 人是大陆人），以后又查得 6 名受害者。根据基金会的调查，台湾"慰安妇"大多是被迫、被骗的，自愿"慰安"的特种营业妇女只是极少数。在某次被招募的 48 名台湾女子中，除 9 人身份不详外，有 23 人养女或童养媳，有 16 人是一般人家的女孩，文化程度方面，39 人中文盲达 19 人，小学以上毕业者只有 5 人。从调查资料来看，台湾妇女大多数被集中在华南。如在海南，海口市日军司令部附近的军官慰安所、八所市的中级慰安所、北黎市的士兵慰安所、陵水县的陵城石峒庙慰安所、儋县那大市赵家园慰安所等，都有不少台湾来的女性。

　　近年来，尚存于世的原台湾"慰安妇"对日军进行了血泪控诉。一名臂上刺着"台北"两字的原"慰安妇"控诉说：

　　　　我的家在台北。那年，有人来招募"女给"，说就是酒店，餐馆

----

① 【日】吉見義明编：《從軍慰安婦資料集》，第 144 页。
② 【日】吉見義明编：《從軍慰安婦資料集》，第 145 页。
③ 王清峰、江美芬：《日本应负法律赔偿责任——台湾慰安妇对日求偿记》（未刊稿）。

台湾受害者阿嬷们在黑布幔后面讲述她们的辛酸往事。（台北妇女救援基金会提供）

的女服务生，比较好赚钱。我们一共去了 12 个人，从高雄坐船到海南岛，有一名叫"陈仔"的人带我们去。他怕我们逃跑，在我们每个人的手臂上强行刺下了"台北"两个字。我一生为手臂上的这两个字不敢穿短袖衣服。

到了海南岛，才知道是做那种事。慰安所在一座军营附近，由一个东洋人的旅舍改建的。每天会客 10—20 个人，多时 20—30 人。规定每次 15 分钟，要排队等候，但这些日本兵连等 10 分钟的耐性都没有，一个劲地催："快！快！"他们总是成群结队而来。

比较漂亮的就惨了，门口总是一长排人，起床后都无法走路。

进来的人要买牌子，一只牌 2 元钱。结账的时候，老板抽一半。①

据台北市妇女救援福祉事业基金会的统计，1994 年，台湾地区被强征

---

① 孙果达编著：《太阳旗下的撒旦》，远东出版社 1996 年版，第 212—213 页。

为"慰安妇"的幸存者还有 48 人，到 1997 年 10 月止，被强征为"慰安妇"的幸存者只剩下 30 人了。[①]2015 年只有 5 人了。

四、朝鲜的"女子挺身队"

朝鲜籍女子被日军视为"最理想的慰安妇"。这是因为，日本国内的娼妓数量尽管有 25 万—30 万人，但是能过健康检查关并自愿充当"慰安妇"的不过 1 万余人，而且质量极差。例如，1938 年春，到上海的日本女子总数只有数百人；而且在这数百人中，大部分是妓女出身，患有性病，令日本兵讨厌。而在中国战场上抢夺的中国女子，常常拼死反抗，而且，过多征用中国女子势必导致中国人的反日斗争更加高涨。因此，朝鲜这个日本当时的殖民地，便被视为"慰安妇"的最为理想的来源。

朝鲜"慰安妇"的征集始于 1937 年底，与日军的慰安制度的实行同时开始。年过七旬的日本老人竹田亲子战时曾在原日军军需部任职，一度在户岛专门从事被征集的"慰安妇"的户籍登记，她说许多"慰安妇"说是从大阪、神户等地征集来的，实际上她们的原籍都在朝鲜半岛。在当时，我曾多次把她们送上运输船，平均每天送走 40—60 人。[②]日本之所以乐意从朝鲜征集"慰安妇"，主要基于以下两个原因。第一，朝鲜少女自幼生长在受儒教伦理熏陶的家庭中，生活规范，性情温柔，吃苦耐劳，身体强壮，没有任何性病，由她们充当"慰安妇"可以不用担心会给日军染上性病，而减弱战斗力，因此，对性病的管理也可以简化。第二，1907 年第一任朝鲜统监伊藤博文为实现彻底奴役朝鲜的目的，准备采用恶毒的攻心策略，推行发展鸦片、娼妓的政策，首先将朝鲜的女子从上层到民间糟蹋掉，各大城市到处营建"红灯区"。1910 年日本吞并朝鲜后，成为日本的

---

① 王清峰、江美芬：《日本应负法律赔偿责任——台湾慰安妇对日求偿记》（未刊稿）。
② 李正堂：《死魂灵在呐喊——战后全球索赔潮》，解放军文艺出版社 1995 年版，第 261 页。

殖民地，这一政策更快实施。中日战争爆发后，日本便利用战时体制，一鼓作气地推行"朝鲜民族衰亡策"，其中之一就是搜罗朝鲜青壮年充当炮灰或苦力，而迫使朝鲜未婚女子到日军中从事"特殊任务"，即充当"慰安妇"。

因此，日本最初向朝鲜总督府提出了征集 2 万名未婚女子充当"女子爱国挺身队"的要求。朝鲜"慰安妇"的征集，首先是日本军部下达命令，然后由朝鲜总督通过总督府的总务局实施，其系统为道—郡—面（面相当于村，面长相当于村长），由面长承担具体的征集。最初只挑选 17—23 岁的年轻女子，后来扩大到 12—40 岁的未婚女子。联合国人权委员会关于"慰安妇"的报告中也指出："征集的朝鲜'慰安妇'的年龄相当年轻，多在 14—18 岁之间。这种征集利用了学校的系统。"名义上说是到军需工厂、被服厂去劳动。人们知道真相后，纷纷逃避，于是，日军命令警察负责抓捕。住在江原道的运河澈回忆说："在带入的前三天，加入挺身队的通知书就来了，是派出所的警官们拿来的。警官便在这些农家打转，哪家有未婚女性、多大岁数都一清二楚。在三天内也有逃跑的，只要发现，就要抓住戴上手铐，关进拘留所。"然后"由警官带队坐火车，一直监视到汉城。送行的母亲们都抱着女儿的腿号啕大哭。警官要把她们分开，她们又抱着警察的腿哭。……可警官一脚把她们踢开了。"[1] 帮助征集"慰安妇"的有日本警官，也有朝鲜警官，"战后（日本）警官一打背包就回日本了，朝鲜警官背叛了自己的同胞，同村人对他们恨之入骨，据说有人被打死。"[2] 日军对朝鲜"慰安妇"的征集是通过培植朝鲜人内奸进行强征的。一名叫韵子的原"慰安妇"回忆她当年被抓的情景时说：我是在自己家里被抓的。当时朝鲜有些人投靠了日本人；做日本的狗腿子，帮他们做坏事。我们有时并不知道他们就是坏人。他们来我家抓我时，对

---

① 转引自王军彦编著：《警惕日本——昨天的侵略与今日的扩张》，内蒙古人民出版社 1996 年版，第 916 页。

② 王军彦编著：《警惕日本——昨天的侵略与今日的扩张》，第 917 页。

我说，一个歌舞团要招收演员，好多人报了名。听了他们的介绍，我觉得是件好事，也就报了名。没过两天，就跟他们走了，怎么也不会想到去中国。

现存有 2 件战时日本朝鲜总督府关于《来华身份证明书的发给状况》的档案。从这些档案中可知，从 1941 年 7 月至 12 月，发给来华的"艺娼妓"的身份证明共 402 人，其中朝鲜人 381 人。1942 年 1 月到 6 月，共 316 人，其中朝鲜人 286 人。[①] 这些人中主要是"慰安妇"，但是，这一数字又远比同一时期征集的朝鲜"慰安妇"的总数要少得多。因为，在很多情况下，"慰安妇"前往中国是不需要身份证明书的。例如，1941 年 7 月以后，日本为准备对苏作战，实施"关东军特别大演习"（简称"关特演"）。根据关东军参谋原善四郎的周密计算，近 80 万关东军对苏部队共需要配备 2 万名随军"慰安妇"。为此，关东军司令部特向朝鲜总督府协商，要求后者尽速在朝鲜征集 1 万名或者 8000 名朝鲜女子送至满洲，关东军则负责在驻军地建立一批慰安所。[②] 而这批数量巨大的"慰安妇"均不需要来华身份证明书。有资料表明，1942 年起，大批的朝鲜女子被送往南方战区，也是无须证明的。[③]

1943 年 9 月，在阿部信行出任第 9 任朝鲜总督后，日本军部正式决定在朝鲜组织"女子挺身勤劳队"。次年的 8 月 3 日，日本颁布第 59 号敕令，即"女子挺身勤劳令"，开始正式实施对 12—40 岁的未婚女子进行强征，然后驱赶到中国战区及南洋充当随军"慰安妇"，从而使征集"慰安妇"完全合法化。有时这种征集的数量是惊人的，如朝鲜国民学校高等科毕业的女学生也被拉去充当"慰安妇"，人数达 1 万多人。

从朝鲜运至中国的女子，是日本人用欺骗手段征集来的良家妇女，

---

① 【日】朝鲜总督府警务局长：《渡支邦人の取缔に関する件》，1942 年 3 月 19 日，1942 年 8 月 29 日，载吉見義明編：《従軍慰安婦資料集》，第 154–156 页。

② 参见【日】岛田俊彦：《関東軍》；千田夏光：《従軍慰安婦》。

③ 【日】吉見義明編：《従軍慰安婦資料集》，第 143 页。

从朝鲜半岛被强征到中国吉林的李玉善，因为性奴隶的遭遇而改
变了人生。（苏智良摄）

因此她们大多是处女。1938 年初到上海后进入杨家宅慰安所的那 80 名朝鲜女性，基本上均是少女，这种情况是很普遍的，根据日军武汉兵站慰安科长山田清吉的回忆，当时，该兵站在汉口积庆里一处就设有 20 家慰安所，其中的 11 家为朝鲜人经营的。150 名朝鲜"慰安妇"的年龄大多只有十八九岁，她们没有卖淫的经历。[①]这也包括在日本的朝鲜少女。汉口兵站司令部的军医大尉长泽雄一曾记载了一个专门征集"慰安妇"的经历："一听说哪个村子有卖女孩的，就马上赶过去，可以不必打听任何人，而径直找到那一家，因为一看哪家是最贫穷的房子，就保准没错。大体这样的人家没有门，挂个草席遮掩，进到房里也没有草垫，铺的也是席子，满目没有像样的东西，家里老爷子从大白天就开始喝酒，醉了睡在那里……像这样地方，一谈到钱，马上就喜笑颜开的。"在海南岛的数以百计的朝鲜人"慰

---

① 参见【日】山田清吉，《武汉兵站》。

安妇"中，也基本上是 10 多岁的少女。

日本人有时也通过报纸广告的形式征集"慰安妇"。1944 年 10 月 27 日，11 月 1 日的《每日新报》上，就有以许氏的名义发出的"急募"军队"慰安妇"的广告，联络地点在旅馆。公开招募"慰安妇"这一事实表明，它与朝鲜总督府有着某种联系。

通常朝鲜"慰安妇"由军方用船只运往前线，很多是与日军部队同时载往南方的。那些日本兵一见到朝鲜女子，便要求"侍候"，运输船成了临时慰安所。那些军官一边脱裤子，一边无耻地说："你们早晚是要侍候老子的。"一次，一艘日军的运输船正航行在太平洋上，船上有一个联队的日军正准备增援日益困难的南方作战。船上的另一批乘客是数百名朝鲜女子，她们是被诱骗到前线去"洗衣"，"做饭"的"挺身队员"。海上枯燥无味的生活使日军官兵狂躁不安，他们开始酝酿实施把整个运输舰变成海上慰安所。朝鲜女子们被驱赶到甲板上，只见日军士兵们迅速地脱去军裤，甩掉上装，向妇女们扑去。在贞操与苟活之间，这几百名朝鲜女子选择了贞操，她们集体投身于茫茫大海，从而使这艘轮船到达前线时，"慰安妇"已大大减少。后来日军加强了防备，在朝鲜女子上船时便用绳子捆绑住她们的手脚，以防投海自尽。这种情形使朝鲜女子甚至比非洲的奴隶更可怜、更悲惨。《汉城新闻》指出：

以 12 岁以上至未满 40 岁的未婚女子为对象的这个"挺身队"，事实上是聚集了大批少女的慰安队。她们大部分被送到南方和北满洲的最前线，被迫过着禽兽般的生活。

这些女子被拉到第一线部队，一个小分队配上两三名，作为天皇的恩赐品，给在性欲上饥渴的士兵当玩物。第二天早晨，她们又被驱赶到其他的部队，去体验同样的屈辱。

在这些少女当中，不断有人因忍受不了这种耻辱生活而自杀。被送到菲律宾和塞班岛等南方去的女子们，大部分悲惨地死掉了。①

有些朝鲜女子被诬骗进入"女子战地后勤服务队"，直到战场才知道"后勤服务"的性质，有些姑娘因此而当场精神失常。如韩国庆尚南道咸安郡理面内谷里的朴来顺，时年25岁，听一朝鲜男子说女子到中国只是为"皇军"洗衣烧饭、护理伤员，遂于1941年2月被骗招，不久她与200多名朝鲜、日本、中国台湾、菲律宾的妇女被送到中国东北抚顺，分散到各慰安所，直到被强迫接客的当天晚上，朴才知道所谓"后勤服务"的实质。②一些少女忍受不了这种耻辱的生活而自杀，杨家宅慰安所中的"慰安妇"就有逃跑和服毒自杀的。③据17岁时就被日本人骗到九州的朝鲜女子金浩淑追述，当她被装上船运到中国北部，强行分配到慰安所成为日军的"慰安妇"后，她感到"青春被毁了"，她"所想的是不如一死了之"。一名朝鲜士兵林钟国记载道：

> 一群几乎清一色的朝鲜姑娘被汽车运到这里，她们是称为"妇女挺身队"的"慰安妇"。房屋被毯子隔成小间，分配给这些妇女。全队官兵整队在操场，部队长说了一席话后，径直回到女人等着的寝室，士兵们则列队站在间隔着的房屋前焦急地等待自己的顺序。一个人进去做完事不足10分钟，至多10分钟。如果有人超过10分钟，外面的士兵就不耐烦大声骂娘。女人连穿衣脱裤的间隙都没有，如同稻草人一样眼睛朝着天棚躺着，一动也不动。随着时间流逝，女人的下身被血染透，还没有接待队伍的三分之一，女人们就被抬进医务室抢救了。④

朝鲜的女子不仅被日军要求充当"慰安妇"，而且还被强迫充当对日

---

① 【日】千田夏光：《從軍慰安婦》，第133页。
② 朴来顺口述、张应勇整理：《我被骗逼当"慰安妇"的经历》，载符和积主编：《实录》，第553–559页。
③ 【日】千田夏光：《從軍慰安婦》，第17、23页。
④ 【日】《女子挺身隊》，载《亚细亚公论》，1947年第3号。

军士兵进行军国主义的宣传。她们常被要求对朝鲜籍的士兵们说："日本人、朝鲜人，天皇陛下一样对待。为国家、为天皇陛下，我们一定要努力奋斗啊！"[1]

为了脱离苦海，一些朝鲜"慰安妇"用逃跑来反抗。她们多半是在日军雇来当翻译的朝鲜男子引导下逃亡的。而这些朝鲜男子这样做与其说是反日意识，还不如说是不愿本民族的女子充当牺牲品。也有一些"慰安妇"在求生不能的情况下自杀，用死来对万恶的日本军国主义做最后的反抗。原"慰安妇"申美子后来控诉说，有些"慰安妇"对于日军的肆意糟蹋进行反抗，被日军用极其残忍的手段摧残至死。

事实上，受到"慰安妇"制度伤害的不只是"慰安妇"本人。曾出面带人去朝鲜抓过妇女的日本山口县原劳务报国会动员部部长吉田清治在50年之后怀着深深地悔罪心情这样说道："我们抓到的妇女几乎都是结过婚的，其中绝大部分是孩子的母亲。孩子们死活不愿离开妈妈，我们用暴力拆散了他们"，"女人又缠着警官哭着要求'还给我孩子，救命'，被警官一脚踢开。"[2]

根据韩国学者尹贞玉的研究，在中国的朝鲜"慰安妇"研究大体上可分为四种类型：第一种是接受不了现实的人，她们悲观失望，在日军的无休止的蹂躏中失去了希望，最终多抱病而亡。第二种是积极型的，她们不管遭受多少蹂躏和践踏都没有想过死，而是坚强地活下来了，然而，她们即使是勉强地活了下来，在日本战败时也大多被日军所杀害——为了防止"慰安妇"向敌方泄露日军内部的情报，而将她们推入防空洞或战壕里用炸弹炸死。第三种人是抱着开拓新的命运的希望逃到中国军队去，但是成功者毕竟不是很多。第四种是如在冲绳的裴凤歧老人那样，她们始终相信日本人对她们说的鬼话：只要日本打赢了，她们才能生活得更好。

---

① 【日】千田夏光：《從軍慰安婦·慶子》，第196页。
② 【日】千田夏光：《從軍慰安婦》，第134页。

被日军押到中国来的朝鲜"慰安妇"。（采自伊藤孝司：《白飘带噙在嘴》）

1945年11月12日上海《大公报》曾登载《韩国妇女流落我国上海，韩侨从事救济》的报道，披露了在战争中被日军诱骗、利用的朝鲜女子在慰安所及其他军事机构里服务，战争结束后这些女子生活困难的实况，于是，原开设慰安所的韩侨孔敦等组织了韩国妇女共济会（会长孔敦，副会长姜大衡，指导干事权厚源，庶务干事任永浩）。共济会尽量向这些落难妇女提供居处，最初收留19人，后增加到270人，被救济者总共达800人。据这篇文章报道，当时尚有从汉口过来的需要救济者600人。孔敦等韩国侨民虽资助了原"慰安妇"，但作为慰安所的老板，为日军服务，协助日本人压迫同胞的罪行是难以消弭的。

据估计，战时朝鲜妇女被迫充当"慰安妇"的总人数可能接近20万人。朝鲜政府机关报《民主朝鲜》1996年8月15日刊文指出，在日本帝国主义占领朝鲜的40余年间，强迫20多万朝鲜妇女充当日军的"慰安妇"。其中有一半在战争中被日军虐待而亡。

经过悲惨的"慰安妇"经历之后，她们大多对异性失去了任何亲近的感觉。1944年，28岁的黄君淑在汉城当女佣，后来被诱骗说到成衣厂做工，黄便和其他数十名不明真相的女子一起报到，她们被送上一列火车，火车的窗户全部用黑布遮盖。她们运到前线后，经过一些野蛮的调教，从此，这些可怜的女人就只能充当满足日本兵性欲的工具了。幸存下来的黄君淑说："我从未想到结婚。我一提到或看到男人，就深恶痛绝。"她绝少与家人见面聊天，也从未向自己的亲生父母诉说那段痛苦的岁月。

五、日本"慰安妇"

关于日本"慰安妇"的征集，通常是由日本军部下达命令，然后由部队自行实施的。保存至今的一些档案揭示了这一运作过程，秘藏于日本防卫厅的《关于军慰安所从业妇等募集文件》由陆军省兵务局兵务科于1938年3月4日起草，内容有：一、此事在军部等予以谅解的名义下推行；二、记者、慰问者等不得介入，因此不会出现社会问题；三、由于担任募集的人员缺少"募集"的方法，因此警察当局指责其有诱拐现象。文件认为这损害了军队的威信，因此，陆军省指出：一、要由派遣军负责挑选合适的人进行；二、募集"慰安妇"时须与宪兵、警察等合作。[①]在这个文件上盖有着参谋总长、陆军次官梅津美治郎以及兵务局长今村均的批准印章。

因此，在募集"慰安妇"的问题上，警察也给予了合作。日本内务省警保局是当时日本警察的总指挥所，1938年2月23日，该局局长颁发给各厅府县长官的《关于前往中国妇女处理的文件》，其中规定：一、关于卖淫女性的出航，只将身份证明书发给现在内地的满21岁，没有传染性疾病的、在华中华北有迎接者的妓女；二、承担募集"慰安妇"的人员，须经在华日军的认可，然后颁给证明，否则不予承认。[②]虽然文件里规定"慰安妇"须是年满21岁的妓女，实际上未成年者并不鲜见，如1938年2月，北海道的旭川警察署长颁发给前往山海关日军部队的4名"慰安妇"，其中的3人的出身年为大正十、十一年（1921、1922），也即只有十六七岁。[③]至于不卖淫的良家女子也有很多被征入"慰安妇"的行列，尤其是在日本

---

① 【日】吉見義明编：《從軍慰安婦資料集》，第108页。
② 【日】吉見義明编：《從軍慰安婦資料集》，第102页。
③ 【日】吉見義明编：《從軍慰安婦資料集》，第111页。

侨居的朝鲜女子。

此外，日本的家庭妇女组织——"爱国妇女会"也积极参与了"慰安妇"的征集工作。爱国妇女会除了发动妇女参加收集废钢铁、散发传单等工作外，还经常招募妇女直接加入"慰安妇"的行列。当时，日本各地的妓院老鸨和妓女都要参加这一团体，前方需要"慰安妇"时，爱国妇女会便招集这些加入本会的妓女或招募良家女子充当"慰安妇"。当时的日本，到处都是挥舞着的太阳旗，飘荡着"勇敢战斗，胜利归来"的歌曲，在军国主义的氛围下，这些由爱国妇女会组织的"慰安妇"团，往往身穿白色罩衣，衣服上有明显的"爱国妇女会"的标记，然后远征到中国和东南亚各地。[①]

太平洋战争爆发后，日本陆军省、海军省便命令全日本的妓院主，在整个的战场上为日军开设慰安所。于是，各地的妓业老板们同军队的参谋们一样，乘着军用飞机往返于日本内地与南方战场之间。有个关西的妓院老板先后带4000多名妇女到中国，并开设了一大批慰安所。

家住福冈市的田口荣造（假名）曾参与征集日本"慰安妇"。他对日本记者讲述了内幕：接到命令是在1937年底，由日军某联队指挥，首先在日本内地私娼集中的地方征集，我所在的联队在北九州，因此便在北九州征召。先支付给愿意成为"慰安妇"的私娼1000日元，然后将这些妇女作为军需物质运送到上海，这就是杨家宅慰安所的第一批"慰安妇"。

在日本军部的指令下，日华北方面军，华中方面军等均由司令部的后方参谋负责，给"慰安妇"的征集提供资金和各种方便。有时，军或师团也会自行募集日本"慰安妇"。1939年，驻屯广东省的日第21军有1000人左右的"慰安妇"，其中属于军队管制的有850人。像第18师团等部队均有从家乡来的"慰安妇"随行，1939年底，组建不久的第40师团被派往汉口，师团长天谷直次郎要求日本国内征集"慰安妇"。为此，12月23日，外务大臣野村向日本汉口领事发出《关于汉口陆军天谷部队慰安所

---

①【日】千田夏光：《従軍慰安婦·庆子》，第227页。

妇女赴华的文件》，表示已有与香川县联系与征集，这些"慰安妇"将在年内出发。①

日本"慰安妇"的来源主要是妓女、艺妓、夜总会的舞女等，也有部分良家妇女，日军主要是通过布告宣传招募的，或命令老鸨派出妓女。如1938年，上海、汉口等地的日军为征集"慰安妇"，命令飞田、羽田别庄等妓院的老板，要求立即向前线派出"慰安妇"。②日本"慰安妇"中也有不少是被骗诱而进入"慰安妇"行列的。第3师团的一个20来岁的日本"慰安妇"在慰安所回忆被骗诱时说："我什么也不知道：在新宿的咖啡馆里，有人劝我，去慰问皇军吧。至于慰问皇军到底是干什么，我一点儿也不知道。因为听说可以去上海，便上当了。……到了这里，也就无法逃回去了，只好听天由命了。"③日本《廓清》杂志1938年7月号揭露说，在侵华战争开始后，从事贩卖"娘子军"的业主显著增加，他们多以招募慰问日军的女仆，舞女为名，引诱少女上当，然后将她们卖给中国东北、上海等地的日本妓院或慰安所。宫城县的一位19岁的姑娘被骗到中国北方去为日军服务，结果被骗入魔窟。④

与中国、朝鲜"慰安妇"相比，日本"慰安妇"无论在前线或是后方，她们的待遇都比其他国籍的"慰安妇"要好得多。早期的日本"慰安妇"在1000日元合同完成后，有的是回到日本去了。如果身体不适，经军医检查确认后，可以得到被称之为"练兵休"的休息，还可以吃砂锅熬的粥。而这些，朝鲜和中国的"慰安妇"是绝对不能享受的。在关东军里，日本"慰安妇"只伺候军官。在海南的北黎（今东方县新街镇北黎墟），日军的慰安所共分三等，上等慰安所设在深宅大院，装修豪华舒适，里面到处陈列着从中国民间掠寻来的文物和工艺品。"慰安妇"均是年轻貌美的日

① 【日】吉見義明编：《從軍慰安婦資料集》，第122页。
② 【日】山田盟子：《從軍慰安婦》，光人社1993年版，第122页。
③ 【日】小俣行男：《日本随军记者见闻录》，第159页。
④ 【日】矢野玲子著，大海译：《慰安妇问题研究》，第30页。

本女子，且经过严格的培训，专门负责接待高中级军官。她穿和服，抹浓妆，四时有美食冷饮，定期检查身体，患病给予治疗；每天下午2时开始接客，晚上7时为止，所得报酬丰厚。中等慰安所由中国台湾、朝鲜来的"慰安妇"担当。下等的自然是被他们从直接占领地掳掠而来的中国大陆妇女了。因此，日本女子与朝鲜女子等同在一个慰安所时，朝鲜女子须尽可能地为日本女子做事。如看到日本"慰安妇"要洗衣服，就要主动地为其洗衣服，衣服全部洗完后，还要把自己的衣服晾在下面。① 有些日本"慰安妇"后来成了高级军官们的专属"慰安妇"，如师团长、旅团长等会在战场上公然纳"妾"，其所纳之女即日本籍的艺妓或"慰安妇"，而形式也是使用军队最擅长的战时征用的方式，即将"命某某某子自某月某日为师团司令部使用"的命令送给"慰安妇"本人。在前线，甚至有些中队长、小队长之流也收纳专用"慰安妇"。② 有个别的日本"慰安妇"在解除了与日军的"慰安妇"合同后，并不回国，而是就地当起了老鸨，开设起慰安所来了。

但是，不管怎样，日本"慰安妇"仍然是"慰安妇"，她们同样被侮辱、被蹂躏，被她们自己的同族兄弟迫害。在正常的情况下，她们可以得到报酬，但有时却未必。如从上海杨家宅慰安所开始其"慰安妇"生涯的庆子，1940年初，转战到雷州半岛、海南岛和北海，在一个半月的时间里，庆子和其同事们每天被迫拼命地"慰安"日军士兵，从早晨一直干到半夜，每天接待的士兵达80人，所得的报酬只是吃一碗饭而已。③ 当她们产生倦怠时，日军的管理部、兵站部或军医部等就千方百计地设法鼓舞她们的"士气"。如召开运动会，带领"慰安妇"去野游。由私娼而加入到"慰安妇"队伍的斋藤雾最初想到："像我这样身体的人，还能为国家工作啊！"但是，到了战场，完全被当作了"公共厕所"。在安庆"被一位路过的部队的军

---

① 【日】千田夏光：《從軍慰安婦·慶子》，第233页。
② 【日】金一勉：《天皇の軍隊と朝鮮人慰安婦》，第124页。
③ 【日】千田夏光：《從軍慰安婦·慶子》，第194—195页。

官叫去，只在那时候才允许上床，完了之后倨傲地说：'睡在地板上！'"回首往事，她感叹说："那过去的事如果能用橡皮擦掉，就好了……现在我只想在一个无人知晓的角落里度过残生。"①据战时驻扎在河北定县灵山镇的前日本陆军中士原田和男回忆：1941 年，当他在北平完成了一项任务返回部队驻地时，被一位上士拉到一家慰安所，接待他的是一个来自熊本县的女人，是个十分漂亮的女子，但脖子上有一道很显眼的疤痕。当原田问她的疤痕的来由时，她说，有一次，一个军官让她把香烟插到阴道里去，她回答说她不是玩具而加以拒绝，那个残忍的军官就用军刀割了她的脖子。有一名日本"慰安妇"回忆道，第一次逼我干事，是个当官的，我害怕，哭得厉害。当官的用刀抵着我的喉咙强暴我，夺走了我的贞操。我想逃，但是根本没法逃跑。就这样，做了五六年的"慰安妇"。有人说当"慰安妇"是为了天皇和国家，真是见鬼，天皇与我有什么关系？我要讨回公道！

但是，也有些日本"慰安妇"在特定的环境里，被军国主义宣传所蛊惑，为这场侵略战争献出了青春和幸福。她们与其他被掳掠来的各国"慰安妇"在心理上是不一样的。尽管她们也遭受着痛苦，但是，在日本战争宣传的指导下，她们中的一些人会自觉地去做点事情。前面所述的庆子，为了 1000 元日元失去了幸福与欢乐，但是，她又会自觉地去关怀士兵。在前往香港的战舰的甲板上，庆子看到一个新兵因害怕而准备自杀，她立即安慰说，即使老兵也会害怕。然后紧紧抱住他，抚摸他的下身，为他进行手淫，并说谎道："以前，凡是经我这么抱过的士兵，都得到军功章而活着回来了。"直到这个士兵消除了自杀的念头敬礼而去。这时的庆子内心充满成就感，她回忆说："真想对他们（士兵）大喊：'是我，一个女人在甲板上，用我的本领安抚一个新兵，我并非是为了钱才这么做的。'"②

---

① 【日】千田夏光：《從軍慰安婦·慶子》，第 106 页。
② 【日】千田夏光：《從軍慰安婦：慶子》，第 190–191 页。

1938 年芜湖的日本人"慰安妇"，她们同时还要照料日本伤兵。（《不许可寫真集》）

有个日本妇女 1938 年 6 月到杭州充当"慰安妇"，在完成了 1000 日元定额后，又到九江、汉口做了几年"慰安妇"，随后于 1940 年在汉口自己开设了慰安所，对从前线回来的部队实行半价优待，并经常说："我这样的身体还能为国家尽力……"[①]很多日本"慰安妇"在接待完士兵后会说一句："请死得悲壮些！"

航空兵大渊清生于 1920 年，战争后期，他的部队守卫在一座无名海岛上，他后来对《日本军队与朝鲜籍慰安妇》一书作者川田泰代回忆了第一次接受"慰安"的情景：

①【日】千田夏光：《從軍慰安婦》，第 250–251 页。

……虽说运输船靠上了码头，可是女人们很快又会离开海岛，谁知道她们下次还会不会再来，这天女人有二十几个，据说都来齐了。按士兵人头计算，她们每天至少得对付几十个男子才行。

　　地点安排在兵营的特别室。这间房子平时是剑道和柔道的练习房，有 20 个铺席大，屋顶被空袭炸开个大洞。"突击"从一清早开始，房子里用毯子隔开，士兵们就像接受集体体检似的穿着短裤和衬衣，在门外排着长队。

　　但这时也不是没有问题。因为来得急促，"突击"用的卫生袋发完了，军官和老兵们先满足了需要，轮到我们新兵就没份儿。军官和女人商量，结果她们同意不用那个来对付。她们也准备豁出去了。

　　那天"突击"开始时，海上骤然来了少有的风暴，猛烈的雨点打得地面泡沫飞溅，风号叫着掠过天空，把椰树连根拔起。在被飞机炸开洞的星顶上，大雨好像瀑布一样往里倾泻。士兵们不管这些，他们一面被浇成落汤鸡，一面还在猛烈"突击"。明明是大白天，可是屋里暗得好像是夜晚。

　　……在微暗中，被濡湿了的女人身体看上去好像涂了一层鳞，闪动着青色的夜光。女人的脸我该是看清了的，但是总记不起来，同许多日本女人的脸混在一起。女人身体虽瘦，乳房却出奇的大，胀鼓鼓的，在右边乳房上有块不大的红色胎记。女人突然笑起来，说："前一个士兵什么也没干，他只是紧紧捏住这儿叫我妈妈。"女人又问我家乡是哪里，我回答说山梨县。她说她是秋田县。我记得女人的声音很好听，跟音乐一样悦耳。

　　……天空中不时流动雷声，划过一道道雪亮的闪电。大雨从破洞里滂沱而入，浇湿了我的全身和我身下面这个冰凉的日本女人。女人没有动作，也没有声音，仿佛是一个毫无知觉的软体动物……正在进行中，女人突然轻轻呻吟起来，撒尿，我立刻泄了气。不知为什么，我感到我们这种存在实在十分可怜，并且十分可耻，跟畜生没有两样，门外士兵都在不耐烦地跺脚，蹬墙壁，我觉得他们可恨极了，跟一群发情的骡子差不多。

我穿上衣服的时候，女人依然保持刚才那种姿态，只是微微抬起头来说："请您体面地去死吧，拜托啦！"我看见女人的目光定定地注视着我，她像这样才能把神圣的责任交付到我身上，我想她肯定对每一个士兵都用这样的姿势，并且都说类似的话。但是我们仍然很感动，不管怎么说，女人也是为了战争贡献身体的。作为男人，我当然不能对她的托付无动于衷。在女人枕边，我看见一只拳头大小的护身符，就是日本女人用来保佑男人平安的那种"吉祥如意"，我明白她是在为每个士兵祝福。

我朝她深深鞠了一躬，无言以对……①

在这种艰苦环境里，日本"慰安妇"苦中作乐，有些慰安所举行过运动会、演艺会等。由于痛苦、繁重的特殊生活，她们的健康状况每况愈下，据统计，在"慰安妇"中患有结核病者就占10%，有相当数量的"慰安妇"在战争中死去。②

在战争初期，也有一些幸运者。她们自愿担任"慰安妇"，并与军队订立合同，得到1000日元借款，来到中国后，由于供不应求，因此她们很快做完了合同上的份额，从而换得了自由之身。如第二章所述的1938年春，北九州来的20多名"慰安妇"，由上海去杭州，结果在途中被沿线的日军警备队等征用，列车作了临时的慰安所，她们一般3分钟接待一名士兵，到杭州时，她们中的有些人已全部退还了1000日元的借款，而回故乡了。但大部分人还是被日军强制留了下来。因此，有不少

①【日】千田夏光：《従軍慰安婦》，第219-221页。
②【日】千田夏光：《従軍慰安婦》，第11页。

日本"慰安妇"与中国、朝鲜"慰安妇"同样对这段历史怀有强烈的厌恶感。

六、白人"慰安妇"

太平洋战争爆发后，日军侵入东南亚各地，慰安所也随即在那儿扩展开来了。在苏拉威西岛上，有不少慰安所，分布在美那多、马加撒等地。"慰安妇"中有很多是当地的米纳阿萨族人，其外貌有点像日本人，于是，慰安所的管理者给她们穿上和服，从而大受士兵们的欢迎。印度尼西亚的万隆、雅加达、苏腊巴亚、玛琅、爪哇等地都有慰安所，里面的"慰安妇"有当地土人、欧洲人、欧亚混血儿、中国人、朝鲜人和日本人等。缅甸的毛淡棉、塔古、勃生、敏铁拉、曼得勒、仰光等地，都有规模很大的日军慰安所。里面除了朝鲜、中国、日本的"慰安妇"以外，还有缅甸人、印度人等。加里曼丹、马绍尔群岛、特拉克岛、塞班岛、巴德尔马新、波恩台纳、库拉坎等地，也有大中型的慰安所。

除了亚洲各国妇女外，日军还强迫占领区的美国、英国、荷兰、俄罗斯等欧洲各国及澳大利亚的白种妇女充当"慰安妇"。在东南亚的日军基地，100多名白种"慰安妇"被日军视作上品。在一些慰安所，各国"慰安妇"的价目表通常是：中国人2元，朝鲜人3.5元，日本人5.5元，西班牙人11元，美国人13元。

俄罗斯"慰安妇"主要在中国东北地区及上海等地的日军慰安所内。据第28师团的一名宪兵回忆，他在佳木斯所见的慰安所就有五六家。"慰安妇"的国籍除了中国，朝鲜和日本的以外，还有俄国人。

荷兰"慰安妇"主要在东南亚。1944年3月，日军第16军从马尼拉玛琅收容所强行带走100名荷兰妇女，并将她们押入马尼拉的4家慰安所，充当"慰安妇"。1948年，巴达维亚临时军事法庭曾开庭审理此案，最后判处当事人少校以下的13名罪犯死刑或2—20年有期徒刑。澳大利亚的"慰安妇"也主要在东南亚。当新加坡即将沦陷时，有64名澳大利亚军队护士从新加坡乘船回国，在到达苏门答腊以东的邦加岛海域时，这艘船只不幸被日军飞机炸沉，有52名护士被邦加岛的日军俘获，转押至巴林附近的收容所里，日军曾强迫这些澳军护士作"慰安妇"，但遭到拒绝。①在印尼，也有30多岁的荷兰女子被日军扣留充当慰安迫，她的丈夫被日军抓走后，她便成了日军的"慰安妇"。有些荷兰妇女还成了日军军官的专职"慰安妇"。如婆罗洲的日军司政官陆军中佐已是个老人，但年龄并不妨碍他将原荷兰领事的夫人（40岁）和荷兰军官的女儿（17岁）占为专用"慰安妇"。

为了调查日军占领荷属东印度时期强迫当地的荷兰女子充当"慰安妇"的事实，荷兰政府组织专家，查阅了负责对在荷属东印度的战争犯罪者、协助敌人者所进行的搜查、起诉、裁判的有关政府部门整理的文件，1994年1月2日，荷兰外务大臣向议会提出了调查报告。报告指出，在日军占领期间，日方负有向荷属东印度的五大岛屿及其他小岛上的日军及日本居民提供"慰安妇"的责任，"慰安妇"不仅有印度尼西亚人，而且还有印度尼西亚、荷兰的混血儿和荷兰女子，不管这些女性是被迫卖淫，还是自主的提供性服务，有一点是肯定的，那就是这些女性作为卖淫妇而被招募时听说的条件，和后来实际的状况是不一致的。相当部分女性身受残忍的禁锢和极端的饮食不足，备受摧残。欧洲女性因在日军的武力威胁下，不得不违心地向日军提供性服务，这种例子不胜枚举，这就是"强制卖春"，荷兰政府的调查书中采用了这种解释。荷兰政府的调查报告确认至少有65名欧洲女性在荷属东印度被迫充当"慰安妇"。

后藤基治曾在爪哇岛服役，他在《海军报道战记》一书中回忆说，1942年日军占领了一家大宅院，成立了"白马会"和"黑马会"俱乐部，人们都以为这是真正的骑马俱乐部。事实上，院子里虽然真的有四五匹马，但是谁也没有兴趣去骑。一天，从日本来了一位高级军官，听说这件事后，

---

① 管宁：《慰安妇问题与日本的国际化》，载《世界史研究动态》，1993年第9期。

荷兰原"慰安妇"杨·拉芙在 2000 年东京法庭作证。（采自《女性国际战犯法庭のすべて》）

就登门拜访，申请入会。想不到俱乐部负责人对他提出的唯一条件是请他担任会长；其实，这个俱乐部是个供日本军官享乐的慰安所，所谓的"白马"是荷兰女性，而"黑马"乃是印度尼西亚女子。

　　被强迫充当"慰安妇"的一个著名事例是日军将马给兰和苏马兰的欧洲女性押入日军慰安所的事件。当时，日军决定将欧洲女性从附近的孟其兰拘留所转送至马给兰慰安所去，1943 年 11 月，住在马给兰的日本人和宪兵队长等与拘留所内的犯人头目取得联系，头目们将适合当酒吧的妇女列出名单。同在拘留所的母亲们对此十分怀疑，要求查阅名单，遭到拒绝。1944 年 1 月 25 日，日本人乘汽车来到孟其兰拘留所，将名单上妇女带到邻近的修道院检查。闻讯而来的人们在修道院前抗议，当日本人要带走这些妇女时，人们发动了暴动，日本人和当地警官即进行镇压，最后仍将妇女们带走了。28 日，被胁迫的 13 名妇女被带到马给兰，开始了苦难的"慰安妇"经历。2 月，日军又在苏马兰设立欧洲女性的慰安所，并得到第 16军司令官的准许。他们从 7 个拘留所里找来一批欧洲妇女，每次都遭到强烈抗议。苏马兰慰安所的两名"慰安妇"曾企图逃跑，但被警官捉住，押回了慰安所，结果一人自杀未遂，一人装疯被送入疯人院。4月，警察和宪兵又在苏马兰捕捉了大批的欧洲妇女和印度尼西亚妇女，这些女性的家属们愤怒地包围了慰安所，但日军仍将其中的20名妇女押送到佛罗列斯岛的慰安所，其中有7名欧洲女性。

《北京青年报》1995年3月10日曾报道，日本驻荷兰大使馆门前，总有一群上了年纪的荷兰妇女，手持木牌和旗子，要求日军进行赔偿，并发誓在她们的要求得不到满足之前，决不放弃抗议。荷兰一家电视台曾播放一部《沉默50年》的电视片，片中记录了一位名叫奥赫恩的原日军"慰安妇"的苦难经历。奥赫恩痛苦地回忆道他们（日本兵）"命令所有的年轻姑娘站成一排，一名粗壮的日本兵把我拖进卧室，我感觉自己变成一只被人追逐的猎物。"日本兵威胁说如果不从就杀死她，她说宁愿去死。日本兵抽出军刀，奥赫恩祈求在杀死她之前允许她祈祷一下。她跪下的时候，日本兵抓住她，把她扔到床上，剥光了她的衣服。奥赫恩痛苦地说："我简直找不到恰当的词语来描述这种最残酷的暴行，而那一次只不过是一个开头而已。"①

---

① 李正堂：《死魂灵在呐喊——战后全球索赔潮》，第345页。

"慰安妇"们失去人身自由，整日间在简陋的空间任士兵们践踏，过着非人的生活。在战争即将结束时，她们又或是走上枪林弹雨的战场，或被迫与日军官兵自尽身亡，或被日军遗弃在异国他乡。战争结束了，然而她们心中的战争仍然在继续，即便幸存于世的她们，今日已是白发苍苍。被掏空了的病体，被践踏的人格和自尊，使她们依然在熬煎中度过这战后漫长的 50 年。

—— 日本学者矢野玲子

　　1932 年初，日军在上海设立海军慰安所，冈村宁次随即征召"慰安妇团"来沪，此后关东军在中国东北也设置了慰安所，侵华战争全面爆发后，日军前线部队在江苏、浙江等地设立了慰安所。自日本华中方面军在上海建立杨家宅慰安所之后，慰安所推广到日军的各个占领地，据考证，最迟征集"慰安妇"是在 1945 年 7 月 28 日，此时离日本帝国主义无条件投降只有数天的时间，日本驻山东莒县的第 1437 部队派出中尉佐藤等 3 人到天津，要求征用 25 名中国妇女为"慰安妇"，这些妇女 8 月 1 日被日军送至同仁会妇人医院进行健康检查，然后送往日军部队。在这 14 年，尤其是后 8 年间，数十万各国妇女沦为日军的性奴隶，被施虐、被摧残，"慰安妇"所受的苦难真可谓数不胜数。

一、性奴隶："慰安妇"

"慰安妇"的年龄大多为18—20多岁。1943年1月和4月，日陆军医官对在江苏淮阴的12名"慰安妇"进行了体检，其中年龄最大的喜代子为32岁，年龄最小的是同为19岁的君子、新子、百合子和荣子，这12名"慰安妇"的平均年龄是23岁。[①]许多朝鲜原"慰安妇"证实，她们当初被强掳时年仅14—18岁。但是，日军在占领中国时，还曾掳掠更年轻的少女充当"慰安妇"，如海南的一些中国"慰安妇"只有十二三岁，在南京最小的被掳掠走的只有9岁，而年老的则达50来岁，乃至60岁。[②]

中国和朝鲜的"慰安妇"通常被日军或慰安所的业主改名，大多改成日本女性的名字，如君子、花子、顺子、纯子等。有的甚至像对待犯人一样，给"慰安妇"编上号码。在不少慰安所里，管理者及日军士兵从不呼"慰安妇"的名字，而是直接叫编号。朝鲜"慰安妇"沈美子所在的慰安所里共有27名"慰安妇"，因此，她们的名字便是"1号"到"27号"。上海浦东其昌栈的陆军慰安所内，三四十名"慰安妇"均有编号。[③]

为了让日军官兵在进入慰安所后有一种重返故乡的感觉，管理者大多要求所有的"慰安妇"均穿着和服，不仅一般的中国、朝鲜女子被迫穿上和服，连远在边地海南的中国少数民族的"慰安妇"也穿着和服。但无论穿着什么服装，日军规定下身一律不得穿裤子。在上海的杨家宅慰安所里，中国、朝鲜和日本的"慰安妇"都是不能穿短裤的。在北方的一些慰安所里，日军要求中国妇女上面可以穿衣服，但下面什么都不让穿，即使冬天也是如此。有不少慰安所内禁止使用日本语以外的语言，这一方面是对殖民地居民强行实施日语教育的一种手段；另一方面是一种为了防止泄露情报，

---

① 【日】吉見義明编：《從軍慰安婦資料集》，第278页。
② 中央档案馆等编：《南京大屠杀》，中华书局1998年版，第160页。
③ 据上海师范大学历史系学生李瀚鸿采访其昌栈慰安所房屋原主人陈炳荣先生的记录。

李秀梅大娘生活在山西盂县，14 岁时被日军押到炮楼，成为日军的性奴隶，饱受凌辱。这是 2013 年 9 月陈丽菲教授探望她时的合影。（赵蓓红 2013 年摄）

并提防"慰安妇"们逃跑的措施。

在日军看来，慰安所就是个公共厕所。在战争之初，有些部队因囿于严格的规定，士兵在进入"慰安妇"房间时要高喊一声："某某等兵，进来了。"事情结束后还要说上一句："您辛苦了"。后来，这些话再也没有了，日军士兵们像野兽般进入慰安所发泄。"慰安妇"们也在这苦难中麻木了，她们常常脱下三角裤往哪里一扔，面无表情地数着数，口里机械地说着："好了，下一个"，"好了，下一个"。最后，几十个士兵的精液四散，像糨糊一样，凝固在死鱼般的女人的大腿和小肚上；在几层已干结的精液上，再新射上温热的精液，变成滑溜溜的样子，"慰安妇"的大腿中间成了精液的泥潭。①

---

① 【日】金一勉：《天皇の軍隊と朝鮮人慰安婦》，第 112 页。

为了充分利用"慰安妇"的资源，"慰安妇"的房间里，经常有3个士兵：这三名男性中，一名是刚做好事的，一名是正在"慰安妇"身上做事的人，另一名是正在脱去衣裤准备接手的士兵，"在士兵看来，让'慰安妇'获得短暂休息的时间都觉得可惜。"①这些女性完全成为满足日本兵性欲的工具了。

关于"慰安妇"们每天被强迫"慰安"的次数，因各个慰安所的不同和时期的不同而有区别。一般"慰安妇"每天接待日军10多人，每天接待30—50名日军士兵也是很平常的。朝鲜"慰安妇"金德镇回忆那痛苦的往事说："我得了病，像似膀胱炎那样，流血，解不出小便来，去医院诊治。其他的女人中，有很多都是性器官肿得十分厉害，连针眼大的缝隙都没有，还出血。……我没有染上性病，但由于年轻时子宫过于损伤，落得个子宫倾斜症。"另一位原朝鲜"慰安妇"李英淑作证说："我应酬很多士兵，性器官很多次肿得不像样子，只得去医院，下腹疼得像要炸裂一样……我几次性器官发炎，一年入院三四次。"②

繁忙的时候，每间"慰安妇"的屋前均排起了数十人的长队。在特殊情况下，"慰安妇"一天"慰安"日军士兵的次数是相当多的，它甚至超出一般人的想象。一天之间被迫接待60—70名士兵的记录并不鲜见，庆子曾回忆，她们在广东繁忙时，每天接待80多名官兵。还有的一天之内竟接待了100名士兵。一位从腊包尔侥幸回来的朝鲜人"慰安妇"受害者介绍，第一批朝鲜人到达那儿时，日军已禁欲了近一个月，慰安所前立即排起了几条长龙，"慰安妇"们每天要与90多名士兵发生性关系。她们没有时间吃饭，于是，管理部的士兵就做好米饭团送来，"慰安妇"们身上还压着士兵，嘴里啃着饭团；更是由于没有上厕所的机会，有时小便失禁，

---

① 【日】曾根一夫：《一个侵华日本兵的自述》，载《悲愤·血泪：南京大屠杀亲历记》，第150页。

② 转引自【日】矢野玲子著，大海译：《慰安妇问题研究》，第198页。

下腹到处是士兵的精液和自己的尿水。①

从日本老兵的回忆来看，一个"慰安妇"一天接待的日军士兵的数量是相当多的，负责慰安所管理的少尉大山正五郎回忆道："一个女人穿着一件衬裙，头上扎着围条，以勇敢的姿态横躺着。一点感情的酝酿也没有，只是进去出来而已。士兵们闻到女人特有的气味，触摸着她们的肌肤，这就够了。士兵们进去出来，女人们跳起来飞奔向厕所，如此反复循环而已。"有一个"慰安妇"在3个小时之内竟接待了76名士兵。②老兵曾根一夫回忆："在条件恶劣的最前线守备地，（一个'慰安妇'）有时一天要应付七八十人，甚至100人。一天要应付100个男人，假定24小时不眠不休息的工作，每小时约要应付4人，换句话说，每15分钟要处理一人。若扣除最低限度的睡眠和吃饭时间，则每小时约需处理七八人。"③

在一些慰安所的中国"慰安妇"里，还出现了"母女慰安妇"、"姐妹慰安妇"、"姑嫂慰安妇"以及"妻子慰安妇"等罪孽现象。"慰安妇"之间流传着一首歌，歌的名字叫《我的肉体并非橡皮做的》，以表示对非人待遇的不满。④

二、战时"慰安妇"的苦难

"慰安妇"除了满足一切士兵的性欲外，还要做护士、洗衣妇、厨师、勤杂工以及女招待等。士兵们出发讨伐时，她们须伫立于岗楼上，挥舞太阳旗，鼓舞士气地为士兵们送行；当讨伐队归来时，则在大门前排成一列，

①【日】矢野玲子著，大海译：《慰安妇问题研究》，第198页。
②【日】金一勉：《天皇の軍隊と朝鲜人慰安婦》，第110页。
③【日】曾根一夫：《一个侵华日本兵的自述》，载《悲愤·血泪：南京大屠杀亲历记》，第149页。
④【日】曾根一夫：《一个侵华日本兵的自述》，载《悲愤·血泪：南京大屠杀亲历记》，第149页。

高声欢呼迎接士兵的归来。

有些慰安所里，尤其是在城市的慰安所里，日军规定对"慰安妇"进行体检，但是这种卫生检查的目的是防止性病在日军内的蔓延，而不是为了保护"慰安妇"。实际上，日军官兵对"慰安妇"除了让她们充当性奴隶外，还经常进行殴打与侮辱。不少"慰安妇"曾被日军的香烟烫伤、打伤、给刀枪刺伤或者扭伤、骨折等，对于这种伤害，慰安所的经营者往往视而不见，不加任何注意和处理。关东军宪兵队的档案中留下了许多日本兵殴打"慰安妇"的记录。

"慰安妇"的食物与服装是由军队供给的，但几乎活下来的"慰安妇"都对食物表示不满。相当多的"慰安妇"，尤其中国妇女被日军掳掠为"慰安妇"的场合，根本就没有任何报酬。有报酬的场合也多是替代服务费的票券，到战争结束时，日本军票之类的票证变成了一张废纸。

"慰安妇"们长期处于非人的、奴隶般的生活下，身心受到极大的摧残。由于生活条件十分恶劣，而遭受的又是非人的折磨和摧残，大多数"慰安妇"几周之后便产生不感症（日语词汇，性麻痹/女性性功能障碍）。如果"慰安"活动不停止，继之而来的就是生理异常。刚开始充当"慰安妇"时，月经来了也不能停止，老鸨会让"慰安妇"不停地喝盐水以止经血；或者命令"慰安妇"们将卫生纸卷起来，往身体深部塞，然后再去接待士兵。这样只需半年就发生月经不调，接着就进入停经阶段，有些20来岁的"慰安妇"竟然一连几个月没有月经，甚至数年没有月经。（如日本"慰安妇"庆子曾一次停经达4年之久）。① 停经后鼻子下面会生汗毛，并变得粗黑起来，日军士兵有时会问："你是男的吗？"时间长了生理发生急剧变化，便不会生育了。另一方面，怀孕的恐惧却一直跟随着"慰安妇"们。日军士兵看到对象是中国或朝鲜的"慰安妇"，就会恶作剧地不使用安全套，或者将安全套弄破，以便让对方怀孕。于是，在各地的慰安所里，相继诞生了

---

① 【日】千田夏光：《従军慰安婦·慶子》，第239页。

许多无辜的婴孩。这些孩子的命运更是凄惨。一些中国"慰安妇"所生的立即被日军杀死，朝鲜"慰安妇"所生的只能送给中国农民，而日本"慰安妇"的孩子幸运地被送回日本，而大部分也不知下落。

长期的摧残使"慰安妇"们出现便秘、阴部膨胀、乳房剧痛、胸部疾患、性病、疟疾等"职业病"。一旦她们动作迟缓或表露厌倦，便会遭到辱骂和殴打。由于长期的"慰安妇"生涯，她们的阴部经常裂口出血，并肿胀变形，虽然也涂药治疗，但无论怎么涂根本就没有治愈的时间。最后导致阴部麻痹，"即使被虫子或老鼠咬了都没有感觉。"[①]一名原"慰安妇"的朝鲜妇女回忆道：

> 那时我才19岁，还不知道男女之事，不知道怎样干才好。第一天，一下子就接待了20个士兵，到第五个人时，我以为自己也许快要死了。那个地方又红又肿，像桃子一样大。一边哭，一边用毛巾冷敷了一个晚上。[②]

据千田夏光的研究，"慰安妇"中，因为连续不断的睡眠不足，卫生条件差，以及营养不良，至少有10%的"慰安妇"患有肺结核。[③]在那个年代，"慰安妇"得了这种病，等于是判了死刑。日军对中国、朝鲜的肺结核病人，不给任何药品，因为她们只是到处可以掳掠的"慰安妇"而已，药物比她们的生命更贵重。重病的结果，她们就像自生自灭的野狗一样，等待死亡。为了活下去，患者自己想方设法弄些大蒜汁来对付，但这最多只是延长了些许生命，最后仍逃脱不了死亡的命运。临死时，这些"慰安妇"从包裹里翻出好衣服，央求其他的"慰安妇"："把它帮我穿上。"然后就无声

---

① 【日】金一勉：《天皇の軍隊と朝鮮人慰安婦》，第158页。
② 【日】金一勉：《天皇の軍隊と朝鮮人慰安婦》第113页。
③ 【日】千田夏光：《従軍慰安婦》，第115页。

无息地死去了。[1]日军对待中国"慰安妇"中的性病患者，轻者治愈后继续留用，重者治疗无效者即处死灭尸。海南那大市赵家园慰安所开张一月内，就将3名患有性病的"慰安妇"活埋。[2]

山西太原老人万爱花（1929年出生），是最早控诉并向日本提出赔偿要求的7名原"慰安妇"之一。1992年，她在日本华侨的安排下，到日本各地演讲，一遍又一遍地控诉当年悲惨的遭遇，尤其是日军对她野蛮的蹂躏和残酷的迫害，除了使她丧失生育能力，各种妇科病缠身外，她的外形也因此而扭曲变形，一只胳膊丧失功能，一只耳朵的耳垂子也缺损了一块。这是日军强奸了之后，动手毒打她时，由于手上的戒指钩住了耳环，对方用力一扯，遂将她的耳垂扯掉了。

日军官兵不把中国"慰安妇"当人看待，视其为性的奴隶、泄欲工具，恣意践踏、百般摧残。海南赵家园慰安所的日本老板娘在突击接客日，要求所有的"慰安妇"整日赤身裸体地躺在铺板或"慰安椅"上，任由日本兵接连不断地发泄性欲。这种"慰安椅"形制特别，"慰安妇"仰躺在椅子上，臀高头低手脚失去活动自由，只能任由日兵变换花招地站着宣淫。"慰安妇"稍有不满或反抗，便立即遭到严厉处罚。如海南的"慰安妇"阿燕因不堪忍受日军的轮番奸淫，挣扎反抗，立即被日军官用刀扎穿大腿，阿燕昏死过去后，日军照样继续蹂躏。一次，日军强迫那大市的妹仔妚英变换花样接客，被妚英拒绝后，竟将妚英绑在房柱上，用辣椒和盐往其阴部抹搓，使妚英痛不欲生。[3]至于拳打脚踢，更是中国的"慰安妇"经常遭到的"待遇"。

由于日军灭绝人性的残暴行为，"慰安妇"的实际使用寿命很短。山西盂县的李秀梅在1940年农历七月十四日，被日军抓入炮楼充当"慰安妇"，那年她还是15岁的豆蔻年华，但经过日军5个月的摧残，右腕残疾，

---

① 【日】千田夏光：《従軍慰安婦》，第116页。
② 符和积主编：《侵琼日军慰安妇实录》，载《抗日战争研究》1996年第4期。
③ 符和积主编：《实录》续编，第275页。

右眼瞎了，下身经年流血，若不是其父兄花了巨款赎出，早就被迫害致死了。事实上，"慰安妇"中的相当多数人，不是遭到日本兵的虐杀，就是死于疾病和贫困，还有些因经受不住这无期的苦难而自寻短见。在石碌慰安所里，一名女大学生不甘凌辱，被日军吊打至死。新婚不足一周的香港矿工梁信妻子黄玉霞被押入慰安所，梁信历经千辛万苦终于找到妻子，但还没团聚，却被日本管事打死，黄也含恨上吊。该慰安所的两名"慰安妇"被折磨得筋疲力尽后，不能继续接客了，便被脱光身子，吊在大树上活活毒打致死。①1941年夏的一天，海南乐会县博鳌市慰安所里不愿接客的50名中国年轻女子，被日军拉到塔洋桥边，全部被杀死。②

中国"慰安妇"们对日军的暴行曾进行过各种形式的反抗。逃亡是最常见的手段。但是，她们的身边几乎日夜都有强壮的日本男人看管，很难找到机会逃出火坑。不少人逃亡途中被日军杀死。一些刚烈的女子曾杀死过压在她们身上的日军士兵，或者割下其生殖器。当然她们也无一例外地因此而献出了宝贵的生命。最绝望的反抗是自杀，几乎在任何一个慰安所里，都发生过中国"慰安妇"的自杀事情。崖县的一名黎族少女，不堪多名日军士兵的同时恣意淫辱，咬断舌根自杀身亡。朝鲜"慰安妇"宋神道作证说，她曾亲眼见过一位不甘忍受折磨的"慰安妇"，躲在厕所里，喝了大量用以冲洗自己下身的消毒清洁剂，结束了自己年轻的生命。③

在20多万名中国"慰安妇"中，能够熬到日军投降而幸存下来的，已为数不多。如海南石碌慰安所的300多名"慰安妇"中，经过4年的摧残共有200多人死亡。至1945年9月日军投降时，活下来的仅有10多人。④黄流日军机场慰安所原有广州籍女子21人，最后仅剩下黄惠蓉等4人。⑤

---

① 符和积主编：《实录》，第 728 页。
② 符和积主编：《实录》，第 149 页。
③ 【日】矢野玲子著，大海译：《慰安妇问题研究》，第 201 页。
④ 符和积主编：《实录》，第 750 页。
⑤ 符和积主编：《实录》，第 647 页。

海南岛东方市残存的日军慰安所。（苏智良 2000 年摄）

感恩县新街市慰安所的 40 多名中国少女里，最后只活了 10 来人。①

即使是幸存下来的妇女们，因遭受长期残酷的摧残，绝大多数人丧失了生育能力，晚年陷入了孤独艰辛的凄凉境地。精神上，她们承受着世俗偏见，同时在传统伦理道德观的压力下煎熬，她们"带着难以名状的羞愧心情苟活至今"。②

三、"慰安妇"的生活实例

近年来，各国尚生存的原日军"慰安妇"们，为了指证日本军国主

---

① 戴运泽：《我所知道的日军黄流机场的"慰安所"》，东方县政协文史资料委员会编：《东方文史》，第 9 辑，第 44 页。

② 符和积主编：《实录》，第 467 页。

义所犯下的罪行，不惜再次揭开心灵的伤疤，将自己的身世、经历公布于众，为我们了解"慰安妇"的生活实态留下了可贵的资料，这里谨摘录数则。

（一）中国"慰安妇"的控诉

【实例之一】海南陵水县黄有良自述：

我生于1927年，1941年，我刚15岁。农历十月初五日那天早上，我挑着稻笼，往村外的水田走去。忽然听到一声喝叫："站住！"我受惊抬头一看，前面不远处，站着一个日军士兵。吓得我慌忙扔下稻笼，转身拔腿就往山里跑，后边跟着10多个日军士兵狂喊乱呼紧追不舍。我逃得筋疲力尽，终于被抓住，心里畏惧而不知所措。一名日军叽里呱啦地说着什么，我脑袋发胀，反正什么也听不懂。又一个满脸胡茬的日军瞪着色迷迷的眼睛，把枪交给同伙，发狂地把我搂抱着，在我脸上乱亲；另一名日军在我背后饿狼似胡乱摸捏，并剥开我的衣裙，拔出他那私物禽兽般对着我后臀沟直戳乱擦，其他日军在一旁手舞足蹈发狂大笑。我含辱悲愤，恨不得杀死这些日军。于是，我抓起摸捏我乳房的那只手，狠狠地咬了一口。被咬的日军松开手，发怒地拿起刺刀正要向我头上砍劈，这时一名军官模样的日军大喝："住手，你滚！"那家伙只好悻悻地退到一旁。我已经吓得发呆，军官盯着我裸露的身体，笑眯眯地用生硬的海南话说："姑娘别怕，有我在这里，是没有人敢动你的。"同时，他又向那些日军士兵叽里咕噜地说了什么，手一挥，士兵便走开了。待那些日军士兵走后，军官就走过来搂抱我，吻我。我用力挣扎，夺路逃跑，他并不追赶。我认为没事了，穿好衣服，便到田里把稻谷挑回家。不料那个军官也跟到我家门口，他将我拦住，野蛮地把我抱进卧室，抛在床上，然后按压在我身上，疯狂地在我脸上乱吻，粗壮的手在我身上又抓又摸，粗暴地撕开我的衣裙，强行毁了我少女贞洁。事后，他带着随从扬长而去了。下午四点钟，我把事情发生的经过告诉母亲，母亲伤心地痛哭了一场。

那天晚上，我害怕日军再来施暴，就到邻居家躲避。第二天，这个外号"九壮"的军官又带着几名士兵闯到我家。他找不到我就强迫我父母做"四脚牛"，手脚趴地，任他们拳打脚踢。我的父母被打得遍体鳞伤，昏倒在地。我听说后心如刀割，只好回家。日军士兵见我回来了，就猛扑过来。外号"九壮"的军官不容我开口就强行把我拉到房里，将我脱得赤条条后，纵情玩弄，随后，把我按在床上强行性交。"九壮"吃惯了嘴，此后夜夜来我家。为了父母不再遭受毒打，我被迫承受这名日军对我身心的摧残，稍不顺从就要遭到殴打。每天夜幕降临，也就是我苦难的开始。

1942年4月的一天，"九壮"带了几名日军开军车到我家，把我押上军车，带到藤桥关进了警备森严的军营里当了"慰安妇"。我和一起被抓来的妇女关在一个宽敞房间，比我们先抓进来的妇女关在另一个房间。房间门口都有哨兵把守，不准我们随便走动。白天勤务兵安排我们做杂工，如扫地，洗衣服等；夜间逼我们陪日军睡觉，有时还要遭受几名日军轮流奸污，强迫做各种性动作，直到他们兴奋满足为止。日军不把我们当人看待，只是当作性欲发泄的工具，百般糟蹋我们。……粗暴的连续奸淫，造成我的阴部严重损伤，子宫发炎，整个身子像散了架似的，卧床不起。我的一位同伴，也是少女，名叫陈有红。几名日军轮奸她，她宁死不从，便遭毒打和强暴，结果子宫破裂，血流如注，奄奄一息，两天后因伤势过重而悲惨地离开了人间。还有一位少女，抓来的当夜就被几名日军强行轮奸，她承受不了非人的折磨，便咬断舌头，自杀身亡。

我和难友们，在这个魔窟里，每夜都要遭受非人的性折磨，甚至有时整天不停地被轮奸。我多次想寻找机会逃走，暗中和难友们想过办法，但因日军警戒森严，加上外界环境生疏，无法逃走。同伴中有一位汉族少女，大便时趁天黑逃走，不幸被抓回，被日军打得死去活来，然后被禁闭。从此，我们放弃了逃走的念头只好听天由命了。

1944年6月中旬的一天，我村的黄文昌冒着生命危险，来到藤桥日军军营找我，告诉我父亲病故的消息。我立刻放声痛哭，不顾一切地去找日军军官，要求回家给父亲送葬。起初日军军官不同意，我和黄文昌再三哀求，他还是不理睬。最后我跪在地上向他苦苦哀求，他终于同意我回家。傍晚，黄文昌带我从藤桥抄小道步行，深夜一点我才回到家。一进门，见到我父亲仍健在，才恍然大悟，这一切都是为了帮助我逃出日军的魔掌。为了躲避日军，以免再陷苦海，当夜鸡叫头遍，父亲和黄文昌拿着锄头粪箕，悄悄在村边的荒坡上为我推了一个假坟。然后，举家连夜逃往他乡。

据说，我们逃走不久，"九壮"还带着日军到架马村抓我。听村里人说我因父亲死而伤心过度自杀了，他看了那座假坟后，信以为真，便带兵回藤桥去了。

1945年，日军无条件投降。但我被迫当"慰安妇"的那段悲惨日子的遭遇，刻骨铭心，是永远不会忘记的。[1]

【实例之二】受害者朱巧妹的回忆：

我叫朱巧妹，因丈夫姓周，因此也曾被叫作周巧妹，或周阿巧。1910年11月7日出生于上海市松江县小昆山西门，现住上海市崇明县庙镇镇庙中村，属庙中村第5小队。我今年91岁，属狗。

我年轻时曾在上海的商务印书馆里做装订工。1928年我与周守文结婚，住在上海城里。1932年日本人炸了商务印书馆，我没有了工作，我们就逃难来到了崇明，不久迁至庙镇，从此以后没有离开过崇明。

---

[1] 符和积主编：《实录》，第523-528页。

我们开了一间名为"永兴馆"的小饭店，来维持生计，"永兴馆"规模不大，主要是做点心，但当时生意蛮好，我们夫妻感情非常好，过着安静和睦的小康生活。1933年7月我生了第二个儿子周燮。

1938年春天，日本人占领了崇明。日军在崇明庙镇建造了炮楼，驻扎有一个中队的鬼子兵，经常出来骚扰村民。那些房子前些年都拆掉了。我们也没有地方可逃，就在小饭店里，有一天，几个穿黄军装的日本兵手拿长枪冲了进来，他们把客人全部赶走，把我关进房间强奸了。我当时已怀孕两三个月，后来生了周鑫。

日军的中队（大约六七十个日本兵），好像名叫"松井中队"，住在一个两三层的楼房里（这间楼房已被拆毁，地址在今庙镇镇政府）。我还记得中队长叫"森格"（音译），小队长叫"黑联"（音译，据说后来战死），还有一名日军专职翻译黄春生（后来换为金盛生，金可能是朝鲜人，但当地人认为是华侨）。他们到各处来搜寻强令有姿容、比较体面的女子专为日军军官"慰安"，为满足日军官兵的兽欲，日军和翻译威逼镇上七名女子组成"慰安组"，这"七个姐"是周海梅（梅姐）、陆凤郎（凤姐）、杨七姐（七姐）、周大郎（大姐）、金玉（玉姐）、郭亚英（英姐）和我（人家叫我巧姐）。我们都成为鬼子兵的性奴隶，我们都是被日本军官凌辱，一般的日本兵不能强暴我们，他们还要糟蹋镇上其他的小女孩。

我们七位女子平时住家，由金翻译官临时指派，或被叫去据点，或由日军官闯入家中施暴。如果我们有不从，日本兵立即砸家砸店，拔出刺刀威胁"死拉，死拉。"我们真是苦透了。

刚被抓去时我已怀孕，日本军官根本就不管你肚子里有小囡。生孩子后仅两个月后，又经常被日本兵拉去。当时，我奶水很足，森格和黑联每次都要先吸干我的奶水，然后再强奸。我怕死，都一直忍受日军的暴行。日军炮楼里的那间房屋，不大，是专门为强奸我们而设立的，里面有一个浴缸，一张床。我们进去后要先洗澡，洗了澡日本兵就在浴缸边的小床上强奸我们。除此之外，日本军队的官兵从未采取过任何卫生措施，连命也差一点丢掉，哪里还有什么报酬。

这种情况持续到1939年底，每周至少有五次，有时更多，现在已过去这么多年了，具体我已记不清楚了。记得有时被抓进去后要关上一天一夜，才被放回来。我告诉你一个秘密，我上面讲的"七个姐"里，梅姐是我的婆婆，那时已经50岁了，日本鬼子真是罪孽啊！凤姐是我婆婆的妹妹，也有40来岁了，而大姐周大郎也是我的亲戚，是我的远房姐姐，我们一家四个人遭难，真是苦啊！

我的丈夫周守文因看我遭受日军的折磨，愤而参加了当地的抗日游击队，但后来不幸被日军抓住，活活打死。因为新中国成立后只找到一个证明人，不符合规定，所以没有得到烈士称号，这是非常遗憾的事情。

至1939年日军撤出庙镇，我才得解脱，但已患了严重的妇女病，至今遭受肾病困扰，并在精神上留下深重创伤。我的精神压力很大，我是规规矩矩做人的。我最痛恨的是，我的丈夫被日本兵打死。丈夫

幸存者朱巧妹老人在自己的陋居门口。（苏智良2001年摄）

死后，我守了一辈子寡，过去我从来不提起自己被日本兵糟蹋的事，太难为情了。

现在我有二儿子周燮，三儿子周鑫，我与周燮同住，并作为我的委托代理人，向日本政府提出控告。日本兵真坏，我要争回名誉。

郭亚英我们叫她英姐，就住在我们小饭店的隔壁，也是开饭店的。我也能作为郭亚英受害的证人。我坚决要求日本政府谢罪赔偿。[①]

【实例之三】山西盂县陈林桃老人的自述：

陈林桃——我今年73岁（1995年），15岁做媳妇，16岁时，丈夫参加八路军走了。20岁那年，6月的一天，我正在水沟边洗衣服，村维持会的"黑腿子"命令我去开会。会在一个村民的屋里进行。会上，维持会的"黑腿子"说我是八路太太，然后，我就被汉奸强行押到进圭村的鬼子炮楼，当天晚上，就被日军的情报班长和"木板队长"给糟蹋了。从此，每天黑夜，日本兵就来，有时一个晚上来五六个，有时七八个。我被关在鬼子炮楼下的一个窑洞里，里面什么都没有，一个土坑上铺着一张"洋灰纸"（牛皮纸）。和我一起关着的还有冬娥子，我俩抱在一起痛哭，认了干姐妹。这日子实在没法熬，我俩就商量一起逃跑。一天下午，我解手时，趁"黑腿子"看守不严，猛地往外冲，小鬼子追来，我就跳了崖，被摔断了腿和胳膊，后来村里人见了，就把我送到我姐姐家藏了起来。我在姐姐家养了很长一段时间，每天下身尽流红。就这样，一直躲着小鬼子，一有动静就钻地窖子。抗战胜利后，我丈夫退伤回来。丈夫知道我的事后，说那不是你的错，仍与我在一起。但是，村里人常常说三道四，我丈夫虽然表面上没有什么，但心里很难过，这样，我们就离开了那村庄。

[①] 苏智良、陈丽菲 2000 年采访朱巧妹老人记录。

【实例之四】山西盂县侯巧良老人的自述：

侯巧良——日本人来抓我时，那年我还不到 14 岁。我和我爹一同被抓走，但关在两个地方。晚上，日本鬼子冲进来，我害怕得又哭又叫。鬼子先是用手捂住我的嘴，后来毛巾扎住了嘴。我急得拼命挣扎，被鬼子又是一顿毒打。一个鬼子走了，又进来一个鬼子，一晚上我被弄得没气了，跟死了一样。在鬼子据点里，没一天好活的，每天哭得枕头湿透了，翻过来再枕。记得当时在一起的有四五个女人，有个女人晚上直哭，原来她的娃给"跑了"（流产）。很快我被折磨得胯不能动，下身全烂了。我让一个认识的"黑腿子"到我家报个信。家里人卖了房子、粮食和羊，用 500 大洋把我赎回来。我被抓走时是阴历三月天，回家时小瓜子已经长大了，回到家，只见卖得只有一个土坑了……整整在坑上躺了好几年，开始时身子不能翻身。

因为过度的刺激，侯巧良患了精神病，一犯病就说"日本鬼子来了，快逃"，说完就往山上跑。

【实例之五】山西盂县冬娥子老人的受害事实：

冬娥子——冬娥子本名侯冬娥，年轻时长得很漂亮，当地人称"盖山西"。她结婚后，先是生下一个儿子，在怀第二胎时，丈夫参加了抗日的国民党军队。日本人进山后，住在伪村长家中。日本兵残暴成性，看到伪村长的两个女儿年轻可人，即要求晚上跟她们睡觉。伪村长为了女儿，对日本人说，本村有个非常美丽的女人，叫作"盖山西"。于是好色的日本兵即随伪村长去抓冬娥子，冬娥子这时早已躲进了山里。日本兵没有抓到冬娥子，仍让伪村长的女儿陪睡，但记住了"盖山西"这个名字。终于有一天、日军突袭村庄，把冬娥子从藏身之处抓走。那时，冬娥子的女儿才4个月，没有多久，没奶吃的婴儿便饿死了。冬娥子被抓到进圭炮楼的当天，就被"毛驴"队长给强奸了。开始的十几天，冬娥子是"毛驴"队长的专用"慰安妇"，后来就成了所有日本兵的公用品，直到她被摧残得不成人样，失去了使用价值后，日本兵才允许她的婆家把她赎回去。冬娥非常感激公婆的救命之恩，尽心尽意伺候两老。公婆去世时，她倾家荡产为两老送终。1945年抗战胜利，她好不容易盼来了丈夫凯旋。然而，做了军官的丈夫带回来一个年轻美貌的太太，根本不顾冬娥的死活，即携儿子和太太远走高飞了。此后，冬娥曾再嫁了两次，但再也没能生育，她忍辱负重地生活着。但是，她一直没有忘记造成她一生不幸的日本鬼子。1992年12月，由日本战后赔偿国际听证会组委会和日本律师联合会共同主办的首次日本战后赔偿国际听证会在东京举行，侯冬娥一切就绪，准备登台控诉日军暴行，但在由家乡到太原的路上，汽车出了故障，只能返回。1994年4月7日，侯冬娥怀着对日本军国主义的满腔仇恨，在家乡山西盂县西烟镇北村死去。①

【实例之六】台湾幸存原"慰安妇"的证言：

我今年73岁。小时因家境穷困没有读书，和妈妈一起替人洗衣服、煮饭、打扫。在我20岁的那年，役场的人通知我们，军部在海南岛开食堂，需要服务生，只要做一年，还说有薪水可拿，就调我们去海南岛。和我们一起去的将近三四十个女孩子分别来自旗山、台北和新竹，其中新竹一团大约有10人。我们到高雄搭船，船上有军人，坐

---

① 郭思：《寻访中国"慰安妇"》，载《焦点》，1995年9月15日；陈宗舜：《血思》，解放军文艺出版社1995年版。

一个礼拜后在海南岛的海口下船。

"下船后，军部派卡车载我们到靠海的一个慰安所。慰安所用木板搭成，附近有墓园、道路。慰安所的老板是一对台湾夫妻，慰安所内的女孩子有中国台湾、日本和朝鲜三团。来慰安所的有中国台湾人、日本人，朝鲜人，皆是士兵。工作时间从下午四五点到晚上十二点多，有些军人会留下过夜。来慰安所的军人要买牌，军人来买牌时给保险套，一支牌 2 元。一个晚上约接 10 多位军人，一次约半小时，生意好时一个月领 200 多元，生意不好时一个月几十元，老板有抽成。早上十一点和下午五点，大家一起吃饭。我们一个月要检查身体，月经来时可以休息，我不曾怀孕，不能不接客人，老板会骂，也无法回台湾，要等一年到期有人来接替时才让我们回来。

"我觉得做那样的事情很不好，在慰安所待了 4 年，非常想回家，有人在那里生病过世。24 岁时战争尚未结束，我因为盲肠动手术回家，从基隆港口下船，回家时母亲还健在。我丈夫的工作是开货车，我不敢告诉他我过去的经历。我因为无法生育，收养一个养子。我妹妹当年和我一起到慰安所，她回到台湾后身体不好，没有结婚，在食堂洗碗、打扫，现在和我住在一起。"

"我妹妹常常怨叹：咱实际上是因为环境的压迫被人骗去的，不是去做服务生。在那里会觉得自己的身体很脏，心里也很不满，咱应该嫁人比较快活，怎么会来这里让人糟蹋？军人心情好时就很好，心情不好时喝醉酒打我们出气，咱在那里忍耐，就是希望能够尽快回到家乡。那时候气得要命，想到自己为什么会那么傻被骗去那里？……

"我现在和妹妹同住，房子是租的，每个月需要缴房租、水电费，生活过得去，辛苦，很要求日本政府道歉、赔偿。"①

---

① 台北市妇女救援基金会资料。

（二）朝鲜"慰安妇"的控诉

【实例之一】B女子

B女子也是与金学顺等一起，最早控告日本政府并要求其赔偿的3位原"慰安妇"之一。

B女子1922年出生于朝鲜全罗北道益山郡，自幼家贫。1940年夏，18岁时，一个中年男子引诱她到上海去挣钱，并给了她一些钱。于是，年幼无知的B女子就把三四十日元钱交给母亲后，离乡背井，随那男子开始远行。同行的有15个十八九岁的女孩子。

经过长途跋涉，来到了上海附近的农舍，周围是日军的重重兵营，她们每个人均发到一个5平方米左右的军用帐篷和两条毛巾。直到这时为止她们对来此干什么还一无所知。第二天，一个一等兵冲进了帐篷，她本能地拒绝和抵抗，遭到一顿毒打。从此每天过着被蹂躏、被侮辱的痛苦生活。她想逃跑，但到处是岗哨，到处是日本兵，于是只能苟活。每天只能吃两顿饭，上午10时和下午4时，而且米饭很少，只有清水酱汤，因此每天都在挨饿。

冬天的上海寒风刺骨，B女子在这种到处都是空隙的帐篷冻得颤抖，但每天仍需接待。早晨8时，日本兵就已穿着大皮靴在帐篷外排好了队。接着就是一场"战争"，白天是士兵，晚上是军官，一天平均接待10—15人，最少的是5人，而最多的是50人。还有每周接受一次性病检查，注射606抗生针剂。

整整4年间，B女子每日在上海郊外的军用帐篷里接受强奸；整整4年间，B女子除了每天得到饿不死活不好的两顿饭外，余者分文未得。

1945年的8月15日终于获得了解放，B女子返回朝鲜。岂料，父母已因失去女儿而过度悲伤死去。又过了数年，B女子终于结婚成家，她的先生一直不知道她的苦难的经历。但是，由于4年的"慰安妇"生涯，

B女子没有儿女，且一直处于贫困之中。

回忆这痛苦多难的一生，B女子经常发问："究竟是谁的责任？谁的过错？"

【实例之二】朴来顺的回忆：

"我今年78岁了，身体又多病，看来活在人世也不会很长时间了。那不堪回首的往事我本不想再提。但我现在老了，人也快死了，那类事既然报纸上披露了，我也就无所顾忌了。

"我是南朝鲜庆尚南道咸安郡理让面内谷里人。父亲朴命万，母亲宋崔引，兄妹9人。昭和15年（1940年），日本军队已经对中国发动侵略战争。这年下半年，日本人在我家乡征兵更加频繁，我的恋人姓崔，他也被征去中国战场。第二年2月，日本人在我家乡征集年轻妇女，组织所谓'战地后勤服务队'。征集人是个姓李的朝鲜人，他到处宣传说，妇女在那边只做饭、洗衣、护理伤病员，每月除吃用以外，还有工资，有钱寄回家。我当时25岁，家中人口多，生活困难，既然参加服务队能挣钱养家，我当然愿意。另外我的恋人在中国战场，也许能在中国与他见面呢。父母开始不同意，后来经姓李的多次摇唇鼓舌，花言巧语，老人也就忍心默许了。

出生于朝鲜半岛的朴来顺1941年2月被骗到海南成为"慰安妇"，这张照片是她26岁，1942年2月24日摄于海口。（符和积主编《实录》）

"我们这支战地后

朴来顺在海南保亭公路工区退休。该相片摄于1993年8月职工宿舍，时年77岁。（符和积主编：《实录》）

勤服务队前往中国时，同乘一辆车的有30多人。记不清坐了多长时间的汽车、火车，有一天终于到达中国抚顺的日本兵营。他们不让我们住在兵营里，而安置在离兵营不远的一座有围墙的大院里，约有200多人。两天后进行编队，我所在的队约50人，有日本人、'北朝鲜'和'南朝鲜'人。编队后第二天，崔管事就发给统一色样并有编号的衣服，叫我们洗澡后换上，说要进行体格检查。

　　"崔管事把我们领到大厅里，叫我们排好队。不久来了一位穿白大衣的30多岁的中年日本女人，后面跟着五六个彪形大汉。'怎么，给女孩子检查身体也让这些男人来参加吗？'姐妹们疑惑不满。这时崔管事板起脸大声训斥，姐妹们被吓得不敢出声。于是日本女人扫视着我们，严肃地说：'这次检查是为大东亚圣战、为皇军服务，你们要有牺牲精神。'接着她命令大家就地脱光衣服，不许乱说乱动。出于女孩子的羞涩，怎么能够在男人面前脱光衣服呢？我们没有按她的指令脱衣服，默默地站着，但心里紧张极了。日本女人见没人动作，很恼火，指着前排一个妹仔叫她出列，站在前面，逼她先脱衣服。妹仔仍然站着不动，看样子她只有十七八岁左右。日本女人向身边的彪形大汉一挥，两个大汉恶狼似地冲上来，按住妹仔把她身上的衣服剥得精光，并把她按在地板上，当着众人的面，轮流奸污施暴。小妹仔痛苦地挣扎着，又哭又喊，但无济于事，反而一边被强奸，一边被痛打，意想不到的情景使我们呆若木鸡，继而大家害怕得哭了起来。日本人不为所，凶神恶煞地强令大家脱光衣服，接受日本女人检查。这个日本女人把每个姐妹转来转去仔细查看，上下摸捏。有的姐妹忍不住哭起来，日本女人就恶狠狠地挥手打她们的嘴巴。因此尽管眼泪直流，只好忍气吞声，任由她摆弄了。

"我原以为通过体格检查后，姐妹们便去干煮饭、洗衣服等工作了。哪里料到，就在当天晚上，院子外面来了很多日本军人，崔管事在门口忙着卖门票，2日元一张。买了门票的军人进入院子，按票上的号码，对号将我姐妹粗暴地拖到床上施暴，顿时，哭声、骂声、厮闹声及日本军士撕破衣服声、淫笑声乱成一片。有几个姐妹坚决不从，极力反抗，结果被他们打得遍体鳞伤。这一天是昭和16年（1941年）3月16日，是我终生难忘的屈辱日子。

"从我破身的那天起，就成为日本军人的"慰安妇"了，天天都要接待日本军人，少时有三四人，多时10多人，而崔管事每天只发给10元日币工资，日本军人根本不把我们当人看待，把我们当成泄欲工具。这种非人的生活谁都受不了，想逃跑又不知逃往何方，加上日本人看管很严，很难有逃脱的机会。我曾经想到死，但一想起家中亲人，想到来中国还未见到自己的恋人，只好打消死的念头，强忍屈辱活下来。

"昭和17年（1942年）1月底，那年我26岁，被抽出抚顺战地后勤服务队，乘日本军舰南下。同行的有朝鲜、中国台湾、菲律宾姐妹28人。在军舰上日本人也不让我们闲着，强逼我们日夜不停地接待舰上的水手。这年2月抵达海南岛的海口市，住在中山路，第二天，我到日本人开的相馆里照了一张相。

"我在海口市将近一年，同我一起在慰安所的有台湾妹仔和菲律宾妹仔。我们被逼在日军司令部（今海军医院址）附近的住地慰安所接待军人。晚上接客，白天也接客，除此之外，我们每月都要轮流一

每次到海南探望幸存者大娘时，总要到朴来顺墓前祭拜。这是2014年苏智良教授和陈丽菲教授在朴来顺大娘墓前。（苏圣捷2014年摄）

次外出到较远的日本兵营去'慰问'，每批有10人或更多。每次到兵营去的两三天中，接客更加频繁，连月经来潮也不放过，动作稍微迟慢一点，就要遭受拳打脚踢。由于不停的性交，姐妹们个个面黄肌瘦，不少人病倒在床上，动弹不得。但只要病情稍有好转，日本人马上就强迫姐妹们去接客。慰安所定期给我们检查身体，打针吃药。有的妹仔染上性病，下身溃烂，臭气难闻，这时她的床位挂上红色的牌子，日本军士才不敢靠近。

"昭和18年（1943年）1月，日军用军车把我送到海南岛南端的三亚市，住进红沙墟旁边的欧家园慰安所（今盲残院址）。这个慰安所是日本军队强迫民工盖起来的，共有52个姐妹，中国台湾人和朝鲜人各占一半，而日本女人则安置在三亚市内的慰安所里。我们过着以泪洗面和屈辱的非人生活。我来三亚市不到两个月，就患上疟疾，时冷时热，非常难受，但是照样还得接客。后来调来一个姓金的'北朝鲜'人当管事，我从他那里了解到恋人的消息。金管事与我的恋人来中国后同在一个部队，一起在华北与中国军队作战。我的恋人到中国不到 3 个月就被打死了。我听到噩耗哭了几天几夜。

"1945 年 8 月，日本战败，日本兵一批批地撤离海南岛。我由于身体虚弱，被日本兵遗弃不管，混乱中结识了名叫石建顺的'北朝鲜'青年，命运促使我们结为伴侣。1948 年我俩正式结婚，住在三亚市。我和石建顺共同生活了 7 年(石于 1955 年病故)，虽然没有一儿半女(在慰安所时身体被搞坏了)，但生活还是美好知足的。

"我曾当过养路工，退休后领到百分之百的工资。在韩国我只生活了 25 年，而在中国却生活了 53 年。中国政府和人民没有歧视我这样饱受屈辱的女人，大家像对待亲姐妹一样待我，我舍不得离开，我也按照中国人的习惯，准备了几套寿衣。我已无后顾之忧，死也无所谓了， 我只祈望以后再也不要发生那可怕的战争，这是我最后的心愿。"[1]

【实例之三】黄锦周

黄锦周 1922 年出生于忠清南道的扶余，家境贫寒，12 岁那年，被家中以 120 日元的价格卖给了汉城的富商为奴婢。17 岁时，日军征集挺身队员，便被押到车站，与 540 名少女一起坐着闷罐车，走了两天，来到中国吉林，然后以 15 人为组合，被日军押送上卡车，开到军营。黄锦周等 15 人被集中在一间 30 多平方的大房间里，她回忆说："卡车到达的地方，根本没有民居模样的房子，举目望去都是军

---

[1] 朴来顺口述、张应勇整理：《我被骗过当"慰安妇"的经历》，载符和积主编：《实录》，第 559 页。

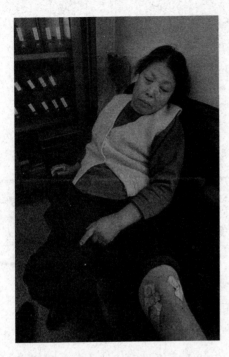

韩国原"慰安妇"黄锦周晚年伤病缠身。
（伊藤孝司：《白飘带噙在嘴》）

队的帐篷，很广阔的部队营区，当天就睡在那里。第二天，来了一伙军人，每人领走一名妇女。我也被军人带着，来到军官的房间。军官站在床边，一边说'靠近一点儿'，一边想搂抱我，我说：'不行！'他问我：'为什么不行？'我说：'如果洗衣服和扫除还可以。'他说'那种事情不必干'，又想要搂抱我。看我还在反抗，就狠狠打我的脸颊。我求他放了我时，他就说：'总之，你得听我的话。'我说：'就是死也不干那种事儿。'军官就死命地扯我的裙装，裙子被撕碎了，只剩下肩头处的纽带。当时，我在黑裙外面还套了一件白色外套，辫子编得长长的，裙子碎了，露出里面的内衣，尽管如此，我坐在地上还是不从。那个军官揪住我的发辫，将我拎起来，用刀挑破我身上的内衣，这时我昏了过去。一会儿醒来时，军官正坐在对面擦汗，往身上穿衣服。一个士兵进来又把我带出去。我捡起内衣，抱着裙子，哭泣着走出房间，疼痛使我迈不开步。"①

黄锦周就这样开始了悲惨的"慰安妇"生涯。由于这15名朝鲜"慰安妇"都是少女，因此，最初的10天，全是日军的将校军官强迫她们"慰安"。此后则每天日军士兵云集。除此之外，还要洗涤、到食堂帮忙、做针线活，甚至挖战壕，没有一天可以休息，也没有任何报酬。在这

---

① 【日】矢野玲子著，大海译：《慰安妇问题研究》，第196页。

样的侮辱和糟蹋之下，有些"慰安妇"患病倒下，日军见失去使用价值，便要"慰安妇"们在野外挖个大土坑，将患重病的"慰安妇"扔入土坑，然后用手榴弹把她炸死，盖上土埋葬。黄锦周为了活命，在月经出现时，将生理血涂在身上，以便使日军士兵对她产生厌恶感，但是，却遭来日军的毒打。就这样死不能死，活难以活，黄锦周在这个不知地名的慰安所里过了5年。

1945年7月底，日军已开始骚乱动摇，8月15日，日军逃窜一空。黄锦周总算熬到了这一天，她历尽苦难回到汉城。由于妇女病而摘去了子宫，再也无法生育，只能孤独一人度过余生。①

【实例之四】吕福实

1921年9月，吕福实出生于朝鲜全罗南道的自耕农家庭，家境虽不富裕，但尚能平安地生活，1938年冬的一天，吕福实正在家中，3名日本兵冲了进来，要强拉吕走，吕福实的父跪在地上求告，被凶恶的日本兵一脚踢倒，最后在刺刀逼迫下把吕福实押上了卡车。

吕福实被押到荣山浦，然后坐火车，开了3天3夜被喝令下车，一看才知道到了中国的天津。只见广场上像吕福实这样的朝鲜少女有1000来人，然后被分成15人一组，吕福实这一组被卡车拉到离前线只有3公里的地方，只见炮弹横飞，爆炸声终日有闻。到了那里15人又被分成两组，吕福实等7人来到一家中国的农民家，以此为慰安所，开始就地"工作"。

7名朝鲜少女每日要接待30—40名日本兵，星期日更多。这些少女毫无性生活的经验，现在整日惨遭蹂躏，痛不欲生，先是想逃跑，

---

① 【韩】韩国挺身队问题对策协议会、挺身队研究会编：《証言——强制连行された朝鮮人军慰安妇たち》，第108—109页。【日】高木建一：《従軍慰安婦と戦後补偿》，第46—47页。

但在日军的严密监视下又谈何容易？逃跑不成便被毒打。有2名"慰安妇"忍受不了这非人的生活，而上吊自杀了。

在中国的农家，什么东西也没有，每日只吃两餐，所食就是一只饭团。吕福实想逃出火坑但是一直没有成功。这样过了4年，后来在宪兵队的朝鲜翻译金基洙的帮助下，吕福实等3名"慰安妇"趁夜逃出。

吕福实34岁时，与一个本国男子结婚，但她隐瞒了"慰安妇"的经历。然而由于不能生育，最后只能实话相告，岂料那男子竟离吕而去。从此吕福实只能孤独一人了此残生。吕福实对记者反复说着这样一句话："如果在战争中死了，就可以避免后来的悲惨生活了。"①

（三）日本"慰安妇"的控诉

在日军第一个直接经营的慰安所—杨家宅慰安所里，有两名庆子，她俩代表着两类日本"慰安妇"的不同心态。

第一个庆子就是福冈"朝富士楼"的妓女世栗富士（详见第三章），另一个叫作坂田庆子，家居长崎。1937年底，一个寒冷的冬日，她意外地发现自己热恋中的情人已另有所爱，悲愤之下，加入了"慰安妇"的行列，从而改变了一生的命运。②中国民间一批有志于从事日军军妓调查与研究的工作者，于1992年8月19日在日本长崎对坂田庆子进行了采访。

说到"慰安妇"问题，坂田庆子首先表示自己的矛盾心情："我既恨军国主义，又觉得当年也确实为国家出了微薄之力，有时，也很可怜朝鲜和中国的女人。"

坂田庆子与其他来到杨家宅的日本女子不同，她说："我是自愿去的，和那些应召去中国的妓女不一样，她们是去挣钱，我是去慰劳，我从来就

---

① 【日】高木建一：《從軍慰安婦と戰後補償》，第49-52页。
② 【日】千田夏光：《從軍慰安婦》，第81页。

没收过费，这样不符合我的理想。现在想想，这种理想很荒唐，但当时觉得最神圣不过了。"

"那时，我们都身穿白罩衣，斜披彩色肩带，把剃成光头的远征兄弟送出本土，满街都是太阳旗，气氛浓烈极了。应召妓女每天都成批成批地去军需处报名，我们都用羡慕的目光看着她们，登上运输舰，到很远很远的地方去。"

"当时，我深深地爱着一个小伙子，我家很富有，我每天都从家里拿钱和物周济他和他的父母。我承认，我长得不漂亮。可事情终于发生了。一天，我本来去北海道，结果走到半路，母亲突然生病，不得已只得返回来。"

"我渴望我的情人，半夜也不顾他是否睡了，就奔到他的家。结果呢？我撞见他正搂着一个比他年纪大约十岁的女人睡觉。我只觉得头上挨了一棒子，愣到那儿有五分钟，傻了似地；他也傻了，他不知我怎么出现在床榻前。"

"我痛苦了半年，总觉得自己不如一个三十多岁的女人，后来，我终于下定决心，把自己最宝贵的东西献给在前线浴血奋战的士兵。"

"这没有和任何人商量，自己悄悄地跑到'慰安妇'募集处。这里排满了鲜花酒店和妓院里的女人，以前我连看她们一眼都呕吐；现在看她们都站在太阳旗下，觉得她们还是有可爱之处的。她们单纯热情，她们相互打听着待遇。每当她们办完手续，拿到 1000 元预付金时，高兴得又蹦又跳。因为，她们如果在军队还清 1000 元预付金后，就可以变成自由身。同时，军队将免费供给生活必需品。"

但是，庆子不是那种见钱眼开的女人，"我只是感到，像我这样被男人欺骗的女人，最后还能找到一条为前线将士效力的机会，也是我最大的安慰。我可是处女啊！"

"军需官给了我 1000 元预付金，我把它退还，告诉他我是为建立大东亚共荣圈而来的，我不是那种职业的女人。军需官一听，立即站起来，'啪'

地向我敬了个扎。我所有的委屈和不愉快，都随着这个军礼消失了。我明白，为祖国献身是受到所有人的尊敬的。"

在做过性病检查后，这些女人便向中国进发。"我们被送上一条运输舰，不知走了几天，我们到达了后来才知道叫上海的地方。我们是黑天悄悄下的船，与军马、军犬等物资一起卸下来的，周围全是岗哨，几百米外都警戒了。"

接着来到其美路小学做体检，"我们先是被安排在一所看起来像小学的教室里，等待分配给各个部队享受。"

"在这所小学里，我被军医叫出去，接受检查。他们让我脱光衣服，在地上走来走去，我不肯。一个军官给了我一记耳光，我大叫起来：'我不是妓女，我是自愿来的。'"

"军官照着我的腹部踢了一脚，骂道：'到这来的，都是当妓女的，脱！'"

"我的理想一下破灭了，也没有别的办法，只好听他们的了。我脱掉外衣，他们火了，上来几个人把我身上的衣裤全扯碎了。"

"军医这时才走过来，摸摸我的乳腺，好像是看看有没有肿瘤包块；同时，把我的双臂高高托起，用鼻子嗅了嗅，没有闻到狐臭。这时上来第二个军医，检查我有无鼻炎，知道没有后，便看我肚脐眼形状深浅，然后再看看肩膀的宽度，腰的粗细，臂的弹性，大腿小腿的肤色，长度，以及手指和脚趾颜色。"

"最后，又来了一个军医，进行妇科检查。"这个军医应该就是负责体检的麻生彻男。经过如此不同寻常的检查，庆子明白："我献身的人不是一般的人。"

"当天夜里，我被一个五十多岁的男人，也许是个大将或中将的男人破了身。这是个非常奇怪的男人，每天夜里来，天不亮就走，从不和我说一句话，就这样一个星期。"

"我知道，我只有朝前走了。不论怎么说，我比那些妓女幸运多了，我毕竟碰上的是一位高级军官,这是多少能够让我心平气和的地方。"

但是接着的事情就有些不妙了,"一个星期后,我被送到名叫杨家宅的地方,这里建起一个慰安所,离市区很远很远。"

"我进屋一看,都是同船运来的姐妹。地上摆着四张榻榻米,屋里原来的三个床边,全都堆着小山一般的用过的手纸。这三个女人都穿着裙子,躺在榻榻米上,里面什么短裤也没穿,好像刚刚接待过我们的军人兄弟。"

"我没等问明白事情,便有 18 个士兵在窗外排好队。我吓坏了,但没有办法,第一天下来,我便昏过去 8 小时。"

"从此我每天都要给我们的官兵'慰安',多时接待人数高达 67 个,我变成了木头。这时,我不恨这些官兵,我恨欺骗了我的情人,如果他不背叛我,我今天也不会躺在这里成为任千军万马过的桥。"

坂田庆子以后随日军转战各地,直到日本战败。

"我是 1946 年 5 月,被国民党宪兵们押着从广州的黄埔港登船返回日本本土的。当时同行的'慰安妇'有 2300 多名,全都是性病缠身,下船后立即被美军军医全部接走检查治疗。"

"我终于回到了本土。战争结束了,我的战争也结束了。"

四、日军战败时的"慰安妇"

日军"慰安妇"是战争的产物,1945 年初,日军在各个战场包括中国战场节节败退,而与日军同处在战斗前线的"慰安妇"们,其命运比日军、日侨更为凄惨。

日军规定若军舰或运输舰遭受袭击下沉时,抢救的先后顺序是:总指挥官、各级指挥官、军官、战斗要员,其他人员只有在上述人员已获救并估计时间允许的条件下才予以抢救。当然,"慰安妇"属于"其他人员"的范围。因此,在运输中死亡的阴影始终笼罩着她们。1941 年 12 月 8 日,太平洋战争爆发后,日军川口支队的一艘运输船由金兰湾驶向婆罗洲,船上除了川口支队长等官兵外，还有7名朝鲜"慰安妇"，结果，运输船遭到英军飞机的轰炸而沉没，川口等官兵被驱逐舰等救起，而"慰安妇"除了1名被侥幸救起外，其余全部葬身海底。

有些"慰安妇"被编入了战斗部队，进入战壕，日军企图以此补充兵员的不足，并在最后时刻发挥其"性机器"的作用，为面临死亡的士兵们打气。中国西南边陲的云南腾冲城里的"慰安妇"，是战争最后阶段的典型。我们可以通过下面中日两国不同方面、不同侧面的记载来一窥其内幕。

吉野孝公1913年10月7日生于九州岛，战时担任卫生队本部的上等兵。他在《腾越玉碎记》中讲述了他所亲历的腾冲战役，以及"慰安妇"的最后行动：

　　腾越城（即腾冲）内有个慰安所，有慰安妇花子、梅子、竹子、松子、广子等。……在最后那段日子里，慰安妇们承担了部队的炊事工作，饭做好了就捏成饭团，冒着敌人炮火送到战壕和地堡里，送到每一个把枪管打得通红的士兵手里。她们已经和部队结成一个整体了。

　　每个士兵的作用都必须得到发挥。如果让一名士兵去做饭，那么就有一支步枪打不响，它将直接影响"把腾越确保，死守到十月"的师团命令，正因为如此，她们才向士兵提出："让我们来干吧，请您上前线去，务必好好向敌人瞄准。"

　　回想起来，当时那些士兵对她们的行动并没有感动，"谢谢"或者"啊，真过意不去"这样的话，完全是30年以后的今天才有的感情，或者叫作感叹吧。在当时，女人的行动大家都觉得是应该的事。

　　战国时代（日本的战国时代）武将和武士在城陷之日与妻子同归于尽，是一种很常见的事。杀死儿子还有泪，但是让妻子自杀时却不会哭，因为是断了后嗣更让人觉得悲痛吧！

　　她们不只是做饭团子。东边缺少弹药就拖着沉重的弹药箱往东边去，西边手榴弹打完了她们又抬着手榴弹箱往西边去，总之哪里需要，她们就上哪里去。一只铁皮弹药箱有五六十公斤重，她们有时一个人拖住那么大家伙，咬紧牙关在地上爬；有时两人抬着一只，肩头和胳膊肘都磨出血来。有个叫君子的姑娘，也是北九州岛人，平时很娇嫩的，连比茶碗重一些的东西也不曾端过。她和另一个女人合抬一只弹药箱，一颗子弹打中大腿，结果弹药箱砸下来，活活把她砸死了。

……战斗最激烈的时候，战场上已经没有男人女人之分了。女人和男人穿一样的军装，头戴钢盔，她们不再是慰安妇，而是来自日本的战士。没有人退缩，也没有人哭泣，我想她们的心情一定变成了古代武将的妻子，随时准备同丈夫一道牺牲。我听许多当过士兵的人现在回忆说，长时间同她们在一个部队，越是远离日本，她们就越是变成士兵的一部分了。[①]

中国战地记者潘世征曾写过一篇报道，题为《敌随军营妓调查——腾冲城内一群可怜虫》，发表在 1944 年 9 月 26 日的《扫荡报》上，从另一个视角，观察了这些"慰安妇"。报道全文如下：

当腾冲城门尚未打开的时候，国军都知道城内尚有五六十个敌人随军营妓被包围在里面。果真我军登上南门城墙后，发现对面北门一条小巷里，常有三三两两的女人穿着花花绿绿的衣服，在那儿匆匆而过。后来小包围形成了，有时也会见到一两个营妓打扮得花枝招展从封锁口出入。国军士兵招手要她们过来，营妓却回头嫣然一笑，姗姗地走了。

营妓制度，在全世界军队里尚属稀有之事。于是在我军士兵的谈话中，都像神话一般传开了。

……一个十岁左右的中国小女孩，向来是替营妓们打洗脸水的。

---

① 【日】西野瑠美子：《從軍慰安婦と十五年戰爭》，明石书店 1993 年版，第 14、126、141 页。
金一勉：《天皇の軍隊と朝鮮人慰安婦》，第 237 页。

据她报告，当时她们全都躲在一个防空洞里，一天黎明的时候，忽然来了一个日本军官，用枪逐个结束了营妓们的生命，一共十三人。小女孩吓昏过去，捡了一条性命。

14日上午，国军攻克腾冲最后一个据点。在一处墙缝里，发现十几具女尸，都穿和服，还有穿漂亮西服的。她们都被蒙上了眼睛，死得非常整齐。这些可怜的女人，生前为敌人泄欲，最后又被判处残忍的死刑，她们犯了什么罪呢？

打扫战场的时候，偶然发现了一群躲在稻田里的女人。她们有的穿便装，也有的穿日本军装。营妓的被俘立刻轰动了全城。她们是哪国人？从哪儿来？以前是干什么的？长得漂亮吗？她们每天过得怎样的生活呢？……

一个女人能讲中国话。她告诉记者，她们都是朝鲜人，两年前从汉城、元山、仁川和平壤到中国来的。她们的到来，却不是强迫。日本军队创立营妓制度，派人到朝鲜招收女孩子到中国供应军队。因为营妓生活相当舒适，能赚很多钱，所以愿意做这种事情的女孩子亦不在少数。

日本营妓则是从日本国内自愿来为军队服务的。她们每星期检查一次身体，有病便加以治疗，平时管理极端严格，不许有丝毫的越轨行为。工作时间以外，营妓可以不受阻碍地外出游玩，军人则不允许私自带营妓出门，倘若违反纪律，无论官兵都要受到严厉惩处。

记者曾在腾冲城南参观了几座营妓公馆（亦即慰安所）。一个院子里有十几间房子。每间房门上贴有营妓的花名，以及卫生检查合格证。这种合格证每星期换一张，上面签有医官名字印章。房内陈设，有如日本式家庭，大约是想造成家乡的气氛，提高士兵的热情。……

有一件事非常值得我们警惕，就是那些多数来自日本的营妓。腾冲战役直到最后时刻，敌人并没有丝毫的淫乱行为，营妓的生活同士兵一样，每天两包饭团或者一包饼干。她们戴上钢盔，帮助士兵搬运弹药，甚至用机枪或步枪向国军射击。敌人崩溃的时候，把她们全部处决了，也有说法是自杀的。总之没有一个日本营妓活下来。但是国军士兵与敌人近在咫尺，竟没有人听见过女性呼救或者哭泣的声音。这说明日本营妓都有很坚强的意志。

当时，日军还抓获30余名中国姑娘作"慰安妇"，中国军队已从四面将腾越城围了个水泄不通。中队长太田岁号称有坚强的武士道精神，实际上早已丧失了信心。他唯一的兴趣就是每日晚上到"慰安妇"那里去过夜。这是一个只有19岁的傣族姑娘，名字叫王娅琼。她每日遭受这个日本魔鬼的折磨，已无法忍受了。就在太田再次用粗壮的身躯压迫她时，她带着满腔的仇恨和无尽的屈辱，出其不意地抓坏了太田的睾丸。这使得太田狂怒不已，挥刀挑开了王娅琼的胸膛。[①]

1944年中国远征军收复云南腾冲时，解救了一批日军"慰安妇"。（引自《沉默的伤痕》）

---

① 王俊彦编著：《警惕日本——昨天的侵略与今日的扩张》，第934页。

当一些日军部队受到包围时，"慰安妇"们白天充当伙夫、弹药运输队、挖工事工兵，晚上还要"慰安"从阵地上败下阵来的士兵们。饥饿也常常使"慰安妇"们陷入绝境。有的女人瘦得像骨骼标本，蓬乱的长发遮着皮包骨头的脸，样子十分恐怖，就是这样，她们晚上还要遭受蹂躏。在云南拉孟（今称松山）"玉碎"前夕，日本"慰安妇"管昭子要求与双目失明的伍长户山结婚，她希望以军人妻子的身份死去，被批准后，他俩喝了作为交杯酒的开水，最后两人在战斗中一同死去。

当部队撤退时，"慰安妇"们要靠自己的一双脚和士兵们一样翻山越岭，涉水渡河。她们饱受摧残的身体和没走过远路的双脚无法忍受强行军的折磨，有的甚至倒在路边死去，有的掉队在森林迷路失踪。还有的"慰安妇"逃命中，在饥饿与疾病的折磨下死去。在溃逃中，一些"慰安妇"也穿上了军装，戴着钢盔，看上去就像士兵一样。尤其是日本的"慰安妇"们，在艰难的时刻，她们将卖身得来的纸币缠在腰间，这是她们数年含辛茹苦、受尽凌辱、非人生活的唯一报酬，这是她们后半生的全部依靠。在要求军官们带她们逃命时，亮起胀鼓鼓的内衣袋或拍拍肥大的腰部，说："我们有许多钱，请看有这么多呢，我们无论走到哪里都不怕。"[①]那只是在日军占领区才能使用的军票或储备券，这些军票或储备券，随着日本的战败已成为废纸。日本军官们人人心中有数，但谁也不忍心打破她们唯一的希望。

在那些溃败的疲于奔命的日军中，大部分"慰安妇"已失去了存在的价值，被视作吃闲饭的碍脚货看待。军官们走来冷冷地对绝望中的"慰安妇"们说："能跟着走的人就跟着走；想自杀的，听任自由意志；自己不能自杀的，告诉我们，我们替你处置。"福永胜美在回忆录《缅甸的地狱战》中记述了一批广东口音的"慰安妇"在部队撤退时，要求跟着走，被拒绝后，

---

① 【日】千田夏光：《從軍慰安婦·慶子》，第279页。

只能挽臂走向漆黑的大河。①有些就在这撤退过程中被山蛭咬死，或者饿死，或者发疯。即使与日军一起行动的"慰安妇"们，有些身患疾病、行动困难的"慰安妇"成了累赘，便会和无法行动的伤病员一起被用氰化钾毒死。当卫生兵拿着注射器朝"慰安妇"走近时，她们一面苦苦哀求："请别扎！"一面在地上爬着拼命地躲闪。

有的仓皇逃跑的日军干脆将日籍、朝籍"慰安妇"丢弃，任其流浪或死去。甚至有些溃逃的日军部队把"慰安妇"甩给后勤部队或尚未遭到猛烈攻击的部队。而接受这些"慰安妇物资"的军官们，竟有人又转手把"慰安妇"卖给了当地的商人，发了一笔小财，甚至将"慰安妇"们杀死。如将特拉克岛、西太平洋上卡罗林群岛中的确客岛（Truk）岛上的朝鲜"慰安妇"全部关进山洞，用机关枪扫射殆尽。特拉克岛被称为"日本的珍珠港"，至少有100多名朝鲜"慰安妇"，最后时刻，她们全被赶入防空洞，日军用机关枪杀死了她们。②在菲律宾，最后死在战场的"慰安妇"达千余人。寺尾五郎指出："在'皇军'战败、溃退时，将这些'慰安妇'们扔在当地不管了，自己逃去。这种情况还算好的，而大部分人是被集结起来杀掉了。这样，日本帝国主义最为肮脏一面的所有'资料'和证据，被一点不留地抹掉了。"③

在最后的时刻，关东军的各部队似乎商量好了两件事，一件是制定杀死朝鲜人的计划，另一件是逃跑时不向朝鲜人"慰安妇"泄露消息。萨哈林的日军制定了杀掉所有朝鲜人的计划，只是因为没有得到桦太厅长的准许才未能如愿。留在桦太北端街道的"慰安妇"们听到日军逃跑的消息，急急忙忙地赶向停车场，结果竟被日军的车轮给轧死。④在中苏边境的城市敷香（波罗奈斯克），有五六家朝鲜人的慰安所。1945 年 8 月 10 日，

---

① 【日】矢野玲子著，大海译：《慰安妇问题研究》，第 205 页
② 【日】金一勉：《天皇の軍隊と朝鮮人慰安婦》，第 246 页。
③ 【日】寺尾五郎等：《日、朝、中三国人民连带的历史与理论》。
④ 【日】金一勉：《天皇の軍隊と朝鮮人慰安婦》，第 257 页。

当苏联红军的轰炸机飞临上空时，敷香立刻燃烧起来了。被日军抛弃的朝鲜"慰安妇"们被炮火惊醒，她们拼命地往车站狂奔，这时最后一列火车已经启动了，车上坐满了蚁群似的日本人。20多名朝鲜"慰安妇"朝车头边奔边喊着，哀求火车停一下，但火车越开越快，最后她们渐渐地支持不住而摔倒在路轨上，火车尖叫着从她们身上碾过，"刹那间，血沫飞溅，一堆堆血肉模糊的肉块散乱在铁路的两侧，有的肉块甚至还在动……"①

一位朝鲜的"慰安妇"讲述了亲身的战争经历：

> 我被从朝鲜抓来时，还不满13岁，来到菲律宾，由于女子少，士兵多，有时慰安所旁边排的队伍老长老长，有时长达一公里。
>
> 每天接待20人，多时上百人，饿狼似的日军士兵一个接一个扑上来，有时连午饭也没空吃，由日本兵把饭团送来，我们一边嚼着饭团，一边还要继续让日本兵泄欲，有时一天要"工作"十七八个小时。
>
> 美军登陆后，日军狼狈败逃，把我们30多名随军朝鲜女子，像穿过的鞋子一样丢弃了。为了活命，为了不让美军抓住，我们拼命地在热带雨林里跑。渴了就喝积在地上的雨水，饿了就吃野果、树叶，本来就瘦弱的身体，更加虚弱了。
>
> 有的人得了疟疾，发冷发烧。没几天就有人倒下起不来了。开头死的还算幸运，姐妹们还有力气挖个坑埋上，总算是入土为安了吧。后来自己也没有力气了，再有人死了，就只能往她身上撒把树叶。日本电影《望乡》里的"南洋姐"，死了还能立个墓碑，我们的朝鲜姐妹，死了连个坟头也没人给埋。
>
> 姐妹们一个一个倒下去，后来只剩下十来个人了。大家一商量，顶多是个死，说不定爬出森林，还能找到人家要碗饭吃，要口水喝。当时正值夜晚，我们刚爬到公路边，就来了一辆装甲车，"嘟嘟嘟"，

---

① 【日】金一勉：《天皇の軍隊と朝鮮人慰安婦》，第258页。

一梭子子弹扫过来，我就晕了过去。

当我醒来时，已躺在一家农舍里，一个菲律宾老妈妈正喂我糖水。由于我不懂当地语言，也不知她怎么救的我。调养了几天，我觉得好多了，怕自己的身份连累这家好心人，所以我向他们磕头跪谢后，只身逃到了马尼拉。由于我当时年岁小，美军检查的也不严，很容易地就混了过去……①

据战后一些记者的调查，战争结束时，有数以万计的各国"慰安妇"穿着破衣烂衫，成群结队从缅甸各个日军据点向泰国逃窜。其中确有一些朝鲜"慰安妇"历经千辛万苦，靠着坚韧的求生的欲望，手脚并用地翻过登劳山脉，到达泰国的清迈，而大多数"慰安妇"都葬身在茫茫林海之中。

从上海杨家宅慰安所开始"慰安妇"生涯的庆子，战争结束时正在缅甸丛林，自顾不暇的日军早已没有了同胞情义，她和其他的"慰安妇"只能自己逃生。这时，"没有一个士兵出来挽留，也没有一个军官出来说些什么，更没有一个下士官出来给点粮食。"②结果这些日本和朝鲜的"慰安妇"们途中与老虎做伴，吃蟑螂、蝌蚪活命，将原先收养的朝鲜"慰安妇"徐甲秀的女儿送人，最后终于到达了盟军的收容地，但是，日军军官们却坚决反对"慰安妇"进入收容所。他们说："让人家知道皇军带这种女人到战场上来，皇军的面子都要丢尽了，给一些粮食驱逐出去，让她们死到缅甸的野山里也没有关系，反正是'慰安妇'。"③结果在医生们的劝说下，"慰安妇"们才以随军护士的身份留了下来。

据统计，在激战下的冲绳，每三四个人中就有1人丧生，而"慰安妇"的死亡率肯定要高于一般的居民。

---

① 崔纪敏、张锡杰：《遗孤残妇大寻亲》，第28–29页。
② 【日】千田夏光：《従軍慰安婦·慶子》，264页。
③ 【日】千田夏光：《従軍慰安婦·慶子》，第276页。

五、战争的结束和"慰安妇"

日本无条件投降以后，幸存的"慰安妇"陆续进入各战区的军妓、歌女集中营，或是收容所。她们有的剃成了光头，穿着破烂不堪的军服，满身污垢，有的还带着伤。在那农村、边地，生活条件极差，有的"慰安妇"因伤病而死去。在云南西南角的小镇太屯，30余名日本"慰安妇"被送到一个条件十分简陋的收容所。一个日本籍"慰安妇"因病而到了生命的尽头，人们不知道她的家乡、她的名字，她直到临死也没有告诉别人，只说了句"请多加保重"，便断了气。日军士兵和"慰安妇"们将她埋葬，但活着的人也没有什么力气，只挖了个很浅的坑，死者的腰骨也露了出来。人们只能将她的坟培高。

在上海、北平、天津和南京等城市，医疗条件较好，被收容的"慰安妇"患者尚能得到救治；而在一些小城市，由于几乎没有医疗设施，"慰安妇"

在冲绳被盟军解救的10名"慰安妇"受害者。（引自《性と戦争》）

一旦染上大病，难免死去。在河南新乡的一个收容所里，10多个"慰安妇"中有3人患了肺结核，当地驻军的医疗队只有阿司匹林和止咳药，最后，有一个人未等到去上海集中登船返乡，便死在收容所里。另两人用大蒜汁使自己活了下来。

中国政府和人民善待这些苦命的异国姐妹。在战场俘虏原日军"慰安妇"后，不仅尽可能地提供医疗条件，而且还将她们集中运送到条件比较好的地方，并最后送回日本。

时任中国驻印缅远征军新1军上尉联络参谋的刘学植曾执行过一次遣送"慰安妇"飞越驼峰航线的特殊任务。那是1944年底。他们在印度的迪布罗卡机场执行任务，将一批特殊的战俘送至昆明。他与美军上尉托尔特一起押送11名日随军"慰安妇"上了飞机，其中朝鲜国籍3人，菲律宾国籍2人，日本国籍6人。途中，一个中国军官望着这些可怜的异国姐妹，改王勃的序文道：

> 驼峰难越，谁悲远征之人？
> 萍空相逢，尽是异国红颜。

到达昆明时，看惯了日本侵略者制造的断壁残垣的"慰安妇"们，个个热泪盈眶，激动万分。然后中美军人将这11名"慰安妇"交付给威远街的中国红十字会。[①]

战后，无论是原日本"慰安妇"，还是朝鲜"慰安妇"、中国"慰安妇"均过着含辛茹苦的悲惨生活。

随着日俘、日侨大遣返的结束，幸存下来的"慰安妇"们和日俘日侨一起回到日本。"慰安妇"们回到日本后就像流星一样消失了，绝大部分

---

① 刘学植：《遣送"慰安妇"飞越驼峰航线》，上海市政协文史资料委员会编：《文史集萃》1996年第1辑。

人不愿和自己的家人及朋友联系，她们只希望能忘掉过去。原来在一个慰安所干过的人偶然相见也如同路人。这些当年年轻活泼、应该成为好妻子、好母亲的女人，已变成了被军国主义的魔鬼攫走灵魂、榨干血肉的空皮囊。有些是在军官慰安所服务的，身体状况尚可能恢复，而曾一天遭受几十名士兵攻击的原"慰安妇"，身体已折腾垮了，根本无法正常的生活，她们的经期通常在40岁就结束了，且体弱多病；她们还将受到同胞的蔑视和政府的歧视，她们将背着这段无法磨灭的往事和历史，忍辱含垢度过自己的余生。有的干起了贩卖毒品的勾当，有的替私娼拉客。千叶县的山内罄子18岁充当"慰安妇"，返回日本后，到歌舞厅、酒吧谋生，年老后忍受不了孤独窘迫的生活而自杀。临死她留下了一份悲惨的遗书：

> 生活呀，欲哭无泪。房租从9月份起就没交，每天连窗户都不开，不足5尺的身体越抽越小，人一穷就没人愿意理睬，在外面遇见同一公寓的人，啊啊地，仿佛看见了十分讨厌的人似的，脸色变得很难看……我死后，拜托把骨灰撒到特拉克岛的海面上去。①

幸存下来的原朝鲜"慰安妇"中，有很多人不愿再回到故乡去了。她们留在了中国各地，留在了东南亚各地，也有的留在了日本。从心理上说，原"慰安妇"们都有一种极端自卑甚至自虐的心理。几乎每个人都想隐藏过去不名誉的经历和身份，至少表面上能与一般人一样过正常的生活。出身于京畿道的金春子回忆说："我一直没有回故乡，想回去也不能回去。我的名字现在按日本的习惯叫金井春子。……我现在已经没有了故乡，住在别国。母亲给的身子全变了，全被弄脏透了。一想起故乡，心口就疼得如火燃烧。从七八岁到长成大姑娘，我印象最深的就是一条大河缓缓流过

---

① 【日】金一勉：《天皇の軍隊と朝鮮人慰安婦》，第271页。

的景象……"① 洪爱珍痛苦地回忆道：

> 我 1928 年出生在庆尚南道统营郡，是一个农家的长女，为了找活干，1942 年秋，跟随朝鲜和日本男子到了上海，即被带入军队慰安所，约过了 1 个月，又被带到哈尔滨，后来到了汉口积庆里，在那里每日要接待 10—20 名士兵。在那里熬了一年半，终于逃了出来，后在朝鲜人经营的食堂里工作。日军投降后，我回到了汉口，此时国民党军队占领了汉口，中国人对我这个朝鲜女郎投以石块。那时想回故乡去，但想到回韩国更受苦，于是就留了下来。1971 年左右，朝鲜电影《卖花姑娘》在中国放映，我看了几遍，不停地流泪。我最大的仇敌就是日本，如果没有日本我怎么会流落异乡？我要去质问日本政府。……无论何时，我都思念着故乡，泪水不禁涌出，这眼泪不是眼泪，而是血的泪！②

战后不断有消息报道，在泰国的曼谷、越南的西贡、菲律宾的马尼拉等地，发现在日本料理店中干活的女人是操一口奇怪口音——日语的原朝鲜"慰安妇"。

一些回到故乡的原"慰安妇"也处境尴尬，丧失了重新生活的勇气。朝鲜人文必基 18 岁被掳掠为"慰安妇"，20 岁战争结束才回到家乡，家人劝她结婚，开始新的生活。可是，她自己拒绝了："谁能和当过'慰安妇'的我结婚呢？"一年后，文必基自己离家出走，后来她回忆说："总害怕有知道自己曾是'慰安妇'的经历，所以就四处流浪。"③

有些人产生了对男性的厌恶感。虽然结了婚，但与丈夫的性关系产生障碍，处于痛苦之中。一位原荷兰人"慰安妇"说："每当丈夫要求同房

---

① 【日】金一勉：《天皇の軍隊と朝鮮人慰安婦》，第 272 页。
② 【日】《女たちの 21 世紀》，第 3 期，1995 年 6 月。
③ 转引自【日】矢野玲子著，大海译：《慰安妇问题研究》，第 209 页。

时，我都会产生一种恐怖的感觉，至今没有一次性交感受到快感。"一位朝鲜原"慰安妇"竟与一位已经75岁的老人结了婚，之所以如此，是"因为我对男人有一种厌恶感，所以特意挑了一位长者。"一位马来西亚的原"慰安妇"坦白而言："我怎么也忘不了自己经历的事情，实在难以和丈夫保持性生活。"①而且绝大部分没有孩子。根据朝鲜民主主义人民共和国的一份调查报告说："绝大多数的人，从一开始就感到绝望而不再结婚……即便结婚，与未婚男性结合的仅有6例……大多数是因为不能生育，而抚养前妻的孩子或养子度日。"据备朝鲜日本帝国主义占领朝鲜被害委员会编的《日本帝国主义从军慰安妇犯罪事件的真相调查中间报告》："对公开出证的34人进行了检诊，有13人在30—40岁期间做了子宫切除手术。"除了因卵巢摘除、子宫摘除而造成不孕以外，"年轻时过于苛使子宫，医院说子宫已经扭曲了"；"腹部疼得像子宫破裂了似的"；"医生说是子宫内膜炎、卵管异常"。一位老年孤独的原"慰安妇"痛心地说："由于'慰安妇'的经历，我不能生育孩子，这是最大的愤恨！"据台湾的一份报告书指出："'慰安'期间过长，接客过多，有很多的人回到台湾后不能怀孕，约有二分之一的'慰安妇'结婚后不能生育。"

偶尔有生了孩子的原"慰安妇"，但有的将性病传给了儿女。朝鲜"慰安妇"崔明顺因在战时感染了严重的性病，虽然经过治疗，但未能根治。后来回乡结了婚，但她把梅毒传染给丈夫，后被愤怒的丈夫撵出家门，此时她有身孕，但生下的儿子患上了脑梅毒症。儿子经常对她骂道："因为是从脏屁股生下来的，所以才成了这副模样！"有时还狂叫着："我杀了你！"崔明顺最后精神崩溃而失常了。

这些过错并不在"慰安妇"自身，她们是战争的受害者，应受到谴责的是那些将她们掳入慰安所的人，应该是那些逼她们上战场的人。

---

① 【日】矢野玲子著，大海译：《慰安妇问题研究》，第210页。

被中国远征军救出的"慰安妇"们。（照片藏美国国会图书馆）

第 10 章

战争还没有结束

——"慰安妇"问题70年回顾

半个世纪前，日本军国主义发动的那场侵略战争，给中国人民及亚洲各国人民带来了深重的灾难，这是不容辩驳的事实。……但是，日本国内不时出现一些人公然篡改历史、美化侵略的事情，特别是最近以来，一些阁员竟然络绎不绝地参拜靖国神社，为东条英机之流的亡灵招魂，一些国会议员竟然纷纷散布掩饰军国主义侵华战争罪恶事实的奇谈怪论，这表明日本国内确实有那么一股势力企图重温军国主义的旧梦。他们的言行不能不激起中国人民和亚洲人民的愤慨。

——江泽民

既然日军与"慰安妇"有着如此深刻的关系，既然"慰安妇"制度几乎贯穿于整个战争时期，既然有 40 万左右的各国女子坠入过这劫难的深渊，本应该有汗牛充栋的史料档案来揭露、控诉这一丧尽天良的野蛮制度及其所造成的滔天罪恶。然而在日军失败的最后时刻，他们为了逃避世界人民的谴责，将大量有关的重要文件和资料销毁，而战后的历届日本政府都没有公布关于"慰安妇"问题的军队、警察、外交、内务等部门的档案，从而使这桩法西斯主义的滔天罪行迟至战争结束数十年后才被曝光和披露。

时至今日，这场斗争仍在继续。

一、知识界的良心——"慰安妇"研究的发轫

对"慰安妇"问题的揭露和研究，首先是从日本的知识界开始的。一些具有正义感的战争亲历者的回忆录也开始披露"慰安妇"的内幕，如前文多次提到的麻生彻男。麻生1910年生于日本九州，毕业于九州帝国大学医学部，1937年11月，应招作为陆军卫生部见习士官到达上海，亲身经历了战时日军第一个慰安所——杨家宅慰安所的筹建，战后发表了照片集《战线女人考》等。他曾对"慰安妇"制度作过一番反省：

> 一开始我以为日本民族是个有尊重精神的民族，是个知道羞耻的民族，所以就是听了对中国妇女实行强暴这样的事也绝不相信。日本人不仅仅是性欲，把一切欲望都冻结了，正在以禁欲的行动来磨炼自己。因此，作为军医第一次让我给慰安妇检诊时那难以相信的惊愕，就是现在我也难以忘记。
>
> 不久就知道那一切已经到了难以挽救的地步了，也想过那也许是宗教的差异吧。如今如果说不理解，不如说是不愿回忆起不堪回首的往事。
>
> 凡是能够说的，就把我们所体验过的一切，毫不保留地说给后代听，回答后代的问题。即使因此而抹杀了我们这一代，也没有办法。①

但这些回忆录没有引起日本社会的多少关注，而被湮没在千万出版物之中，直至1989年麻生彻男去世。令人欣慰的是麻生彻男的二女儿天儿都整理其父的有关资料，于1993年出版了《从上海到上海》（石风社），

---

① 参见【日】千田夏光：《從軍慰安婦》，续集。

该书出版之时正是"慰安妇"问题大曝光的历史关头，从而引起了日本乃至世界舆论的广泛瞩目。

不过，麻生并不是第一个拉开慰安所秘幕的人，最先揭发日军"慰安妇"制度暴行的是千田夏光。千田1924年生于中国大连，后为《每日新闻》社的记者。1964年，千田夏光奉命制作"太平洋战争回顾"特辑时，在整理2万多张被禁的旧照片时，被其中的一张深深吸引。那是以中国战场徐州会战为背景的发黄的照片，照片中有两名女性卷起裤管，正跟着日军渡过黄河。女性为什么跟着日军？她们是些什么样的人？有着敏锐新闻职业敏感的千田夏光开始调查。他首先访问了当时住在福冈的原日军军医麻生彻男，了解到华中地区战争初期的日军慰安所状况，以后又采访了许多日本籍和韩国籍的随军"慰安妇"。经过整整5年的辛苦调查，富有正义感的千田夏光终于率先揭开了日军从军"慰安妇"的制度罪恶。1973年他的新作《从军慰安妇》由东京的双叶社出版后，立即引起了整个日本的瞩目。该书后又在日本三一书房（1978年）、讲谈社（1984年）再版。此后，他又写了《从军慰安妇》续集（双叶社1974年版）、《从军慰安妇悲史》（エルム出版社1976年版）和《从军慰安妇·庆子》（光文社1981年版）。

不可遗漏的还有金一勉，他在"慰安妇"的早期研究中起了有力地推进作用。金一勉于1921年出身于朝鲜晋州，1953年在日本明治大学研究生毕业，为旅日学者。1976年他在三一书房出版新作《天皇的军队与朝鲜人慰安妇》，首次对朝鲜"慰安妇"问题做了理性的研究，并揭露了日军与"慰安妇"的密切关系。第二年，金一勉又发表了《随军慰安妇——战争与人类的记录》一书（现代史出版会，1977年），进一步声讨了日军的"慰安妇"罪行。1980年他在《游女·娼妓·慰安妇》（现代史出版会）一书中，全面回顾了日本娼妓制度的历史，描述了从德川幕府到第二次世界大战的日本国家卖淫制度。然而不可否认的是，在他的著作中有大量的关于"慰安妇"的暴露性描写，尽管这种描写带有揭露作用，但这一点多少引起了普通女性和女性研究者的不满。

正在渡过黄河的朝鲜"慰安妇"。(采自伊藤孝司:《白飘带噙在嘴》)

日本中央大学教授吉见义明于20世纪80年代末开始注意"慰安妇"问题,他着手在防卫研究所的原日军档案中寻找史料,终于有所收获。他在《陆支密大事记》部分中发现了日本军部直接征招从军"慰安妇"的历史文件。《陆支密大事记》是汇集战时日本陆军部与中国派遣军各部之间机密往来文电的资料集,其中就有"慰安妇"的招募、经营、卫生管理等文件。例如他发现的一份1944年11月30日由日本外务大臣吉田茂、陆军大臣千村定、海军大臣米内光政共同署名的文件,要求陆、海、外三省配合管理慰安所设施,包括"有关军方直营事业事项""有关军方与直接企业者签订契约事项"等,从而无可辩驳地证明了日军曾直接援建、管理慰安所。1992年1月11日的《朝日新闻》对此作了详细报道。吉见义明的努力使日本政府过去强调的慰安所是民间经营的说法不攻自破。在铁的事实面前,日本内阁官房长官加藤绂一不得不表示:"从防卫厅的记录和文件判断,我们已到不能不承认军方涉案的地步。"1992年吉见义明在大月书店出版了《从军慰安妇资料集》,这本厚达600页的书搜集了100多份有关"慰安妇"、慰安所的档案、回忆录等，弥足珍贵，是目前研究"慰安妇"问题最具价值的资料集。

　　1944 年出生在中国鞍山市的日本律师高木健一，经过潜心研究于 1991年出版了《从军慰安妇与战后补偿》一书，对日本政府在"慰安妇"问题上的责任进行了深入的分析。日本中年学者西野瑠美子为调查"慰安妇"问题，曾于 1992 年 6 月与 11 名朋友一起到东北农村去进行了实地调查。西野瑠美子还先后出版了《从军慰安妇·原士兵们的证言》《从军慰安妇110 号》《从军慰安妇·致小学生》等论著。

二、"慰安妇"研究的深入

　　20 世纪 80 年代后期开始，日本很多历史学家和社会学家纷纷加入研究"慰安妇"问题的行列，并涌现了不少佳作名篇。铃木裕子的《娼妓·从军慰安妇·占领军慰安妇》（载《岩波讲座 近代日本和殖民地》第 5 卷，岩波书店，1993 年）和《慰安妇问题》（未来社，1994 年）、川田文子的《赤瓦之家》、伊藤孝司编著的《证言——从军慰安妇和女子挺身队的朝鲜女性们》、富山妙子的《不能归去的女人们》、金富子的《更想知道的慰安妇问题》等著作，以及仓桥正直的《从军慰安妇问题的历史研究》（共荣书房，1994 年）等，从历史的角度，回顾了日军"慰安妇"产生的根源。1995 年，吉见义明和林博史联合西野瑠美子、尹明淑、藤井忠俊等学者，出版了《共同研究日军慰安妇》一书（大月书店），系统探讨了日军"慰安妇"的历史背景、"慰安妇"制度的指挥命令系统，以及在日、朝和中国大陆、中国台湾的征集"慰安妇"实态等问题。[①]

　　当"慰安妇"问题昭布于天下之时，一些当年站在军国主义立场上的

---

　　① 日本有关"慰安妇"的资料详见财团法人亚细亚女性和平基金会编：《慰安婦関係文献目録》，1997 年 9 月版。

致力于"慰安妇"研究的韩国梨花大学教授尹贞玉。（苏智良 2005 年摄）

老兵们，在醒悟后也沉痛地认识到："战争时期的日本军队不是有纪律的军队，而是始终根据天皇关系命令行动的野兽集团。军队以服从命令为天职，被拉到军队的随军'慰安妇'的悲惨情形是难以用语言说明的。""把殖民地的良家妇女抓来充当军人的发泄兽欲的工具，在现代史上是绝无仅有的。纳粹德国也没有干过这样的事，全世界只有日本犯过这种罪。"[1]高桥隆治将 100 册老兵的回忆录，战争亲历记中的有关"慰安妇"的材料集中编成《慰安所，男人的本意》，列入"教科书中未曾记叙的战争"丛书（梨之木舍社，1994 年）。

矢野玲子的《慰安妇问题研究》（中译本于 1997 年由辽宁古籍出版社出版）一书，则以学术的公正立场和学者的宽广胸怀，客观剖析了日军的思想基础和文化传统，指出其实施"慰安妇"制度的必然性，并指出中国妇女在日军侵华期间所遭受的痛苦和损害最深。

关于朝鲜人"慰安妇"问题，韩国梨花大学教授尹贞玉作了开拓性的可贵努力。她本人曾差一点被日军掳为"慰安妇"[2]，只是因为父母的及时援救才幸免于难。因此，对日军的"慰安妇"制度有切肤之感。她用数年

---

① 转引自庞海、高明编：《中外黑社会大观》，中州古籍出版社 1994 年版，第 391 页。
② 彭谦主编：《猛醒吧，日本——日本政治走向警示录》，新世界出版社 1996 年版，第 247 页。

的时间调查和搜集"慰安妇"的资料，还曾到中国各地进行调查，她所领导的韩国挺身队问题对策协议会、研究会详细调查了被强征到中国的朝鲜"慰安妇"的遭遇，从而取得了十分重要的成果。宋连玉的论文《朝鲜殖民地的公娼制》（载《日本史研究》第371号，1993年7月），追溯了日本在朝鲜殖民时代的公娼的渊源。宋氏还发表了《日本对殖民地支配和国家的卖淫管理——以朝鲜的公娼为中心》（载朝鲜史研究会编：《朝鲜史研究会论文集》第32集，1994年10月）。尹明淑的论文《日中战争时期朝鲜人慰安妇的形成》（同上），也是一篇力作。还有吉田清治的《朝鲜人慰安妇与日本人》（新人物往来社，1977年），他的另一本著作是1983年在三一书房出版的《我的战争罪行——强行带走朝鲜人》。此外，还有川田文子的《赤瓦之家——从朝鲜来的从军慰安妇》（筑摩书房，1987年），

韩国挺身队研究会等出版了《被强征到中国的朝鲜慰安妇》（三一书房，1996年），尹贞玉等编写的《朝鲜女性所看到的慰安妇问题》（三一书房，1992年），这本书的副标题是"为明天而创作"，令人回味。

不少学者为研究日军在亚洲各地的慰安所问题进行了不懈的努力。

关于东南亚的慰安所，日本学者林博史发表了《马来半岛的日军慰安所》（载《世界》杂志第579号，1993年3月），以及《新加坡的日军慰安所》（载《战争责任研究季刊》第

吉见义明教授主编的《从军慰安妇资料集》书影。（大月书店1992年版）

4 号，1994 年 6 月）。根据新发现的史料，对日军在东南亚的慰安所进行了相当详细的分析。

关于中国战场的"慰安妇"问题，一些亲历者已撰述予以揭露。作为上海最大的海军慰安所"海乃家"的少东家华公平，于 1992 年出版了《从军慰安所"海乃家"的故事》一书，将这个上海最大的海军慰安所的内幕公布于天下。日本大阪产业大学教养学部讲师藤永壮发表的论文《上海的日军慰安所和朝鲜人》（载大阪产业大学《国际都市上海》，1995 年），洋洋数万言，详细论述了日军上海慰安所的产生和经过。吉见义明在 1995年出版了《从军慰安妇》（岩波书店）一书，分析了"慰安妇"制度创立的背景与过程。

在日本正直学者的坚持下，日本教科书的社会科近代史部分写入了从军"慰安妇"问题。与此同时，国际上一些学者也纷纷展开对"慰安妇"问题的资料收集和研究。共同通讯社报道了美国所发现的有关资料，墨尔本大学的田中利幸教授公布了在澳大利亚所找到的材料……

三、中国学者的努力

日本、韩国学者的努力及其所取得的成果，在中国迅速激起了反响。1991 年 8 月，中国一些人士发起了"向日本国要求受害赔偿"的签名运动。童增、陈健等 108 人向来访的日本首相海部俊树递交了受害赔偿请愿书，要求赔偿 1800 亿美元。《中国经营报》记者李佩钰采访了中日赔偿交涉的经过后，在该报发表了一篇中国人向日本要求受害赔偿的长篇纪实报道。上海《上海滩》杂志记者徐平经过调查，在该杂志的第 71 期（1992年第 11 号）发表《慰安妇泪痕》一文，介绍了日军在上海的慰安所的部分概况。1992 年，山西盂县西潘乡的一位民办教师张双兵调查和采访了该县几位幸存的原"慰安妇"，接着《山西日报》刊登了张双兵的调查成果。于是，中国"慰安妇"的问题首次披露于社会。

同时，南京大学教授高兴祖发表《日军南京强奸事件与慰安所的罪恶》一文（载《民国春秋》1993 年第 3 期），初步探讨了南京大屠杀与慰安所的关系。北京学者管宁翻译了吉见义明主编的《从军慰安妇资料集》中的部分资料，并发表了力作《慰安妇问题与日本的国际化》（载《世界史研究动态》1993 年第 9 期），由历史到现实、从政治到法律，对日本实施"慰安妇"制度作了较深入的剖析。何吉也发表了《日军强逼中国妇女为"慰安妇"资料摘编》（载《抗日战争研究》1993 年第 4 期），集中摘录了一批有关"慰安妇"的史料，推进了"慰安妇"问题的研究。

　　海南省政协干部、《海南文史资料选辑》主编符和积数年来潜心研究和组织调查海南的"慰安妇"问题，取得卓越成果。1995 年 8 月，由他主编的《铁蹄下的血雨腥风——日军侵略暴行实录》出版。该书收录了海南各级政协干部调查侵略日军"慰安妇"问题的各种资料，弥足珍贵，是中国学者在"慰安妇"问题上所完成的最优秀的作品之一，它也是世界各国研究"慰安妇"问题的不可或缺的参考书。1996 年，符和积又在《抗日战争研究》杂志上发表长文《侵略日军"慰安妇"实录》，利用可信的第一手的调查资料，全面展示了日军在海南实行慰安制度的详细经过，填补了"慰安妇"问题研究中的空白。中国社科院近代史研究所的资深研究员章伯锋、庄建平等在新编的《抗日战争》历史资料集（四川大学出版社，1997 年）中，也收录了不少"慰安妇"的资料。

　　前述老报人、著名社会活动家冯英子（见第三章）的妻子和弟媳曾遭日军轮奸，冯英子指出："这不是个人的羞辱，而是民族的耻辱，国家的耻辱。尽管国家采取了以德报怨的态度（指中国政府放弃战争赔款），但人民群众的血愤是应当一笔一笔清查的。当然，回忆当年的情形是痛苦的，但是，为了洗清民族的耻辱，作为一名抗日战争中的受害者，作为一名抗战者，作为一名 80 以上的老知识分子，我不应当第一个站出来吗？"1996 年 6 月 27 日，冯英子向日本驻沪总领事转交了致日本首相桥本龙太郎的信函，7 月 2 日香港《星岛日报》全文刊载，内容如下：

索赔人冯英子，中国江苏省昆山县人，生于 1915 年 2 月 17 日，现年 81 岁，曾任香港《文汇报》总编辑，上海《新民晚报》副总编辑，中国新闻工作者访问德国代表团团长，上海青少年京剧团访日演出名誉团长，政协上海市委常委，为中国著名新闻记者和杂文作家。冯家住昆山大西门外大街，由其岳父毕芸芳任经理的叶启原南货店，拥有上、下街 10 开间的门面，经营南货、酱园、腌腊，酒肆，桐油、豆饼等贸易，为大西门外最大之商店，后面自设糟坊，房屋众多，规模大，一直通到后城河，但是"八一三"后，全为日军所烧毁，片瓦无存。

　　在战争紧张时期，冯全家逃难到苏州的黄埭，1937 年 11 月 30 日，从黄埭乘船欲赴同里，船经苏州钱万里桥时，被日军掳去，将船上所装细软衣物，一应箱笼，丢在钱万里桥河边，以致全部损失。全部人员也被驱赶上岸，躲在桥边小屋中，进退不得，下午 4 时左右，我又被日军拉去充作夫子，随日军沿铁路向西行进，至望亭第二天才回来。

　　在我被拉走之后，我妻毕月荫、我弟媳王杏林，惨遭日军轮奸。良家妇女，身心受此重创，不言而喻。王杏林已于 50 年代在同里死去，毕月荫也已于 1994 年 3 月 3 日病故。

　　我现在已退休，但昆山家乡已无片瓦，住家均毁于日军烧杀之中，妻子又遭轮奸，几十年来，精神、物资所受损失，不可名伏，因此向贵国提出索赔申请，要求依法给予赔偿，并请派员负责调查处理此事。此致

日本国政府
桥本龙太郎首相

冯英子
1996 年 6 月 27 日

　　谈到初衷时，冯英子指出，目的是使日本人民真正明了当年的"皇军"

在外的所作所为，他们行同禽兽，无恶不作，对亚洲各国人民，特别是中国人民，不知犯下了多少滔天罪行。日本广大人民了解了真相之后，他们才会懂得保卫和平之重要，才会抵制右翼好战分子那些狂妄活动。①

在台湾，也有很多正义、正直的组织和个人出来援助战争的受害者。其中最令人感动的是著名历史学家、评论家李敖，他目睹被日军掳掠的原"慰安妇"的苦难经历，于1997年7月毅然决定捐出个人所藏的100件书画、佛像、碑拓等文物义卖，以所得资金给予每位受害者50万元新台币的补偿，8月31日义卖会共募得4100万元新台币，随即由台北市妇女救援基金会送交给受害者。

四、中国政府的立场

中国政府对20世纪90年代初开始成为热点问题的"慰安妇"问题给予了相应的关注。1992年初，中国驻日本国全权大使杨振亚就明确指出：逼使妇女充当"慰安妇"，"是当年日本军国主义者在亚洲犯下的可耻罪行之一，有报道说，在中国妇女中也有受害者。我希望进一步查明事实真相，我们在注视这个问题。"②3月23日，中华人民共和国外交部部长钱其琛就中国民间受害者的赔偿问题指出：关于日本侵华战争所造成的复杂问题，日本方面应当妥善处理。4月1日，国家主席江泽民在钓鱼台芳菲园于访日前夕回答日本记者关于索赔问题的提问时，再次重申了中方的立场和原则。7月4日，日本驻华大使馆向中国方面通报了有关"慰安妇"问题的初步调查结果，他们承认，调查结果表明日本政府参与了"慰安妇"的征召与管理。中国外交部立即表明了立场："无论今后日本采取什么措施，希望日本把中国与韩国同样对待。"该月7日，中国的4名在战时被

---

① 王雪瑛：《冯英子投书日本首相讨个说法》，载《读者参考》，1996年第6期。
② 《参考消息》，1992年2月25日。

迫充当"慰安妇"的老太太，和另外 3 名"慰安妇"的遗族一道，打破 47 年的沉默，通过一个民间组织，向日本驻中国大使馆递交了一份请愿书，要求日本政府对此道歉并赔偿 5 万—12 万美元。这是中国人首次就"慰安妇"问题提出赔偿要求。

中国政府历来以中日两国的友好关系为重，采取克制的立场。但是中国政府希望日本朝野能充分认识"慰安妇"问题给亚洲各国人民带来的苦难，反省战争罪行，认真处理好战争遗留的问题。1995 年 3 月钱其琛外长在全国人民代表大会上再度明确指出：中国尽管放弃了国家赔偿，但是，并没有放弃民间赔偿。

1996 年 4 月 10 日，在联合国人权委员会关于"慰安妇"问题会议上，中国政府代表团的副代表张义山首次对日本"慰安妇"问题发表意见，指出："日本政府必须面对历史和现实，他们有责任对这一问题进行切实的解决。"①

国家主席江泽民 1996 年 9 月 3 日接见法国《费加罗报》社论委员会主席佩雷菲特时指出："在半个世纪前，日本军国主义发动的那场侵略战争，给中国人民及亚洲各国人民带来了深重的灾难，这是不容辩驳的事实。中国政府载这一问题上历来主张'前事不忘，后事之师'、'前车之覆，后车之鉴'，希望日本政府认真汲取历史教训，以实际行动取信于亚洲受害国家和人民。但是，日本国内不时出现一些人公然篡改历史、美化侵略的事情，特别是最近以来，一些阁员竟然络绎不绝地参拜靖国神社，为东条英机之流的亡灵招魂，一些国会议员竟然纷纷散布掩饰军国主义侵华战争罪恶事实的奇谈怪论，这表明日本国内确实有那么一股势力企图重温军国主义的旧梦。他们的言行不能不激起中国人民和亚洲人民的愤慨。日本今后究竟要走和平发展道路，还是别的什么道路，应当引起时人的高度警惕。日本必须妥善处理好历史问题，肃清反动的历史观，才能有助于改善自己

---

① 《中国首次言及慰安妇问题》，载《朝日新闻》，1996 年 4 月 11 日

　　2000 年 3 月 31 日，上海师范大学主办了"中国'慰安妇'问题国际学术研讨会"，这是中国举行的首次关于日军"慰安妇"的学术研讨会，这是会议的主席台。

的国际形象，有利于日本同邻国建立信任关系。"

　　1996 年夏天，中国政府支持北京市中元律师事务所等部门，派遣曾被迫充当"慰安妇"的中国妇女，到东京进行索赔诉讼。是年 7 月 19 日，来自山西盂县的两位中国妇女坐着轮椅被推进了日本东京地方法院（地方裁判所）的民事裁判第 103 厅。这是东京法院在 1995 年 8 月接受中国人原"慰安妇"损害赔偿案后，第一次允许原告亲自出庭作证，也是日本在进入战后 51 年，第一次允许原中国"慰安妇"到日本法庭来指控当年日本侵略军的丑恶行径。当天上午，在原告代理人的询问下，68 岁的李秀梅痛苦地回忆起自己的往事：15 岁那年（1942 年）4 个日本兵闯进家中，把她捆绑到日军驻扎的进圭村，在 5 个月的时间里，日军不分昼夜地蹂躏着她。李秀梅至今还记得，一个被她们称为"红面队长"的日军小队长，对她干了许多"不是人干的事情"，他还大打出手，致使她的右眼失明。下午，69 岁的刘面焕出庭作证，她诉说在 16 岁那年，被日本兵五花大绑地抓到进圭村，在那里首先是日军和汉奸轮流奸污了她，她反抗却被日军打折了左肩。此后每日遭到5—8名日本兵的蹂躏，最后因子宫糜烂，失去"使用"价值，才允许其父亲花100块大洋赎出去，此后，她一直无法出嫁。最后，法官问刘面焕还有什么要求，刘回答："我要求日本政府赔偿，更要求日本政府承认日本军队过去干过的事情，要向受害的中国人谢罪。同时，我还想告诉日本的小兄弟、小姐妹们，你们应该知道这些，你们不能忘记这些。"李秀梅、刘面焕与同来自山西盂县的陈林桃、周喜香强烈要求日本政府承认"慰安妇"制度的罪行，并予以赔偿。

1995年7月4日，北京档案馆首先披露"二战"期间日军强征中国妓女赴河南慰劳日军的实证，其中包括一份80名受害者的名单。这份档案表明，80名受害者于1944年被天津日军防卫司令部强行抓捕后送往河南，约2个月后始得放回，实际上即被强征而出任随军"慰安妇"。1946年，当时的国民政府曾对此事立案调查。①

令人欣慰的是，一些幸存下来的原"慰安妇"，她们为了控诉日本军国主义的滔天罪行，留下铁证，教育后代，毅然将那些创巨痛深的屈辱、悲惨的遭遇公布于众。山西盂县现存的原"慰安妇"有23人。海南省有20多位老人向海南省各级政协文史工作者诉说了亲身的遭遇。对于这些冲破阻力、揭露日军"慰安妇"制度暴行的历史见证人的道德勇气，笔者谨在此表示深深的敬意。

五、亚洲妇女基金会的活动

如前所述，日本政府最初对"慰安妇"问题采取"不承认主义"，但到20世纪90年代中期，面对大量的受害者的铁的证言，又想避重就轻地解决这一战争遗留问题。村山富士担任首相后，建议设立一个名为"亚洲

---

① 《日军强征慰安妇史料一件》，载《北京档案史料》，1995年第2期。

妇女和平国民基金会"，简称"亚洲妇女基金会"。日本政界企图通过民间筹款解决原"慰安妇"的赔偿问题，而政府只提供后勤支援和支付操作费用。1995年6月14日，官房长官五十岚发表基金会设立构想谈话。7月18日，发起人发表呼吁书。次日村山首相在各报刊刊文，呼吁国民向基金会捐钱。7月19日，亚洲妇女基金会在东京港区赤阪成立。12月8日，政府确认财团法人亚洲妇女基金会的资格，决定由总理府和外务省共同管理。

基金会的发起人有赤松良子（原文部大臣）、芦田甚之助（日本工会联合会会长）、大来寿子（大来外相夫人）、大鹰寿子（原参议院议员）等17人。基金会以日本参议院前议长原文兵卫为理事长，联合国女性地位委员会日本代表有马真喜子和东京大学名誉教授卫藤沈吉担任副理事长。在村山富士首相的再三邀请下，前首相三木武夫的夫人三木睦子同意作为发起人。基金会设有理事会、经营审议会、事务局和资料委员会等机构。理事会理事有石原信雄（原内阁官房副长官）、榎庸夫（全日本工会中央副委员长）等10人。监事有桥本丰（公益法人协会副理事长），经营审议会委员长为高崎宗司（津田塾大学教授），副委员长有野中邦子（律师）等8人。基金会的日常工作由专务理事兼事务局局长的伊势桃代具体主持。

为了探讨历史问题、汲取战争的教训，基金会下设"慰安妇"资料委员会，委员长是津田塾大学教授高崎宗司，副委员长东京大学教授和田春树，委员有我部政男（山梨学院大学教授）、后藤乾一（早稻田大学教授）等。该委员会的责任是收集有关"慰安妇"问题的档案、专著等资料，组织专题研讨会等。

基金会从日本投降纪念日8月15日起公开向日本各界募捐，目标是10亿日元。政府支付了部分基金，然后基金会向国民募捐。尽管村山富士首相带头捐献了100万日元，但是，民间筹款却举步维艰，到1996年夏，全国只有2万人捐献，仅勉强筹集到3.26亿日元。到1997年3月止，共募集4.75亿日元。基金会计划首先向来自韩国、中国台湾、菲律宾的300

在 2002 年旧金山国际学术会议上，苏智良教授与张纯如女士的合影。

名妇女做出补偿，原定每人补偿 2.8 万美元，但由于基金的不足，每人只能赔偿 1 万—9 万美元。

对于亚洲妇女基金会的民间活动，亚洲舆论认为，这是日本政府为回避对过去的行为负法律责任的权宜之计，因而对其取批评态度，各地的原"慰安妇"团体也都对基金会的活动予以拒绝，表现了高度的正义感。如近年在中国台湾已登记的原"慰安妇"共 60 多人，后有不少人相继去世，1996 年仅剩 33 位。1996 年初，基金会派人到台联系，并准备向每人发放新台币 52 万元的"人道慰问金"。这些历经磨难和创伤的老人认为，她们要的是公道，而不是民间募集的怜悯慰问金。[①] 是年 8 月，基金会向部分菲律宾籍遭受日军蹂躏的原"慰安妇"支付了慰问金；1997 年 1 月，又向韩国的部分原"慰安妇"支付了慰问金。

1996 年，自民党总裁桥本龙太郎出任首相后，为因烂账而亏损的日本农业团体等争取了 5000 余亿日元的政府援助金，但对区区 20 亿日元就能

---

① 梁玉芬：《台湾 33 名慰安妇均表示拒领》，载台湾《联合报》，1996 年 6 月 6 日。

解决"慰安妇"问题的这个基金会却不予实质性的支持，因而导致三木夫人的极度不满。三木夫人是一位富人道主义与正义感的社会活动人士，她一直认为："'慰安妇'问题是不能原谅的。当年的'慰安妇'都已经年老，并且有的在生病，所以对这个问题越早解决越好，作为国家，日本应该表示道歉。"对"慰安妇"进行赔偿是政府应该做的事情，不应该由民间来出面。所以她"对政府不愿意承担责任的态度很生气。"由于不能改变政府的僵硬立场，1996年5月初，三木睦子向理事长原文兵卫辞去在亚洲妇女基金会中的职务，她表示，作为基金会的发起人，为迄今的努力却未能治愈"慰安妇"们的心灵创伤而感到惭愧，甚至彻夜难眠。① 三木睦子在辞职后，会见了桥本龙太郎，后者居然明确地表示："政府不会向前'慰安妇'道歉或提供赔偿。"②

事实上，在亚洲妇女和平国民基金会的所有文件中，从来没有"补偿"一词，更没有使用"赔偿"这一概念。所有中国大陆方面的要求完全予以拒绝。在内外交困下，亚洲妇女基金会于2002年5月停止运作，2007年3月31日解散，一共只有266人申请慰问金。

这一事件表明，只要日本政府一天不转变对侵略战争的暧昧态度，作为战争共生物的"慰安妇"问题就一天不能得到彻底地解决。

六、联合国对"慰安妇"问题的调查

"慰安妇"问题提出后，应韩国等国家的要求，联合国人权委员会对日本战时召募从军"慰安妇"的问题进行全面调查，并责成特别报告官、斯里兰卡的女法律专家拉蒂卡·科马拉斯瓦密（Radhika Coomaraswamy）起草报告。于是，联合国代表团于1995年7月18日至22日访问了韩国，7月22日至27日访问了日本，与政府代表和非政府代表举行座谈，并对

① 新加坡《联合早报》，1996年5月22日。
② 香港《亚洲周刊》，1996年6月7日。

一些原"慰安妇"进行了调查。朝鲜人民民主共和国也提供了书面材料。

1996年2月，科马拉斯瓦密完成了名为《对女性施暴的报告书》，4月19日，联合国人权委员会一致通过了该项报告。报告书首先指出：日军在第二次世界大战中强制把朝鲜半岛等地的妇女抓去充当从军"慰安妇"，无疑是把她们当作"性奴隶"，而且把这种"性奴隶"移送他国，是"非人道行为"，因此，"把女性及少女诱拐为'慰安妇'，并对她们进行有组织的强奸，显然是施于一般市民的非人道的行为，是对人类的一种犯罪行为。"报告书劝告日本政府以国家立场向前日军"慰安妇"进行谢罪和赔偿，并对加害者加以惩罚。还具体向日本政府提出以下六点忠告：一、日本帝国陆军创立的慰安所制度违反国际法，政府应承认其法律上的责任；二、日本应对被抓去充当性奴隶的受害者进行个人赔偿；三、公开所有有关慰安所及关联活动的资料；四、对每位受害的妇女进行书面上的谢罪；五、在教育场所中，加深日本人对这问题的理解；六、尽可能追究及处罚募集"慰安妇"和设立慰安所的责任人。关于民间索赔问题，科马拉斯瓦密在报告书中再次肯定了1994年国际法学家委员会（ICJ）发表的有关"慰安妇"的调查团报告书的基本观点，那就是：政府之间达成的赔偿协议，应该是支付给政府的，并不包含基于被损害的个人的索赔权，因此，受损害的个人完全有权利要求加害国予以赔偿，这是任何国家政府或其他组织不能剥夺的。

但由于科马拉斯瓦密的调查完成较为仓促，因此最终完成的报告书存在一些不足。最大的不足就是没有到中国进行实地调查：众所周知，中国是"二战"中亚洲最大的受害国，同时也是日本军国主义实施"慰安妇"制度最完善、最庞大的地区。尽管科马拉斯瓦密的报告提到日军在中国大陆也开设了慰安所，但是，关于这种慰安所的规模、地域、中国"慰安妇"的人数等问题均没有展开，这不能不说是最大的遗憾，这也在一定程度上影响了报告书的权威性和科学性。

对于联合国的报告，欧洲国家表示欢迎，亚洲各国更是纷纷发表意见，要求日本了结这一历史陈案，中国、朝鲜和韩国等则劝告日本政府"应马上接受报告书中提出的劝告。"1996 年 3 月，国际劳工组织也发表了一份声明，指出"慰安妇"制度违反该组织第 29 号条约，因此希望日本政府真诚关注国际机构的见解，以国际立场负起国际责任。

然而，日本政府却继续置国际舆论于不顾，公然抗拒各国的批评。尤有甚者，政府当局还绞尽脑汁对联合国的报告书进行抨击、抵赖。3 月间，日本政府对联合国的调查书提出反驳书，并将它散发到欧、亚 20 个多国家。据 4 月 11 日的《每日新闻》报道，这份文件不仅否认日本政府在"慰安妇"问题上的责任，还无耻地对调查主持者科马拉斯瓦密进行了人身攻击。

七、历史是一面镜子

在亚洲历史中，像日本发动的侵略战争这样给亚洲带来的灾难是空前的。"慰安妇"问题提醒人们，日本人发动的那场战争遗留下来的问题，还没有成为历史。

历史是客观存在的，在 20 世纪 30 年代，日本军国主义发动的那场侵略战争，给中国人民及亚洲各国包括日本国自身的人民带来的深重灾难，是谁也无法否定和推翻的历史事实。历史是一面镜子，它向人们提供正反两方面的经验教训。日本是走和平发展的道路还是重蹈军国主义的覆辙，这是曾经深受日本侵略之害的亚洲各国人民十分关注的问题，也是日本有远见的政治家需要认真思考的。

在第二次世界大战中，日本是个战败国。日本民族在执行本国政府的军国主义侵略扩张政策的十几年中，既给别国人民带来了深重的灾难，也给自己留下了沉重的历史包袱和战争创伤，对每个生活在战时的日本人来说，他们既是受害者，也是牺牲品，但是，这种受害，这种牺牲，不是其他民族强加的，恰恰相反，是日本的军国主义主流意识支配下产生的政策所带来的。而当时的主流意识军国主义，像一个幽灵，仍在今日之日本的国土上空低低地徘徊不去。在"二战"结束前夕，美国曾在日本的广岛和长崎投下过两颗原子弹。战后每届这个日子，日本朝野都会进行大规模纪念活动，悼念在爆炸中丧生的生命。但是，日本政府从未推己及人地为战争中曾遭受远远超过原子弹爆炸所带来的生命、财产损失的亚洲各国人民，尤其是首当其冲的中国人民，老老实实表示过承担责任的态度。站在广岛"原子弹爆炸纪念馆"前祭奠自己死去亲友的每一个日本人，都应清醒地意识到这一点。

中日两国是一衣带水的邻邦，发展两国的睦邻友好合作关系不仅符合两国人民的根本利益，也有利于亚太地区的和平与发展。由于中日两国有远见的政治家长时期的共同努力，中日两国的关系目前在总体上是健康的、稳定的。但是，如果日本对战争的侵略性质及"慰安妇"等战争遗留问题没有一个正确的认识和根本的解决，那么在未来，中日两国及亚洲各国与日本的关系，仍将会出现不和谐的声音。有些日本人一再抱怨，日本在国际上没有真正的朋友，亚洲国家对它缺乏信任。试问，如果日本政府没有历史的诚意，老是在"道歉"—"否认"—"道歉"的怪圈里打转，哪来的朋友和信任？

值得注意的是，最近10年间，日本右翼势力绑架了历史问题，并与保守政治势力相结合，疯狂地歪曲和否定侵略历史，肆无忌惮地参拜靖国神社，企图修改"村山谈话""河野谈话"。尽管战争已过去70年，但日本侵略历史留在中国和亚洲人民身上的伤痕不但没有愈合，反而越发加深，成为亚洲地区发展的绊脚石。

综合亚洲各国对日本政府的要求，其实只有两条：一是承认那段侵略历史并认真反省，二是走和平发展的道路。日本政府只有正确认识那段历史，妥善处理包括"慰安妇"等问题在内的战争遗留问题，才能取信于亚洲，成为国际社会中与其国力相称的体面的一员。

日本是否会清算过去的战争？是否会认真，妥善地处理"慰安妇"问题？如果会，是在什么时候？这些笔者不知道。但是，有一点是可以肯定无疑的：日本如果不能彻底清算自己的战争罪行，就不可能与亚洲邻国友好相处，也难以有永久的和平。

现在，日本国内有良知，有远见的人士，正在积极行动，在有关战争反省与承担战争责任的问题上，做了许多卓有成效的工作，对"慰安妇"问题的揭露和研究，就是一个极好的事例。1997 年时任国家主席的江泽民在 9 月 6 日会见日本首相桥本龙太郎时明确指出："正确认识和对侍这段历史是两国面对未来的重要前提。"[①]2013 年中共中央总书记、国家主席习近平在会见日本公明党党首山口那津男时指出，"以史为鉴，才能面向未来。日方应尊重中国人民的民族感情，正确处理历史问题。""要保持中日关系长期健康稳定发展，必须着眼大局，把握方向，及时妥善处理好两国间存在的敏感问题。中方在钓鱼岛问题上的立场是一贯和明确的，日方应正视历史和现实，以实际行动，同中方共同努力，通过对话磋商找到妥善管控和解决问题的有效办法。"[②]我衷心地希望日本政府能够顺应世界的和平潮流，公正地追究未了的战争责任，正确地进行历史的教育，以免日本民族再一次走到和平的对立面。日本政府是否有这样的决心与勇气？我们将拭目以待。

---

① 《人民日报》，1997 年 9 月 7 日。
② 《人民日报》，2013 年 1 月 26 日。

本书征引书目

日文

【著作·资料】

池田桃川：《上海百话》，上海日本堂 1921 年版。

上海居留民团编：《上海居留民团三十五年纪念志》，1942 年版。

高桥铁：《近世近代 150 年性风俗图史》，久保书店 1969 年版。

神吉晴夫编：《三光——日本人の中国における戦爭犯罪の告白》，东京光文社 1957 年版。

中国帰還者编：《侵略——中国における日本戦犯の告白》，讀書社 1958 年版。

小林大治郎等：《みんなは知らない——国家賣春命令》，雄山阁 1961 年版。

稻叶正夫编：《冈村宁次大将资料》，上卷（戦场回想篇），原书房 1970 年版。

模本秋南：《私の中国戦記》，自印本，1972 年版。

千田夏光：《從軍慰安婦——"声なき女"八万人の告發》，雙葉社 1973 年版。

千田夏光：《從軍慰安婦——续"償わぎゐ"八万人の恸哭》，雙葉——社 1974 年版。

山田定：《宪兵日记》，骏河台书房 1975 年版。

森崎和江：《からゆきん》，朝日新聞社 1976 年版。

防卫厅戦史部编：《支那事变陆军作戦史》，朝云新闻社 1976 年版。

金一勉：《天皇の軍隊と朝鮮慰安婦》，三一書房 1976 年版。

金一勉：《軍隊慰安婦——戦争と人間の記録》，現代史出版会 1977 年版。

山田清吉：《武漢兵站——支那派遣軍慰安係長の手記》，図書出版社 1978 年版。

海军思潮研究会编：《日本海军风流谭》三，言叶出版社 1980 年版。

千田夏光：《从军慰安妇・庆子》，光文社 1981 年版。

冈部直三郎：《岡部直三郎大将の日記》，芙蓉書房 1982 年版。

川田文子：《赤瓦の家——朝鲜から従軍慰安婦》，筑摩書房 1987 年版。

《南京戦史資料集》，東京偕行社 1989 年版。

铃木裕子：《朝鲜人従軍慰安婦》《岩波ブックレット——"従軍慰安婦"問題と性暴力》，未来社 1991 年版。

千田夏光：《従軍慰安婦は何か》，汐文社 1992 年版。

洞富雄：《南京大虐杀》，现代史出版社 1982 年版。

铃木卓四郎：《宪兵余录》，图书出版社 1984 年版。

今井现治：《赤纸兵队记》，径书房 1987 年版。

吉见义明编：《从军慰安妇资料集》，大月书店 1992 年版。

西野瑠美子：《从军慰安妇》，明石书店 1992 年版。

高木健一：《従軍慰安婦と戦後補償》，三意书房 1992 年版。

尹贞玉等：《朝鲜人女性がみた慰安婦问题》，三一书房 1992 年版。

华公平：《従軍慰安所"海乃家"传言》，機関纸出版センター 1992 年版。

日朝协会琦玉县联合会编：《随军慰安妇——日本旧军人の证言》，1992 年版。

长泽健一：《汉口慰安所》，图书出版社 1992 年版。

京都"慰安妇情报电话"报告编集委员会编：《性と侵略——"軍隊慰安所" 84 か所元日本兵らの証言》，東京株式会社社会評論社 1993 年版。

韩国挺身队问题对策协议会、挺身队研究会编：《証言——强制连行

された朝鮮人軍慰安婦たち》，明石書店 1993 年版。

麻生徹男：《上海より上海へ》，石风社 1993 年版。

西野瑠美子：《従軍慰安婦と十五年戦争》，明石書店 1993 年版。

川田文子：《皇軍慰安所の女たち》，筑摩書房 1993 年版。

山田盟子：《从军慰安妇》，光文社 1993 年版。

仓桥正直：《従軍慰安婦問題の歴史的研究》，共荣書房 1994 年版。

George Hicks 著，滨田彻译：《性の奴隶：从军慰安妇》（The Comfort women），三一書房 1995 年版。

金富子、梁澄子等：《もっと知りたい "慰安婦" 問題》，明石書店 1995 年版。

吉见义明、林博史编：《共同研究　日本军慰安妇》，大月书店 1995 年版。

吉见义明：《随军慰安妇》，岩波书店 1995 年版。

韩国挺身队问题对策协议会、挺身队研究会编：《中国に連行された朝鮮人慰安婦》，三一書房 1996 年版。

金一勉：《游女・からゆきさん・慰安婦の係譜》，雄山阁 1997 年版。

川田文子：铃木裕子等：《"慰安妇" 问题 Q&A》，明石书店 1997 年版。

【论文・报道】

村冈八重：《賣春婦となった従軍看護士たち》，载《现代读本》，1969 年第 2 号。

千田夏光：《日本陆军慰安妇》，载《周刊新潮》，1970 年 6 月 27 日。

秦郁彦：《从军慰安妇》，载《正论》第 238 号，1992 年 6 月。

奥村哲：《中国にされた韩国人 "慰安妇"》，载《戦争責任研究》，1994 年第 5 号，1994 年 9 月。

尹明淑：《日中战争期における朝鮮人軍隊慰安婦の形成》，载《朝鮮史研究会论文集》第 32 号，1994 年 10 月。

石切山英彰：《皇军毒ガス作战の村》，载《週刊金曜日》，1995 年

6月9日。

金富子：《从军"慰安妇"问题の根》，载《週刊金曜日》，1995年6月30日。

藤永壮：《上海の日本軍慰安所と朝鮮人》，载《国际都市上海》，大阪产业大学1995年版。

《军需品のたち》，载《週刊读卖》，1970年10月9日。

《レポート：ラバウルの従軍慰安婦》，载《週刊大众》，1973年11月22日た。

《慰安婦、マレー半岛全域に》，载《朝日新闻》，1992年8月14日。

《中国・荷兰の元慰安婦が证言》，载《朝日新闻》，1992年12月9曰。

《中国政府慰安軍に初言及》，载《朝日新闻》，1996年4月11日。

《戦争責任研究》季刊，日本の戦争責任研究センター。

《女たちの21世纪》，日本アジア女性资料センター。

《日本侵华战争遗留问题研究动态》，旅日华侨中日交流促进会。

《朝日新闻》《读卖新闻》《每日新闻》《产经新闻》相关报道。

朝鲜文。

伊藤孝司：《白飘带噙在嘴——南北慰安妇15人郁积的证言》，汉城眼光出版社1994年版。

日文原版：《破られた沉默——アジアの"従軍慰安婦たち》，风媒社1993年版。

英文

Ms.Radhika Coomaraswamy：Report of the Special Rapporteur on violence against women, its causes and consequences. in accordance with Commission on Human Rights resolution, 1996.

〔科马拉斯瓦密：《对女性施暴的报告书》，1996年〕

《日本侵华研究》，美国日本侵华研究学会。

中文

【著作·资料】

蒋坚忍：《日本帝国主义侵略中国史》，上海现代书店1930年版。

《敌寇暴行录》，文艺社1938年版。

《日寇燃犀录》，汉口独立出版社1938年版。

国民政府军事委员会政治部军务处：《日寇暴行纪略》，1938年版。

国民政府军事委员会政治部军务处：《两年来倭寇暴行纪实》，1943年版。

范式之：《皇军的兽行》，战时出版社，无年份。

张效林译：《远东国际军事法庭判决书》，五十年代出版社1953年版。

《侵华日军南京大屠杀档案》，江苏古籍出版社1987年版。

《悲愤·血泪：南京大屠杀亲历记》，时事出版社1988年版。

《腥风血雨——侵华日军江苏暴行录》，《江苏文史资料》编辑部1995年版。

《燕赵悲歌——侵华日军在河北省的暴行》，天津社会科学院出版社1995年版。

符和积主编：《铁蹄下的腥风血雨——日寇侵略暴行实录》，上下册，海南出版社1995年版。

符和积主编：《铁蹄下的腥风血雨——日寇侵略暴行实录》续册，海南出版社1996年版。

杨昭全等编：《关内地区朝鲜人反日独立运动资料汇编》，辽宁人民出版社1987年版。

矢野玲子着，大海译：《慰安妇问题研究》，辽宁古籍出版社1992年版。

中国抗日战争史学会、中国人民抗日战争纪念馆编：《日军侵华暴行实录》，北京出版社1995年版。

孟国祥、喻德文：《中国抗战损失与战后索赔始末》，安徽人民出版社 1995 年版。

李正堂：《死魂灵在呐喊——战后全球索赔潮》，解放军文艺出版社
1995 年版。

军事科学院外国军事研究部：《侵华日军暴行录》，解放军出版社
1995 年版。

李秉新、徐峻元、石玉新编：《侵华日军暴行总录》，河北人民出版
社 1995 年版。

北京市档案馆编：《日本侵华罪行实证》，人民出版社 1995 年版。

中央档案馆、中国第二历史档案馆、吉林省社会科学院编：《南京大
屠杀》（日本帝国主义侵华档案资料选编），中华书局 1995 年版。

孙宅巍主编：《南京大屠杀》，北京出版社 1997 年版。

中国史学会、中国社科院近代史研究所编：《抗日战争》，四川大学
出版社 1997 年版。

高平、唐芸、阳雨编著：《血债：对日索赔纪实》，国际文化出版公
司 1997 年版。

梅桑榆：《侵华日俘大遣返》，济南出版社 1991 年版。

陈宗舜：《血思——追访战灾幸存者》，解放军文艺出版社 1995 年版。

崔纪敏、张锡杰：《遗孤残妇大寻亲》，解放军文艺出版社 1995 年版。

王俊彦编著：《警惕日本——昨天的侵略与今日的扩张》，内蒙古人
民出版社 1996 年版。

彭谦主编：《猛醒吧，日本》，新世界出版社 1996 年版。

李正堂：《为什么日本不认账》，时事出版社 1997 年版。

井上清著，姜晚成译：《日本军国主义》，商务印书馆 1985 年版。

小俣行男：《日本随军记者见闻录》，世界知识出版社 1985 年版。

水野靖夫：《反战士兵手记》，解放军出版社 1985 年版。

森山康平：《南京大屠杀与三光作战》，四川教育出版社 1984 年版。

洞富雄：《南京大屠杀》，上海译文出版社 1987 年版。

于雷编译：《战犯的自白》，春风文艺出版社 1991 年版。

劳特帕特修订：《奥本海国际法》，第 1、2 卷，商务印书馆，1989 年

《世界人权约法总览》，四川人民出版社，1990 年版。

〔奥〕威尔海姆·赖希着、张峰译：《法西斯主义群众心理学》，重庆出版社 1993 年版。

【论文·资料】

汪业新：《凤宜楼"慰安所"始末》，载《芜湖文史资料》第 3 辑。

朱鼎元：《日本随军妓女的血泪》，载《芜湖文史资料》，第 3 辑。

裘适：《侵华日军中的军妓》，载《民国春秋》，1992 年第 5 期。

苏实：《日本侵略者强迫中国妇女作日军慰安妇实录》，载《抗日战争研究》，1992 年第 4 期。

何吉:《日军强逼中国妇女为"慰安妇"资料摘编》,载《抗日战争研究》，1993 年第 4 期。

《日军强征慰安妇史料一则》，载《北京档案史料》，1995 年第 2 期。

刘学植：《遣送慰安妇飞越驼峰航线》，载上海市政协文史资料委员会编：《文史集萃》，1996 年第 1 期。

符和积主编：《侵琼日军慰安妇实录》，载《抗日战争研究》，1996 年第 4 期。

千田夏光着、唐棣译：《从军慰安妇问题的由来》，载《国外社会科学快报》，1992 年第 8 期。

管宁：《慰安妇问题与日本的国际化》，载《世界史研究动态》，1993 年第 3 期。

郭梁：《日本的"二战"史观队》，载《厦门大学学报》，1995 年第 4 期。

姜维久：《日本与德国战后赔偿比较研究》，载《进界经济与政治》，1995 年第 9 期。

董群：《战后日本的军国主义浊流》，载《清华大学学报》，1996 年第 1 期。

李秦：《新发现的日军强征中国妇女充当军妓的史料析》，载《近代史资料》第 85 辑。

苏智良：《日军在华第一家"慰安所"》，载《上海滩》，1995 年第 3 期。

苏智良：《骇人听闻：40 万女性沦为日军性奴隶》，载《炎黄春秋》，1996 年第 10 期。

苏智良、陈丽菲：《侵华日军慰安妇制度略论》，载《历史研究》，1998 年第 4 期。

高兴祖：《"南京大屠杀"事件研究现状和今后的课题》，载《抗日战争研究》，1996 年第 4 期。

李乐曾：《评德国和日本不同的"二战"史观》，载《德国研究》，1997 年。

林伯耀：《关于日军在占领区强迫中国女性做"性奴隶"的一个事例的剖析》（未刊稿）。

王清峰、江美芬：《日本应负法律赔偿责任——台湾慰安妇对日求偿记》（未刊稿）。

陈娟：《日军在南京的强奸事件》（未刊稿）。

【报道】

陈世昌：《当年检诊资料记录逾八百中国妇女》，载台北《联合报》，1992 年 2 月 23 日。

《"慰安妇"问题最能显现日发动战争本质》，载台北《"中央"日报》（国际版），1992 年 2 月 26 日。

《中国人"慰安妇"打破沉默出庭作证》，载《历史教育研究通讯》，1996 年第 3 期。

王雪瑛：《冯英子投书日本首相讨个说法》，载《读者参考》，1996 年第 6 期。

《人民日报》《解放日报》《文汇报》《参考消息》《新民晚报》《焦点》等报刊的有关报道。

后记

本课题的研究得到了众多师友的无私帮助，其中有中国史学会会长戴逸教授、华中师范大学章开沅教授、旅日华侨中日交流促进会秘书长林伯耀及中国近代史研究所多位前辈的悉心指导，南京大学高兴祖教授、江苏省历史研究所孙宅巍教授、南京第二历史档案馆胡菊蓉教授、南京市档案局陈娟主任等提供了材料和线索。另外，海南省政协文史资料委员会的符和积主编、上海市卢湾区地方志办公室主任许洪新等也提供了珍贵的资料和研究成果。我的妻子陈丽菲与我共同切磋，提出了许多宝贵意见。对于他们的无私帮助，我表示深深的感谢。

1997年4月11日，《南方周末》通栏报道了笔者的"慰安妇"问题的研究之后，上海的《新民晚报》《解放日报》《文汇报》，北京的《北京青年报》《中国妇女报》《中国日报》英文版和《北京晚报》等作了追踪报道，法国国家电台随即也作了详细报道。这些报道引起了广泛的反响。住在上海蓬莱路的张汝琦老人和住在浦东南路的陈炳荣老人立即提供线索，使笔者的日军慰安所的调查记录中又添加了两个。6月14日，上海电视台八频道的《新闻观察》栏目播出了由笔者提供资料拍摄而成的专题片《上海日军慰安所调查》，7月5日，该台又播放了第二集。7月8日，笔者在上海人民广播电台，与"市民与社会"节目的著名主持人左安龙制作了关于日军"慰安妇"暴行的节目。与此同时，《参考消息》转载了《亚洲周刊》6月11日的专访文章之后，笔者收到各地读者的不少来信，有的提供资料，有的表示支持。这些都激励着笔者将这一课题完成。本书还援引了大量海内外的学术成果，谨向上述作者表示感谢。

不少外国朋友在资料上给予了极大的帮助，包括日本友人，如日本一桥大学的三谷孝教授、日本大学的高纲博文教授、中央大学的斋藤道彦教授、姬田光义教授、驹泽大学的渡边惇教授、原法政大学教授西田胜、山梨学院大学的我部政男教授和骏河台大学的井上久士副教授，以及日本铭心会的松冈环、山内小夜子、日本亚细亚女性资料中心负责人松井耶依、日中友好协会全国青年委员会事务局长由木荣司、神户学生中心馆长飞田雄一、日本女性战争人权学会会长志水纪代子、日本工会的森一女等各位热心的朋友。《中国的大警告》的作者、日本政治评论家本泽二郎正直、坦率，我们之间虽接触不多，但一见如故。1996 年 11 月，创价大学文学部学部长中西治教授来上海师大访问，他指出，我们教师的责任，就是让学生了解事实，并永远制止战争，中西教授的战争观令人敬佩。1997 年 7 月初，笔者赴京出席"七七"事变 60 周年纪念国际学术讨论会时，介绍了"慰安妇"课题的研究，并得到威望极高的日本著名学者井上清教授的肯定。美国南伊利诺大学的吴天威教授、朱正德教授、纽约市立大学的林翠玉女士、台北金禾出版社创办人郭俊鉌先生等也给予了各种支持。这些正直、善良的人们，是这本书的共同参与者，是他们给了笔者锲而不舍的勇气、信心和责任心。 1997 年 10 月，笔者到东京访问，并出席"战争与对女性的性犯罪"国际学术讨论会，期间结识了日本学者西野瑠美子、松井耶依、山口明子、金富子、浅野丰美、柴崎温子等，以及台北市妇女救援社会福利事业基金会的江美芬小姐提供了台湾"慰安妇"问题的材料。新加坡的符祝慧小姐也给予我很大的帮助。

科学研究需要扎实、艰苦的考证。近 50 年来，关于抗日战争的论文、著作数以千百计，其中有理论深度和学术分量的尚不多。在抗战史的很多领域里，还需要我们继续做艰苦的研究，"慰安妇"问题更是如此。

对于"慰安妇"问题，日本政府和日本人民持什么态度，固然很重要，但是，作为受害国国民的我们对这一国耻持什么态度，这更重要。

因此，在结束本书时，笔者还有以下之呼吁：

第一，要求日本政府尽快开放所有"慰安妇"的材料。至今为止，日本政府仍未公开有关"慰安妇"问题的国家档案,例如防卫厅、法务省、内务省、自治省、厚生省以及警察厅的全部文书。

第二,至今为止,在中国的辞书里,无论是大陆的,还是台湾的,没有一本载入"慰安妇"这一词条的。尽管"慰安妇"原来只是一个日本语名词,但现在在中文新闻媒介广为传导下,几乎已妇孺皆知。因此,中文辞书应该刊录"慰安妇""慰安所"的词条,给日军的侵略罪行留下铁的记录。

第三,在中国的历史教科书中,无论是中国通史,还是中国近代史、现代史,或者是抗日战争史,还没有写入日本帝国主义实行"慰安妇"制度的血腥罪行;同样,无论是中学生,还是大学生,甚至是成年人,都不太了解"二战"时期日军强征中国"慰安妇"的事实。有鉴于此,笔者希望政府有关部门应尽快在历史教科书中增加"慰安妇"的内容,并建立悼念"慰安妇"的纪念场馆,以教育青年,教育来者,勿忘国耻。日本侵华战争所造成的毁灭和死亡的恐怖印迹,包括"慰安妇"的悲惨一幕,中国人民世世代代不会也不应该忘记。

第四,尽管日军强征"慰安妇"涉及半个中国,但其中的大部分人已在战争中遭蹂躏而死去,战后50年间,又有大量的原"慰安妇"因疾病或年老而离开人世,幸存者已经寥寥无几。由于受中国传统文化的影响,她们大多将这一巨大的创痛埋在心底而不愿再予提及。为了彻底揭露侵华日军实行慰安制度的罪行,留下尽可能系统的资料以教育日本人民,教育来者,笔者恳切希望各省、各市、各县的政府、政协、地方志办公室、妇联组织与史学工作者等携手进行联合调查,抢救资料。据笔者所知,在一些档案馆等处,存有不少有关"慰安妇"的资料,这些能进一步揭露日军野蛮与罪行的史料,至今尚沉睡在库房里,笔者呼吁有关部门能尽快开放。今后笔者仍将继续这一专题的研究,并希望联合各地的抗战史工作者,成立"慰安妇"研究中心,通力合作,以期编成《中国慰安妇证言集》等。

苏智良

1998 年 10 月于上海师范大学

再版后记

从本书问世的 1999 年，到再版的 2015 年，时间飞逝了 16 年。

重读后记，颇有感慨。

20 世纪 90 年代，是"慰安妇"研究的开拓之期，日本、韩国、中国等国的调查者和研究者们，寻访证人，求索史料，筚路蓝缕，锐意进取，才使得日本实施性奴隶制度的真相大白于天下。

这里，我特别要向后记中所提到的几位已经仙逝的前辈表达敬意。高兴祖教授是中国南京大屠杀史的奠基人，20 世纪 90 年代中期，高教授曾多次陪同和引导我在南京调查慰安所遗址；记得一次是酷暑之中，在利济巷慰安所遗址，我们跑得满头是汗；2003 年，我曾邀请朝鲜的朴永心老人重返这个当年她的受害地，予以确认，可惜朴老已于 2001 年仙逝。第二位是井上清教授，井上先生是富于睿智的、大名鼎鼎的日本历史学家，著有《日本军国主义》（四卷本）、《日本帝国主义的形成》和《昭和天皇的战争责任》等皇皇巨著；尤其是关于钓鱼岛的归属问题，秉持公正之心，写出《关于钓鱼岛等岛屿的历史和归属问题》；我有幸于 1997 年井上先生最后一次来华时在北京当面请教，如沐春风；井上先生于 2001 年 11 月西归。松井耶依女士原是《朝日新闻》的社说委员，致力于女权运动，她与韩国梨花女子大学的尹贞玉教授一道，是 2000 年东京审判日本"慰安妇"制度民间法庭的发起人和主心骨，我作为该法庭中国方面的负责人曾一起参与筹备，在上海、台北、首尔、东京等地，亲历 3 年筹备之艰辛，不幸的是松井女士于 2002 年 12 月病殁于绝症。美国南伊利诺伊州大学的吴天威教授晚年致力于日本侵略亚洲历史的研究，创办"日本侵华浩劫临时纪念馆"，我提供了"慰安妇"方面的文字和图片，在长春、华盛顿、洛杉矶和上海等地，多次向吴教授请教，吴天威教授于2005年3月仙逝。还有香港绅士杜学奎先生、晚年生活在台北的老上海郭俊鉌先生等。他们都是某一领域的开拓者，历史不应忘记他们的名字。

今天，各国排列出来的日本"慰安妇"资料、图片、证人等，大大超过90年代，可谓是铁证如山。然而，日本政府的立场却从1993年的"河野谈话"大大倒退了；令人遗憾的是，日本国民的认知也因自民党的灌输和媒体的裹挟而变得日益模糊不清。举个例子来说，2000年东京审判日本"慰安妇"制度的民间法庭，参与者千人以上，而如今战争遗留问题的演讲会，能到三四十人已算不错了。

正因为如此，本书的历史使命似还没有完成；也就是说，"慰安妇"问题还没有真正成为历史。

苏智良

2015年2月19日年初一于上海蒲汇塘畔